新时代思想政治教育专业系列教材

郑永廷　吴潜涛　骆郁廷　编委会主任

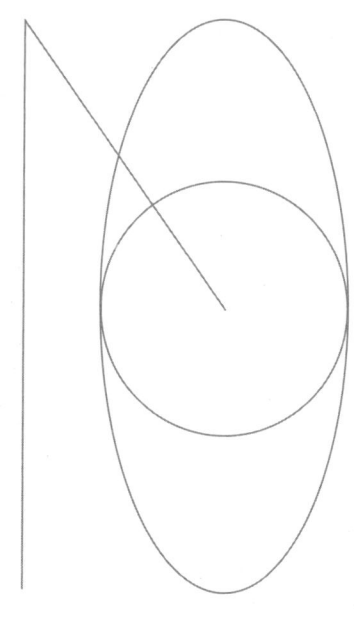

比较思想政治教育学

主编　倪素香

副主编　傅安洲
　　　　杨威

中国教育出版传媒集团
高等教育出版社·北京

内容提要

本书在马克思主义理论指导下，采取专题比较研究的思路，从思想政治教育的理念、目标、内容、方式、队伍、管理、评估等维度对中外思想政治教育的理论和实践进行了比较分析。本书贯穿历史与逻辑相统一的原则，既做到关注纵向历史发展的比较，也进行横向现实状况的比较。本书是在广泛地借鉴吸收现有比较思想政治教育研究的理论成果、考察其他国家思想政治教育实践经验的基础上完成的，希望能对构建比较思想政治教育学作出一些贡献。本教材具有较高学术价值，可供马克思主义理论、思想政治教育等本科专业教学使用，也可作为马克思主义理论一级学科研究生教学的参考书目，亦可作为党政机关、高校、企事业单位思想政治工作者的学习辅导读物。

图书在版编目（CIP）数据

比较思想政治教育学 / 倪素香主编. -- 北京：高等教育出版社，2024.12. --（新时代思想政治教育专业系列教材）. -- ISBN 978-7-04-063907-0

Ⅰ. D0

中国国家版本馆CIP数据核字第2024MY0571号

BIJIAO SIXIANG ZHENGZHI JIAOYUXUE

策划编辑	王溪桥	责任编辑	王溪桥 王 钦		封面设计	赵 阳	
版式设计	于 婕	责任校对	商红彦 刘娟娟		责任印制	刁 毅	

出版发行	高等教育出版社	网　址	http://www.hep.edu.cn
社　址	北京市西城区德外大街4号		http://www.hep.com.cn
邮政编码	100120	网上订购	http://www.hepmall.com.cn
印　刷	北京市鑫霸印务有限公司		http://www.hepmall.com
开　本	787mm×1092mm　1/16		http://www.hepmall.cn
印　张	15		
字　数	310千字	版　次	2024年12月第1版
购书热线	010-58581118	印　次	2024年12月第1次印刷
咨询电话	400-810-0598	定　价	31.30元

本书如有缺页、倒页、脱页等质量问题，请到所购图书销售部门联系调换

版权所有　侵权必究

物 料 号　63907-00

总　序

马克思主义理论学科是推进和深化马克思主义理论研究、巩固马克思主义在意识形态领域的指导地位、培养社会主义建设者和接班人的重点学科，思想政治教育学科是马克思主义理论学科的主干研究方向和二级支撑学科。思想政治教育学科自创立以来，获得了迅速的发展。1984年思想政治教育本科专业创立，1990年思想政治教育硕士学位授权点设立，1997年马克思主义理论与思想政治教育博士学位授权点获批。2006年，随着马克思主义理论一级学科博士点的设立，思想政治教育在博士点层次上升为独立的二级学科。从此，思想政治教育学科形成了本科、硕士、博士层次齐全、结构合理的人才培养体系，思想政治教育学科体系也日趋完善。在思想政治教育人才培养体系和学科体系中，思想政治教育本科是基础。基础不牢，地动山摇。思想政治教育本科专业人才培养的质量，直接关系到整个思想政治教育人才培养体系中硕士、博士的培养质量，关系到思想政治教育学科体系和学科大厦基础的坚实。

思想政治教育学科体系建设和人才培养质量的提升，离不开教材建设。教材建设是学科建设之基，人才培养之本。思想政治教育教材建设，对于构建马克思主义为指导的思想政治教育学科体系、学术体系、话语体系，优化思想政治教育教材体系，指导和规范思想政治教育专业的人才培养，提高思想政治教育专业人才培养质量，引领和促进思想政治教育学科建设，服务和推动马克思主义理论学科的整体建设，具有重要的支撑作用。思想政治教育本科专业作为全国马克思主义理论学科发展最快、规模最大的本科专业，亟须在原有教材建设的基础上，加大新教材建设的力度。20世纪90年代，教育部社会科学研究与思想政治工作司组织编写了首批全国思想政治教育本科专业教材，奠定了全国思想政治教育本科专业建设和发展的基础，起到了引领、规范、促进思想政治教育学科发展和人才培养的重要作用。后来，教育部思想政治工作司先后组织编写了《思想政治教育学原理》《思想政治教育方法论》《中国共产党思想政治教育史》等若干本面向21世纪的教材。2004年，中共中央决定实施马克思主义理论研究和建设工程（简称"马工程"），组织编写出版了一系列马工程教材，如《思想政治教育学原理》《中国共产党思想政治教育史》。除此之外，教育部等有关部门还组织编写了高校辅导员培训和研修基地系列教材。这些教材为继续编写思想政治教育本科专业统编教材奠定了良好的基础。然而，随着思想政治教育实践的深化、学科的发展和人才培养质量要求的进一步提升，思想政治教育学科需要适应时代的发展，在对原有一些教材进行修订充实的同时，组织编写一些思想政治教育本科专业的新教材，构建满足新时代思想政治教育本科专业人才培养需要的新的教材体系。

基于思想政治教育学科建设和人才培养的需要，全国高校思想政治教育研究会学术委员会和高等教育出版社共同协商和策划，决定编写新时代新的思想政治教育本科专业教材。2016年5月16日，由全国高校思想政治教育研究会学术委员会主任、中山大学郑永廷教授主持，全国高校思想政治教育研究会学术委员会副主任、武汉大学骆郁廷教授，全国高校思想政治教育研究会学术委员会副主任、清华大学吴潜涛教授以及北京大学、清华大学、中国人民大学、武汉大学、中山大学等学校的一些教授学者及高等教育出版社相关负责人参加，在武汉大学马克思主义学院召开了思想政治教育本科专业教材编写工作会议。会议决定成立思想政治教育本科专业教材编写委员会，由郑永廷教授、吴潜涛教授、骆郁廷教授任编委会主任，负责教材的策划、组织、撰写和审稿工作。这次编写、修订的思想政治教育本科专业系列教材分别是：新修订的《思想政治教育方法论（第三版）》（面向21世纪课程教材），新编的《马克思主义思想政治教育著作导读》《比较思想政治教育》《思想政治教育心理学》《思想政治教育课程论》《思想政治教育管理论》《网络思想政治教育》《社会思潮评析》《中华优秀传统文化概论》《思想政治主题教育理论与实践》，共10本。这10本教材，配合马克思主义理论研究和建设工程重点教材《思想政治教育学原理》《中国共产党思想政治教育史》，构建起思想政治教育学科教材体系。其中，既有思想政治教育本科专业的基础理论教材，又有思想政治教育的实践应用教材，还有思想政治教育创新发展的教材，如《网络思想政治教育》《中华优秀传统文化概论》等，为思想政治教育本科专业教材体系的创新和学生知识结构的优化，作出了新的探索和有益尝试。

思想政治教育本科专业新教材的编写，旨在促进教材建设的科学化、时代化、专业化、规范化，为加强思想政治教育本科专业建设，提高思想政治教育专业人才培养质量，促进思想政治教育学科发展，提供助力。祈愿教材出版得偿所愿。

本套教材的出版来之不易。高等教育出版社的编辑在策划、组织及出版过程中，付出了辛勤的劳动和大量的心血，在此表示诚挚的感谢。各教材主编在策划、组织及教材的编写过程中，也付出了艰辛的努力，在此一并表示感谢。

各校可根据思想政治教育专业人才培养方案和自身人才培养的实际及需要，规范和改进思想政治教育本科专业教材的使用。本教材编写过程中难免有疏漏之处，敬请专家、师生指正，以臻于完善。

本教材编写委员会

2021年5月30日

目 录

绪　　论

比较思想政治教育学是思想政治教育学的分支学科，是在遵循思想政治教育学基本原理的基础上，以政治性、思想性、学术性、综合性、开放性的研究思路探寻思想政治教育发展的客观规律，并服务于思想政治教育实践的理论学科。比较思想政治教育学的学科定位、研究对象、指导理论、研究方法、学科发展等基本理论问题，是研究比较思想政治教育学的前提性问题。

一、比较思想政治教育学的学科定位

思想政治教育"是指社会或社会群体用一定的思想观念、政治观点、道德规范，对其成员施加有目的、有计划、有组织的影响，并促使其自主地接受这种影响，从而形成符合一定社会一定阶级所需要的思想品德的社会实践活动"[①]。思想政治教育学是"研究思想政治教育现象、问题并揭示思想政治教育规律的科学"[②]。比较思想政治教育学作为思想政治教育学的从属学科，是从不同时空维度对思想政治教育的客观现象进行比较，进而不断寻找和发现思想政治教育共同规律的学科。

1. 是一门综合性的学科

比较思想政治教育学不仅要对人类社会不同时空维度的思想政治教育的实践进行比较研究，还要对不同时空维度的思想政治教育理论进行比较研究，因此比较思想政治教育学是一门理论与实践相结合的综合性学科。

首先，比较思想政治教育学要对不同时空维度的思想政治教育的实践进行比较。比较是指在客观存在的两个或两个以上的空间和时间维度的对比和研判，比较思想政治教育能够存在的前提是思想政治教育现象在不同空间和时间中的客观存在。思想政治教育是普遍存在于阶级社会的实践活动，有着长久的实践发生与发展的历史，虽然在不同国家、地区思想政治教育的实践活动会以不同的形式与面貌出现，但其中蕴含着相近或相似的思想政治教育的实践规律。探讨和比较不同国家、地区和不同历史阶段的思想政治教育实践，寻找其异同和规律，就构成比较思想政治教育学最基本的研究取向。

其次，比较思想政治教育学要对不同时空维度的思想政治教育的理论进行比较。尽管思想政治教育和思想政治教育学的概念产生较晚，但思想政治教育的理论却在历史上不同领域的思想和观念中萌生。因此，比较思想政治教育学还要不断从不同国家、地区

---

① 陈万柏、张耀灿主编：《思想政治教育学原理》第3版，高等教育出版社2015年版，第4页。

② 《思想政治教育学原理》编写组编：《思想政治教育学原理》第2版，高等教育出版社2018年版，第9页。

和不同历史阶段的教育学、心理学、政治学、社会学等学科中汲取营养，既要汲取其中所反映的思想政治教育的思想和理念，也要吸收各学科的研究范式和研究方法来完善比较思想政治教育的研究。另外，随着思想政治教育理论的不断成熟，思想政治教育学在不同国家和地区都产生了丰富的理论和思想，也需要我们进行比较研究和分析。

对不同时空维度的思想政治教育进行实践与理论研究，必须用综合性的方法和思维进行探索，因此比较思想政治教育学是一门具有综合性特点的学科。

2. 是一门学术性的学科

比较思想政治教育学不仅是对不同时空的思想政治教育的实践研究与客观现象的描述，更是要发现思想政治教育的普遍性与特殊性，总结出思想政治教育的共同规律。

比较思想政治教育学不仅要比较世界各国的思想政治教育，还要比较不同地区、不同地域、不同种族和不同历史时期、历史阶段的思想政治教育现象，在不同国家、地区、民族和不同历史阶段的思想政治教育的事实中发现根植于不同地域与文化的特殊规律，并在不同时空呈现的思想政治教育的相互关系中发现思想政治教育的共同规律，这是比较思想政治教育学探寻的重点。比较思想政治教育学不仅要了解思想政治教育的现状，也要对思想政治教育的发展规律进行科学研究。

在对不同时空维度的思想政治教育进行本质和规律研究时，比较思想政治教育学必须遵守科学的研究范式和方法，用学术性、科学性的思维来发现问题和解决问题。因此，比较思想政治教育学是一门具有学术话语体系和科学研究范式的学科。

3. 是一门开放性的学科

比较思想政治教育学的重要任务之一就是比较和借鉴。在多元文化中，面对丰富多样的思想政治教育实践形式，比较思想政治教育学不仅要做到科学描述思想政治教育的现象，更要深入思想政治教育现象背后的机理，了解思想政治教育产生发展的历史文化背景等，这样才能对思想政治教育进行科学解释和学术研究。因此，比较思想政治教育学的研究应该有更广泛的国际视野和更加开放的胸怀。

正如习近平所说："中国开放的大门不会关闭，只会越开越大。"[①] "大国要像居于江河下游那样，拥有容纳天下百川的胸怀。中国愿意以开放包容心态加强同外界对话和沟通，虚心倾听世界的声音。"[②] "比较思想政治教育的学科特点大体上可归纳为开放性、居间性、综合性。开放性包含两层含义。首先在研究范围上是开放的。其次是有全球视野，它要做的是不同的国家、民族、文化之间的比较。""比较思想政治教育的第二个特点居间性是指某事物的边界比较模糊，处于有联系的另外两个事物之间，反映了它们之间的联系。比如'非驴非马'的骡子，就有居间性特征。'居间'可以是在历史之

① 习近平：《决胜全面建成小康社会　夺取新时代中国特色社会主义伟大胜利——在中国共产党第十九次全国代表大会上的讲话》，人民出版社2017年版，第34页。

② 习近平：《在德国科尔伯基金会的演讲》，《人民日报》2014年3月30日。

间、文化之间、社会之间、主体之间、学科之间、理论与实践之间等。'居间'是'跨越'，也是'超越'；是交流、对话，也是互动、融合。"①交流、对话、互动等都需要建立在开放的基础上，因此思想政治教育学必须是一个开放性的学科，这样学科才有生命力。

"比较思想政治教育的研究目标是基于比较视域的中外思想政治教育理论和实践的研究，旨在推动中外思想政治教育以及政治文化的理解对话和交流互鉴。"②"比较研究具有具体的历史规定性，应当深入研究不同国家的思想政治教育活动的发展规律、传承模式和作用机制。历史是世代积累的文化沉淀，每个民族在其发展历程中均形成其特有的思想主题、信念信仰和价值追求，只有具体地分析思想政治教育演进中的历程与观念，才能获得真实的历史感。"③要深入开展对不同国家和地区的思想政治教育研究，必须要有全球视野，这样才能深刻理解不同时代、不同地域的民族性、国民性等特征，这样比较思想政治教育学才能获得对域外文化的理解基础，也才能开展异质文化和理论间的对话与交流，并在对话交流中深入探讨事物背后的成因和本质。基于不同文化背景的思想政治教育之所以能够被交流、理解，就是因为有了开放的胸怀和学习的能力，比较思想政治教育学才能实现对思想政治教育的深层理解和对规律的全面把握。

综上所述，比较思想政治教育学是一门通过对不同时空维度的思想政治教育现象和实践的把握，并通过比较、交流、对话等方式探索思想政治教育规律的学科。

二、比较思想政治教育学的研究对象

比较思想政治教育学的研究对象可分为思想政治教育的现象与思想政治教育的理论。思想政治教育现象的比较研究主要指对思想政治教育活动与实践的比较，思想政治教育理论的比较研究包括对思想政治教育理论思潮与规律的理论探索和比较。

1. 思想政治教育活动与实践的比较研究

思想政治教育的活动与实践是思想政治教育学的首要研究对象。比较思想政治教育学不仅要对不同国家、地区和不同时期的思想政治教育活动的开展、实践目标、活动内容、践行方式、活动评估等进行比较研究，还要对不同层次的教育者和受教育者的具体实践活动展开研究。其重点是把握思想政治教育的核心实践主体，即学校和社会。学校是开展思想政治教育的重要阵地，各级学校的课程设置、教育方式、专业化队伍的培育与工作方式等的比较研究是比较思想政治教育学的基本研究对象。另外，社会层面的思想政治教育活动，如理论宣传、公民政治参与、社区服务等实践活动，也是比较思想政治教育研究的重要领域。

---

① 陈立思：《关于比较思想政治教育学科建设的几点思考》，《思想理论教育导刊》2014年第5期。
② 康秀云：《比较思想政治教育学前沿问题研究》，学习出版社2018年版，第99页。
③ 曲波：《关于比较思想政治教育学科意识的思考》，《思想理论教育》2014年第6期。

2. 思想政治教育理论思潮的比较研究

不同时期、不同国家和地区的思想政治教育理论思潮也是比较思想政治教育学的研究对象。思想政治教育"并不是哪一个阶级的'专利'，而是人类阶级社会中一项普遍的实践活动"[1]。存在思想政治教育的活动，就一定有关于思想政治教育的理论，虽然这些理论不一定冠以思想政治教育的名称，但一定有反映思想政治教育的实质和本质的思想和理念。因此，对在思想政治教育实践的历史长河中形成的各种与思想政治教育相关的理论体系和思潮理念进行分析和对比，有助于我们认识思想政治教育的本质和特征。与此同时，我们也需要学习借鉴其他理论流派的合理之处以为我所用，为思想政治教育活动的有效性服务。

任何思想政治教育理论都具有一定的时代性与阶级性。思想政治教育理论的时代性是对不同社会和时代思想政治教育实践的反映。思想政治教育理论的阶级性是由思想政治教育的阶级属性所决定的。因此，比较思想政治教育学除了要学习借鉴其他理论成果，还要通过对比研究，辩证地看待不同思想政治教育理论的实质和内核，取其精华，去其糟粕。"超越地批判、借鉴，是比较思想政治教育研究的最终成果，也是其最终目的。"[2] 同时，"面对思想政治教育领域中存在的各种外国政治学说和道德理论时，应自觉摒弃'价值无涉'的'中立说'和'中体西用'的'独断论'这两种研究路径，客观地审视其深层的价值取向和政治动因，历史地理解其提出的时代语境和思想价值，避免研究中的泛意识形态化的教条主义、唯学院化的抽象主义和趋世俗化的功用主义，抱持'建设性'的批判精神，探索和创造真正具有中国特色、中国气派和中国风格的比较思想政治教育新形态"[3]。总之，思想政治教育学科对话的目的还是要为中国特色学科体系、学术体系、话语体系建设服务。

3. 思想政治教育规律的比较研究

对思想政治教育活动和理论进行研究，是为了探寻思想政治教育的规律。因此，思想政治教育规律也是比较思想政治教育学的主要研究对象。"比较思想政治教育应是以比较世界各国的思想政治教育为研究对象，着力揭示当代世界各国思想政治教育的一般与特殊规律，判明思想政治教育发展的主要因素及其相互关系，探索思想政治教育发展趋势的一门教育学科。"[4] 对思想政治教育规律的研究，包括对思想政治教育的特殊规律与普遍规律的研究。

比较思想政治教育学要探寻不同国家和地区进行思想政治教育的特殊规律。不同国家和地区具有不同的自然地理环境、历史文化、社会结构等现实基础，这些现实基础影

---

[1] 陈立思主编：《比较思想政治教育》，中国人民大学出版社2018年版，第2页。
[2] 陈立思主编：《比较思想政治教育》，中国人民大学出版社2018年版，第20页。
[3] 曲波：《比较思想政治教育学科性质探析》，《东北师大学报（哲学社会科学版）》2014年第2期。
[4] 苏崇德主编：《比较思想政治教育学》，高等教育出版社1995年版，第1页。

响着思想政治教育的实践开展。比较思想政治教育学要通过对不同国家和地区思想政治教育现象、特点的研究，寻找思想政治教育得以有效开展的运作机理，这样才能发现不同国家和地区思想政治教育的成功经验与特殊规律。

比较思想政治教育学还要通过对不同国家和地区思想政治教育特殊规律的研究、比较，发现思想政治教育的共同规律。思想政治教育的规律，就是指思想政治教育系统中各要素之间的本质联系。研究思想政治教育规律，就是要科学揭示人的思想政治素质形成发展与教育引导规律。[①]因此，比较思想政治教育学也要揭示经济基础与思想政治教育之间的辩证关系、思想政治教育各要素之间的辩证关系、思想政治教育过程基本矛盾运动规律和发展趋势、教育活动与受教育者的思想品德状况之间的适应超越规律；揭示教育者的主导作用与受教育者的主体作用间的规律、思想政治教育过程中的内化与外化的转化规律、教育环境与被教育者的影响引导规律等。只有把握了思想政治教育的规律，才能掌握思想政治教育各要素之间展现出的最本质、最必然、最稳定的联系，也才能更好地指导思想政治教育的实践。

三、比较思想政治教育学的指导理论

在我国的学科门类划分中，比较思想政治教育学是在马克思主义理论一级学科下的三级学科。因此，坚持马克思主义理论的指导是比较思想政治教育学始终要坚持的方向。马克思主义理论是由马克思主义哲学、马克思主义政治经济学和科学社会主义三大部分组成的关于全世界无产阶级和全人类彻底解放的学说。马克思主义中国化时代化的理论成果是马克思主义基本原理同中国具体实际相结合、同中华优秀传统文化相结合的产物。在开展比较思想政治教育研究时，我们要自觉坚持马克思主义理论与马克思主义中国化的理论成果的指导，运用马克思主义的立场、观点、方法来正确看待与研究各国的思想政治教育，坚守比较思想政治教育学的中国立场和政治品格。

1. 马克思主义理论的指导

坚持马克思主义理论对比较思想政治教育学的指导，是我们首先要明确的政治立场和学术立场。"马克思主义意识形态性是比较思想政治教育学所自持的固有属性。"[②] "只有把比较思想政治教育研究建立在马克思主义科学实践观的基础之上，才能确保比较思想政治教育的马克思主义理论品质，才能使研究更具科学性和时代性。"[③]思想政治教育作为社会实践活动，在对其的比较研究中，我们要始终坚持马克思主义哲学的指导，即坚持辩证唯物主义与历史唯物主义。

① 参见《思想政治教育学原理》编写组编：《思想政治教育学原理》第2版，高等教育出版社2018年版，第133—134页。
② 康秀云：《比较思想政治教育学前沿问题研究》，学习出版社2018年版，第148页。
③ 高峰：《关于新时代比较思想政治教育学科建设的若干思考》，《思想理论教育》2019年第3期。

坚持辩证唯物主义，首先要坚持经济基础决定上层建筑的观点，承认物质第一性，意识第二性，世界统一于物质。马克思和恩格斯在《德意志意识形态》中指出："统治阶级的思想在每一时代都是占统治地位的思想。这就是说，一个阶级是社会上占统治地位的物质力量，同时也是社会上占统治地位的精神力量。"①他们还进一步论证："只要阶级的统治完全不再是社会制度的形式，也就是说，只要不再有必要把特殊利益说成是普遍利益，或者把'普遍的东西'说成是占统治地位的东西，那么，一定阶级的统治似乎只是某种思想的统治这整个假象当然就会自行消失。"②"只要特殊利益和共同利益之间还有分裂，也就是说，只要分工还不是出于自愿，而是自然形成的，那么人本身的活动对人来说就成为一种异己的、同他对立的力量，这种力量压迫着人，而不是人驾驭着这种力量。"③马克思主义关于意识形态的论述不仅说明思想政治教育学科带有明显的政治性，也说明在阶级社会，意识形态的教化和灌输也是统治阶级进行统治的主要手段和政治工具，因此马克思主义为我们深入研究阶级社会的思想政治教育提供了世界观的指导。思想政治教育作为阶级社会的特殊活动，服务于阶级社会中经济上占统治地位的阶级，因而思想政治教育背后一定存在经济根源。在比较分析中，无论各种思想政治教育理论流派如何强调其普世性，思想政治教育的经济基础和阶级关系都不可忽视。其次，要坚持物质世界是普遍联系的观点。要正确认识物质世界的联系，物质世界的联系是客观的，是不以人的意志为转移的。从外部来说，任何事物都与周围其他事物相互联系。思想政治教育不是孤立的，它受到其存在的社会环境甚至国际环境的影响。因而，在经济全球化的今天，思想政治教育要具备全球视野，充分认识思想政治教育的发展状况、影响因素，选择其中的积极因素为自身服务。要在开放的社会中，在多种思潮的涌入下展开思想政治教育比较研究，推动思想政治教育的与时俱进。从内部来说，思想政治教育过程各环节也是相互联系的。"思想政治教育过程从总体上可分为制订方案、实施、评估三个阶段。"④这些环节循序渐进、互相联系、相互影响，每一个环节都影响着思想政治教育过程的运行。所以，思想政治教育要把握固有的联系，不能主观臆造联系，但可以根据事物固有的联系，调整原有联系，建立新的联系来推动思想政治教育的发展。

坚持历史唯物主义，就是要学会尊重历史发展的规律。首先，在思想政治教育比较研究中要始终坚持群众史观。历史的主体是人民群众，要坚持以人民为中心的理念，明确人民群众是社会物质财富和精神财富的创造者，是实现社会变革的决定力量。因而比较思想政治教育研究中要坚持群众观点，走群众路线，关注受教育者的受教育情况，即社会公众的政治观念、思想道德、价值取向的形成发展等状况。其次，在比较借鉴研究

---

① 《马克思恩格斯选集》第1卷，人民出版社2012年版，第178页。
② 《马克思恩格斯选集》第1卷，人民出版社2012年版，第181页。
③ 《马克思恩格斯选集》第1卷，人民出版社2012年版，第165页。
④ 陈万柏、张耀灿主编：《思想政治教育学原理》第3版，高等教育出版社2015年版，第138页。

时，要坚持马克思主义的关于人的本质的论述。在马克思主义看来，"人的本质不是单个人所固有的抽象物，在其现实性上，它是一切社会关系的总和"①。在比较思想政治教育研究中，不仅要认识到人作为主体在教育活动中的地位和作用，还要广泛关注各种社会关系在人发展中的作用。社会的发展是实现个人自由与发展的前提，"每个人的自由发展是一切人的自由发展的条件"②，因此，在研究中探讨社会发展的条件对个人成长的作用关系，促进社会和谐，为人的自由全面发展寻找规律也是思想政治教育学的任务所在。最后，要坚持实践的观点。实践观是马克思主义的重要理论基石，也是构建比较思想政治教育学的重要理论基础。马克思主义的实践观认为，"社会生活在本质上是实践的。凡是把理论诱入神秘主义的神秘东西，都能在人的实践中以及对这种实践的理解中得到合理的解决。"③实践是理论的来源，是认识发展的根本动力，是检验理论和认识正确与否的标准。实践与认识是辩证统一的关系，实践决定认识，认识对实践有巨大的反作用，正确的科学的认识促进实践的发展，错误的认识阻碍实践的发展，认识要随着实践的发展而不断进步。所以，我们要以马克思主义的实践观为指导，一方面要深入了解思想政治教育的实践活动，夯实比较思想政治教育研究的客观依据，另一方面要以实践为标准来检验取得的认识是否正确，从实践中不断推进理论和认识的发展，更好地指导实践。

2. 马克思主义中国化时代化理论成果的指导

中国共产党坚持把马克思主义基本原理同中国具体实际相结合、同中华优秀传统文化相结合，不断推进马克思主义中国化时代化。马克思主义中国化时代化理论成果包括毛泽东思想、邓小平理论、"三个代表"重要思想、科学发展观、习近平新时代中国特色社会主义思想。从毛泽东思想到习近平新时代中国特色社会主义思想，中国化的马克思主义理论已经形成较为完整、系统的理论体系。作为马克思主义中国化时代化最新成果的习近平新时代中国特色社会主义思想，是比较思想政治教育学必须坚持的指导理论。

毛泽东思想是马克思主义中国化时代化的第一个重大理论成果。在新民主主义革命时期，毛泽东从当时中国的社会现实出发，科学阐述了中国革命的一系列重大问题，形成了涵盖哲学、军事、党的建设等方面的系统的思想体系。在社会主义革命和建设时期，毛泽东思想继续发展，丰富了马克思列宁主义关于无产阶级专政的学说，又在军队建设、思想政治工作、文化工作等方面进行了理论探索。毛泽东思想始终坚持辩证唯物主义与历史唯物主义，实事求是、群众路线、独立自主等是贯穿于毛泽东思想各个领域的立场、观点与方法，是今天我们开展研究思想政治教育比较研究要遵循的原则。

---

① 《马克思恩格斯选集》第1卷，人民出版社2012年版，第135页。
② 《马克思恩格斯选集》第1卷，人民出版社2012年版，第422页。
③ 《马克思恩格斯选集》第1卷，人民出版社2012年版，第139—140页。

邓小平理论是马克思主义中国化时代化的又一重大理论成果，是对毛泽东思想的坚持与发展，是改革开放的重要指南。1978年党的十一届三中全会重新确立了解放思想、实事求是的思想路线。党的十一届三中全会之后，在和平与发展的时代主题下，邓小平提出建设有中国特色的社会主义理论。邓小平理论阐明了在中国建设社会主义、巩固和发展社会主义的基本问题，在社会主义发展道路、发展阶段、根本任务、发展动力、社会主义建设的外部条件、祖国统一等方面丰富了马克思主义，将马克思主义在中国的发展引领到新阶段。

以江泽民同志为主要代表的中国共产党人提出了"三个代表"重要思想并进行了科学阐释。中国共产党始终代表中国先进生产力的发展要求是指党的各项工作的开展必须符合生产力的发展规律；中国共产党始终代表先进文化的前进方向是指党的理论、路线、纲领、方针、政策和各项工作必须体现面向现代化、面向世界、面向未来的，民族的科学的大众的社会主义文化的要求；中国共产党始终代表中国最广大人民的根本利益是指党的各项工作坚持把人民根本利益作为出发点与归宿，尊重人民是创造历史的主体的地位。[①]"三个代表"重要思想成为中国共产党向新世纪进军的行动指南。

以胡锦涛同志为主要代表的中国共产党人，提出的科学发展观的第一要义是发展，核心是以人为本，基本要求是全面协调可持续，根本方法是统筹兼顾。坚持以人为本，要始终把实现好、维护好、发展好最广大人民的根本利益作为党和国家一切工作的出发点和落脚点；坚持全面协调可持续，要全面推进政治、经济、文化、社会建设；坚持统筹兼顾，要正确认识和妥善处理中国特色社会主义事业中的重大关系。科学发展观标志着中国共产党对于社会主义建设规律、社会发展规律与共产党执政规律的认识达到了新高度。科学发展观是指导比较思想政治教育学科学发展的重要理论基础。

党的十八大以来，以习近平同志为主要代表的中国共产党人，坚持把马克思主义基本原理同中国具体实际相结合、同中华优秀传统文化相结合，科学回答了新时代坚持和发展什么样的中国特色社会主义、怎样坚持和发展中国特色社会主义等重大时代课题，创立了习近平新时代中国特色社会主义思想。这一思想以一系列原创性观点极大丰富了马克思主义，把马克思主义中国化时代化推进到一个新的阶段，是当代中国的马克思主义，是21世纪的马克思主义。特别是习近平总书记关于中国特色社会主义文化建设的重要论述、关于意识形态工作的重要论述、关于培育和践行社会主义核心价值观的重要论述、关于思想道德建设的重要论述、关于思想政治工作的重要论述等，都为新时代比较思想政治教育学的研究和发展指明了方向。

毛泽东思想、邓小平理论、"三个代表"重要思想、科学发展观、习近平新时代中国特色社会主义思想形成于不同历史时期，有着不同的历史任务与内容，但它们始终保

---

① 参见江泽民：《论"三个代表"》，中央文献出版社2001年版，第157—161页。

持着实事求是、与时俱进的理论品质。开展比较思想政治教育研究时，我们要以马克思主义和马克思主义中国化时代化的理论成果为指导，批判借鉴其他国家的思想政治教育理论，坚持比较思想政治教育学科为建设有中国特色的社会主义服务的宗旨。在新时代，我们尤其要坚持以习近平新时代中国特色社会主义思想来指导比较思想政治教育学的研究，为建设社会主义现代化国家服务。

四、比较思想政治教育学的研究方法

比较思想政治教育学的研究方法主要有唯物辩证法、阶级分析法与比较分析法等。唯物辩证法即马克思主义辩证法。阶级分析法就是运用马克思主义关于阶级的理论、观点来分析阶级社会中各种现象的方法。比较分析法是根据一定的标准在两个或者两个以上的对象间进行比较分析，来认识比较对象间的相同点与相异点，探索事物发展规律的方法。这些研究方法共同运用于比较思想政治教育研究，有助于科学地揭示思想政治教育的本质与规律。

1. 唯物辩证法

唯物辩证法即马克思主义辩证法，是马克思主义哲学的重要组成部分。唯物辩证法揭示出世界具有的两个基本特征：普遍联系与不断发展。唯物辩证法包括三个基本规律：对立统一规律、质量互变规律与否定之否定规律。思想政治教育作为社会意识形式的一种，在社会发展中与其他社会意识形式呈现出不同的联系和关系，只有从唯物辩证法的角度对其进行把握，才能形成深刻、准确的认识。

世界是普遍联系与不断发展的，因而研究各国思想政治教育时不仅不能脱离现实世界的政治、经济、文化环境，而且还要看到现实世界的政治、经济、文化彼此之间的互相联系。对立统一规律引入比较思想政治教育研究，最典型的延伸就是矛盾分析法，如通过分析在特定时期某一国家思想政治教育要解决的主要矛盾，来认识该国思想政治教育理论与实践的特征。在开展比较思想政治教育研究时，既要看到同一性又要看到斗争性，既要看到普遍性也要看到特殊性。矛盾分析法要求在比较思想政治教育研究中，不仅要揭示矛盾自身的特点，而且要善于发现事物的本质，这样才能找到思想政治教育的规律，从本质上把握客观存在的各种社会现象之间的联系。

2. 阶级分析法

"阶级分析法，就是运用马克思主义关于阶级和阶级斗争的观点去观察研究阶级社会各种社会现象的方法。"[①] 用阶级分析法进行比较思想政治教育研究，就是要透过现象看本质，准确地把握思想政治教育的阶级性和历史性。在阶级社会中，占主流地位的意识形态都具有阶级性，思想政治教育作为灌输社会意识形态的实践活动，更是具有明显

---

① 武汉大学思想政治教育系组编，王玄武等著：《比较德育学》第2版，武汉大学出版社2003年版，第35页。

的阶级性。在进行比较思想政治教育的研究时，对于阶级对抗社会中的思想政治教育，在分析其本质时，一定要注意用阶级分析法来进行分析研究，分清其阶级属性和阶级立场，只有这样，才能坚持比较思想政治教育学的阶级立场和政治立场。对于历史上出现的剥削阶级维护其统治的错误倾向和观点，要用马克思主义的阶级观点进行有力的剖析和批判，看到其维护剥削阶级统治的实质。因为，"占统治地位的思想不过是占统治地位的物质关系在观念上的表现，不过是以思想的形式表现出来的占统治地位的物质关系；因而，这就是那些使某一个阶级成为统治阶级的关系在观念上的表现，因而这也就是这个阶级的统治的思想"①。

当然，在运用阶级分析法时，也不能将阶级对立简单化，"把阶级分析法简单化、绝对化或扩大化的做法，都是与马克思主义的要求相违背的"②。在开展思想政治教育比较研究中，也要看到不同时期不同阶级在历史上起到的不同作用。因为，"每一个企图取代旧统治阶级的新阶级，为了达到自己的目的不得不把自己的利益说成是社会全体成员的共同利益，就是说，这在观念上的表达就是：赋予自己的思想以普遍性的形式，把它们描绘成唯一合乎理性的、有普遍意义的思想。进行革命的阶级，仅就它对抗另一个阶级而言，从一开始就不是作为一个阶级，而是作为全社会的代表出现的；它以社会全体群众的姿态反对唯一的统治阶级。它之所以能这样做，是因为它的利益在开始时的确同其余一切非统治阶级的共同利益还有更多的联系，在当时存在的那些关系的压力下还不能够发展为特殊阶级的特殊利益。"③这说明在社会变革时期和特定历史时期，阶级斗争和阶级变化是复杂的、多面的，不能简单地将阶级对立绝对化和简单化。正如马克思、恩格斯在《共产党宣言》中说过："资产阶级在历史上曾经起过非常革命的作用。"④当一个群众基础更为广泛的新兴阶级出现后，它在反对统治阶级时具有进步性，会带来先进的生产关系与思想，通过革命等方式成为新的统治阶级。所以不能一味地贬低和抵制过去统治阶级的思想政治教育，要在历史长河中，科学地分析和把握以往社会中不同阶级的思想政治教育，以寻找其共性和规律性。

阶级分析法是认识阶级社会发展线索的方法，能让我们找出历史人物和社会活动背后的社会根源与历史演进的规律，拨开纷繁复杂的表面现象，抓住社会关系的本质。

3. 比较分析法

比较分析法是根据一定的标准在两个或者两个以上的对象间进行比较分析，来认识比较对象间的相同点与相异点，探索事物发展规律的方法。根据不同的标准，比较分析法有以下几类。

---

① 《马克思恩格斯选集》第1卷，人民出版社2012年版，第178页。
② 武汉大学思想政治教育系组编，王玄武等著：《比较德育学》第2版，武汉大学出版社2003年版，第35—36页。
③ 《马克思恩格斯选集》第1卷，人民出版社2012年版，第180页。
④ 《马克思恩格斯选集》第1卷，人民出版社2012年版，第402页。

按照时空维度的划分，比较可以分为横向比较与纵向比较。横向比较是地理空间的比较，是不同国家或地区的思想政治教育的比较。纵向比较是时间维度的比较，即将思想政治教育活动和理论放在不同历史时期进行比较，从而把握事物的发展历程与规律。横向比较和纵向比较既可以单独运用，也可以结合使用。在比较研究中，通常需要对时空进行联合考察，从而形成对事物发展的全面了解。

按照比较范围的划分，比较可以分为专题比较与综合比较。专题比较是对事物的某一方面进行的比较，如对各地区与国家间思想政治教育理论、过程、内容、目的、方法等的比较，这是综合比较的基础。综合比较是在事物多个方面比较的基础上，进行的全方位比较。这两种比较的关系是部分与整体的关系，只有对事物进行局部与整体的充分把握，才能综合分析思想政治教育的规律与本质。

按照比较指向的划分，比较可以分为求同比较与求异比较。求同比较是在一定条件下进行比较以寻求不同事物的共同点，如通过对不同国家、地区进行相近的思想政治教育活动的比较，来寻找共同的特点。求异比较是在一定条件下对事物间的不同属性进行的比较，如在同一时代中，对不同地区或者国家的不同思想政治教育观点的比较，以发现各自独特之处。求同比较可以发现事物发展的共同规律，求异比较可以探寻事物发展的特殊性，两者的关系是普遍性与特殊性的辩证统一的关系。

按照比较性质的划分，比较可以分为定性比较与定量比较。定性比较是通过研究事物的属性来发现研究对象的性质和规律的方法，就是通过对不同思想政治教育的活动和理念的比较来分析其实质的方法。定量比较是指通过对事物的属性进行数量分析来对事物的变化发展进行研究的方法，即分析思想政治教育的比较研究对象所包含的数量关系或所具备性质间的数量关系，这种方法也可以用于对研究对象的某些性质、特征、相互关系进行数量上的分析比较。比较思想政治教育学的定性分析为定量分析提供逻辑框架和理论支撑，定量分析为定性分析提供依据和基础。在进行研究时，我们需要客观看待与把握事物的质与量，科学认识定性分析与定量分析的关系。

五、比较思想政治教育学的学科发展

经过几十年的建设，我国比较思想政治教育学已取得不少成果。为进一步促进比较思想政治教育学的学科发展，我们还需要从加强理论建设，优化学科平台与壮大研究队伍等方面努力，以实现比较思想政治教育学的良好发展。

1. 加强比较思想政治教育学的理论研究

目前，比较思想政治教育学还存在理论研究不够深入的问题。由于理论基础不够扎实，比较思想政治教育的研究常常停留在表面，主要侧重于对各国思想政治教育现象的介绍，缺乏系统、深入的反思和理论解析。这就要求比较思想政治教育学必须构建自身的理论体系，即明确研究对象、基本问题等基础理论要素，构建研究的逻辑结构与思维方式，给出研究思路与研究方法，以形成一套结构完整的"明确—解释—分析"理论，增强比较思想政治教育研究的理论解释力与科学性。

比较思想政治教育的理论研究需要加强学科的元理论建设，要加强对相关范畴与范式的研究。范畴是理论构成的基础，是研究分析的始点。范式是根据范畴建立起来的为研究者所认可的完整的研究模式。加强学科的元理论建设，有助于明确学科的研究问题并寻找解决问题的根本方法。

此外，比较思想政治教育的理论研究还要构建具有包容性与发展性的理论体系。就我国现有的成果来看，对发达国家的思想政治教育研究得多，对发展中国家和相对落后国家关注得少；国别研究、专题研究成果较多，但对跨地区性的、国际性组织的思想政治教育研究较少；对各领域的思想政治教育研究多，对综合性的、领域之间比较的成果较少。随着时代的发展，比较思想政治教育也要与时俱进，拓宽比较思想政治教育的理论研究领域，不断进行理论创新，增强理论体系自主发展的生命力。

比较思想政治教育学科的理论研究要加强理论基础的建设，跟进理论在实践中的发展，凸显学科特殊性，从理论构建中促进学科的发展。

2. 加强理论与实践的结合力度

目前，比较思想政治教育学的研究大多停留于横向研究、国别研究、专题研究、定量研究，更深入的纵向研究、综合研究和定性研究不足，研究的理论成果指导实践或与现实结合的力度也不够。因此，加强理论与实践的结合也是比较思想政治教育学所应关注的问题。

比较思想政治教育的研究成果进入社会实践时，首先要发挥其借鉴"他山之石"的作用，为本国思想政治教育服务。比较思想政治教育的研究成果进入本土实践时，要将研究成果立足当代中国现实与中国文化，实现创造性转换，既不能盲目尊崇域外理论与经验，也不能固守本国模式，要让研究成果完成本土转型，真正"走进来"。

同时，比较思想政治教育学不能局限于解决中国的问题，还要向世界传达中国见解与中国智慧。这就需要比较思想政治教育研究具备全球视野和与国际对话的能力，需要比较思想政治教育加强对普遍规律问题的研究与对各国思想政治教育现象的解读，增强比较思想政治教育研究成果的理论辐射力与现实应用度。

比较思想政治教育研究的理论成果与现实实践的结合既包括研究成果在国内的转换，也包括对域外思想政治教育问题的解答，这些都是比较思想政治教育学发展需要回应的现实课题，也是比较思想政治教育学科发展努力的方向。

3. 加强学科平台与学科队伍建设

思想政治教育作为我国特有的学科概念，在进行国别与国际比较研究时主要是借鉴相关学科比如道德教育、公民教育等的研究成果，这一特点也使得比较思想政治教育的学科交流大多在国内展开。因而，为了增强比较思想政治教育学科的国际化与生命力，还需要搭建比较思想政治教育学的国际交流平台，如在国内外高校间开展学术对话，设立相关学科组织等，拓宽比较思想政治教育的学术研究领域，丰富思想政治教育比较研究的学术资源，以掌握更多的学科资料与最新发展动态。

在学科队伍建设方面，作为一门交叉性的学科，比较思想政治教育学要不拘一格发展研究队伍。在发展学科队伍时，首先，要明确比较思想政治教育学科的人才培养方向，要培养一支既了解思想政治教育学科的知识，又掌握比较思想政治教育理论与研究方法的研究队伍。其次，要吸纳各领域的优秀人才和相关学科的人才加入比较思想政治教育学的研究队伍，形成一支知识结构完备、专业能力互补的学科队伍。最后，要培养年轻的学者加入比较思想政治教育学的研究。要发挥年轻人视野宽、外语好、能力强的优势，完善学科后备人才队伍的培育机制。

一个学科能摆脱借鉴模式而进入自主发展阶段，是其成熟的表现。比较思想政治教育学需要通过以上路径，增强学科的科学性与国际化，打造并形成具有中国特色、中国风格、中国气派的比较思想政治教育学的话语体系和学科优势。

▶ 思考题

1. 如何理解比较思想政治教育学的学科定位?
2. 比较思想政治教育学的研究对象是什么?
3. 比较思想政治教育学的指导理论有哪些?
4. 比较思想政治教育学的研究方法有哪些?
5. 比较思想政治教育如何实现学科发展?

第一章 思想政治教育理念的比较

思想政治教育理念是一定时期各个国家在经济和政治上占主导地位的阶级或集团，在教育实践与教育思维活动中形成的关于思想政治教育宗旨使命、目标要求、教育内容、组织实施、方式方法等的理性认识和主观诉求。思想政治教育理念是思想政治教育实践经验的升华，又对实践产生重要的指导和规范作用，具有鲜明的政治性、思想性、时代性和民族性等基本特征。梳理、描述、分析、比较中外思想政治教育理念演进和发展的过程与异同，有助于科学认识思想政治教育的内在属性和基本规律，有利于确立思想政治教育比较研究的场域，深化思想政治教育国别与国际的比较研究。

第一节 传统思想政治教育理念的演进比较

思想政治教育是一种社会历史现象，各国思想政治教育的观念形态、实践形态和制度形态都是特定历史条件的产物，都处在不断发展演变之中。为阐明这一社会现象的来龙去脉，有必要对中国和西方思想政治教育理念作简要的历史追溯和跨文化比较，从历史和思想文化源流的角度，认识理念的发生演进机理，发现中西方思想政治教育的异同，理解这些异同产生的原因，为揭示思想政治教育现象的本质、发展规律提供重要的历史和文化依据，深化比较思想政治教育研究的科学性。

一、我国传统思想政治教育理念的演进

思想政治教育作为阶级社会的产物，可谓古已有之。中国传统思想政治教育理念的产生、演进和发展，经历了实践与认知相互结合、相互作用的动态发展的历史过程，是统治集团、教育思想家乃至中华民族长期积累的关于思想政治教育的理性认识与理想追求的反映。这一过程既离不开中国的政治、经济、文化背景与土壤，也离不开中国哲学、政治、伦理等思想的滋养。

（一）敬德尚礼的思想政治教育理念

中华民族的发展，历经了漫长的原始社会。尽管原始社会并未产生私有制、阶级和国家，但人们之间却形成了敬老尊长的朴素尊卑思想，这为之后的等级观念和思想道德理念的形成奠定了基础。进入奴隶社会，古代中国的阶级分层由此开启，思想政治教育意识及相应理念由此萌生。

1. 宣扬尊王护邦的爱国理念

史料记载："于是启遂即天子之位，是为夏后帝启……有扈氏不服，启伐之，大战于甘。……遂灭有扈氏。天下咸朝。"（《史记·夏本纪》）夏朝主张武力立国，以建立强大的军事力量作为维护国家政权的基础和后盾，用是否符合国家发展的价值观作为道德尺度和评价标准，形成了军事爱国主义的伦理。正是由于军事战争频繁贯穿夏商周三代的现实背景，加之战争形势复杂多变的客观条件，夏商周时期的尊王、爱国、守家作为独立意识经历了由无到有、从稚嫩渐趋成熟的发展过程，促发在夏商周三代形成了以天命观念、吊民伐罪为号召，以仁本为内涵的爱国理念，这也成为巩固当时王权的重要方式，成为中华民族护民守邦爱国的文化基因，源远流长。

2. 宣扬敬德尚礼的智民理念

中国古代社会富有"仁政"色彩的德治教育萌芽发轫于夏商周时期。《诗经·商颂》有载："洪水芒芒，禹敷下土方。"《史记》描述了上古四贤中皋陶与夏禹关于"九德"的讨论。西周所倡行的德治理念奉行保民、敬德与永命三者的结合，其中保民是目的，敬德是途径，永命是目标，三者的核心则是仁德教化。同时，礼乐教育也一直贯穿夏商周三代。"礼"原本指祭祀天地神灵的宗教仪式，夏代将天命观念上升到至高无上的神祇地位，祭祀行为较为普遍。时至周朝，为更好适应宗法等级制度，周公姬旦对夏商时期的礼、乐加以结合与改良，通过制礼作乐改变了礼乐的内涵性质和社会功能，使礼乐教育上升为经国家、定社稷、序民人的重要手段。仁德、礼乐教育理念的逐步推广，催化了人们思想上由尊神到敬人的过渡。

周公制礼作乐，使中国的礼乐文明得到了大发展。礼乐是伦理精神的外化和制度化，有表达情感、寄托信仰和规范道德的功能，这使"德"的观念被赋予了信仰和遵从世俗道德规范的含义，促使中国古代社会发展出各阶层皆有其应遵循之德，如天有天德、王有王德、臣有臣德、民有民德。礼仪制度和行为规范，将抽象的伦理精神具体化、规范化、制度化，探索出人们可以遵循实践的方法，形成了中国思想政治教育理念的原初形态，对中国古代道德教育有重要影响，对现代社会也有启发和借鉴意义。

（二）礼法并治的思想政治教育理念

春秋战国时期，诸侯纷起，形成群强割据、分邦而治的格局，促进了不同思想的争锋与交融，动摇了宗教神权观念，神的信仰出现危机，人们开始将视野转向人，轻天重人的思潮兴起。秦汉时期，随着政治统一、中央集权制度推进，专制主义的思想文化应运而生，儒家思想走向统治地位，礼法并治成为官方意识形态和社会教育的主流理念。

1. 主张轻君重民的理念

春秋战国时期，诸侯割据、连年战乱，人们对"神"的信仰出现严重危机。在面对神与人的问题上，贤者季梁提出的"夫民，神之主也，是以圣王先成民而后致力于神"（《左传·桓公六年》）观点逐渐获得认可并流行。各国君主从争霸与兼并的残酷现实出发，开始将政治活动的重点放在民众身上，在保障正常生产活动的基础上，将调整人与人的关系作为施政方向，出现了重民、轻君、贵社稷的教育理念。如《左传·文公五年》提醒当政者要普遍认识到民众的重要性，强调"德之不建，民之无援"；《国语·楚语下》主张"夫从政者，以庇民也"，认为当政者要时刻关心民众利益、施惠于民。这些观点反映了古代中国的朴素的民本理念。

2. 主张君子德治的理念

《汉书》记载，战国主要思想学派分为儒、墨、道、法、阴阳、名、纵横、杂、兵、小说十家。《七略·诸子略》革除了小说家，统称为"九流"。其中，儒、道、墨三家主张君子德治的理念，在文化教育方面的影响尤为突出。儒家崇尚天下为公的理想，倡导"仁者爱人、智者知人"的价值观取向，秉持学而优则仕的教育理念，劝导执政者要"节用而爱人，使民以时"（《论语·学而》）。道家推崇无为而治，倡导"我无为而民自化，我好静而民自正，我无事而民自富，我无欲而民自朴"（《道德经》五十七章），呼吁当政者要顺应规律与时代潮流，不妄为、不乱为，顺应客观态势、尊重客观规律制定利国益民的政策。墨家关注现世、崇尚学术，认为教育的第一要义是尚贤，即"有道者劝以教人"（《墨子·尚贤下》），强调人与人之间"兼相爱，交相利"（《墨子·兼爱》）；宣扬重视继承前人的文化财富，渴望通过教育达到政通人和、天下大治。这些主张和理念对于丰富中国传统思想政治教育思想有积极意义。

3. 主张礼法合治的理念

秦汉时期是中国传统思想政治教育理念发展的关键阶段，思想教化与法治教育的紧密结合由此开始。西汉时期，统治者吸取秦王朝"焚书坑儒"的历史教训，深感教化与征服民心的重要，汉武帝接纳董仲舒"罢黜百家、独尊儒术"的建议，同时通过吸纳各家精华改良了儒家思想，形成了包括哲学、政治、社会、历史等内容的系统的官方统治学说。统治者虽提倡独尊儒术，但兼采百家之长，尤其是强调儒家与法家的结合，形成儒法并用、阳儒阴法的思维定式，即以德礼为政教之本，刑罚为政教之用。其中，儒家的礼义廉耻、明分使群是教育准则，表达了统治者对上下有序的等级制社会的政治要求；法家的以法为教、以吏为师是教育手段，保障了统治者维护王权稳固的政治目的。明礼又守法，是统治者期望达到的教育效果，儒家仁政与法家法治的统一融合，加速了礼法合治理念的普及。

礼法融合、礼法合治不仅表达了中国古代主流的正己修身、倡礼循法的思想政治教育理念，也集中体现了"民惟邦本、政得其民，礼法合治、德主刑辅"的国家治理思想。

（三）修身养性的思想政治教育理念

从魏晋南北朝到隋唐时期，中国的农耕文化与游牧文化、中原文化与外域文化剧烈碰撞，经济大转移、文化大交流、民族大融合、教育大变革，使得在秦汉时被压抑的人文精神得以恢复。晚唐以来的分裂格局结束后，自宋朝至明末时期，专制主义的中央集权重新确立，为了实现社会长治久安，以强化人的道德修养与品性塑造为核心观念的理学思潮应运而生。

1. 追求正心修身的理念

魏晋南北朝时期，政权更迭频繁、社会动乱不居，缺乏统一权威的背景为人们的思想发展创造了人文环境，儒学、玄学、佛家、道家竞相争艳，针对教育问题，各自都提出了思想主张。

儒学家傅玄认为，人性可以培养，通过教育可以达到塑造人性、化民成俗的效果；儒学家、文学家刘昼指出，修身养性是教育的根本目的，要通过学习、理解伦理要求以提升道德认知，在顺应本性善德的基础上加强人生修养。玄学名士嵇康提倡尊重人性，主张自然教育，认为君子要达到"大道无违"的人生至高境界，要从身心两方面的培育获得顺应自然的发展。佛家的教育思想围绕人生问题而展开，认为众生皆有佛性，鼓励清心寡欲的出世修行教育。道家注重现世满足，教育人们养气、保精、安神，强调内在德性与外在行为的统一，其关于修身养性的理论，丰富了人们的精神世界，拓展了传统思想政治教育理念。

2. 追求社会和睦的理念

隋唐时期，当权者虽然仍将儒家思想视为推行教化的思想武器，但鉴于佛道两教信奉因果循环、循纲积善的思想有利于缓解社会矛盾，因此通过重新调整佛、道、儒三家的关系，确立了以追求社会和睦为目标，以儒家为主、佛道为辅的调和并存状态，三家典籍博通、修养道德心性的教育理念受到积极推广。

东晋时期的佛门名僧以众生有性为前提，以得性以体极为宗为本质，提倡渐修、顿悟的修行方式与教育方法。隋朝儒学家王通在主张用儒家思想中诸如伦理纲常、道德仁义等主流思想教化民众的同时，提出了"三教于是乎可一矣"（《中说·问易》）的观点，主张援佛道入儒。此外，南朝梁文学理论批评家刘勰的"文以明道"教育原则，北齐文学家刘昼的"和性""染化"教育理念，唐朝韩愈的"道统论"，李翱的"性善情恶"说等，无不强调对政治教育、思想教育、道德教育、文化知识教育的关注，主张个人修养的培育。

3. 追求知行合一的理念

宋明时期，在理学思潮的引导下，一方面，中国传统思想政治教育被纳入经学化的思想进程，主张对内在道德责任感、道德价值观等道德意识的培养，促进了中国传统思想政治教育理念探究人性的道德作用。另一方面，理学思想家们在宣扬上达天理的同时也注重强调下达人事，开始了对内心体悟的道德实践探索。宋代程颢、程颐认为"理"是衍生出宇宙万物的绝对本体，"心"是"理"的等同物，是产生人的形体的基础，"有是心，斯具是形以生"（《二程集·遗书》卷二十一），他们倡导伦理道德教育，主张"涵养须用敬，进学则在致知"（《二程集·遗书》卷十八）的教育方法，强调通过格物、致知、穷理的途径来强化自身学识与德行修养。朱熹认为，"理"就是人性，是仁、义、礼、智、信的道德规范，教育具有塑造人性道德的作用，倡导立志、居敬、存养、省察、力行的修养理念。明朝王阳明在继承宋代"心学"关于"心即是理"的思想基础上，鼓励从自己的内心去寻找"理"，提倡知行合一，强调真知是知行合一的基础，诚信是知行合一的表现与结果，因此知行合一教育是一项从浅知到深知再到真知，由感性到理性再到德性，认知与行动不断互动进而深化的过程。

随着以强化人的道德修养与品性塑造为核心观念的理学思潮上升为官方哲学，成为当时中国封建社会思想政治教育的基本准则，其思想原则也发展为完整的思想政治教育理念形态。

（四）救亡图存的思想政治教育理念

清朝至新中国成立前，是中国传统思想政治教育探索、转型的大裂变时期。至清朝中后期，两千多年的中国封建体制已弊病丛生、积重难返，帝国主义列强入侵，特别是鸦片战争的败局使中国历史发展面临前所未有的转折。面对亡国灭种的严重危机，先进的中国知识分子逐步觉醒，开始了救世济民、振兴国家的探索之路，其思想观点也在思想、文化、教育的现代化进程中留下了深刻印记。

1. 倡导"天下公利"的理念

明末清初，农民起义此起彼伏。目睹抗清斗争并具有强烈民族意识的知识分子，总结了明朝灭亡的历史教训，对国家与民族、君主与臣民等关系进行了深刻思考，展开了对封建道德信条的质疑、批判与发展。

顾炎武提出了"国家兴亡、匹夫有责"的著名论断，认为博学于文、行己有耻是修身筑德的必要途径，两者是一个内化与外化相结合的有机统一过程，目的在于利用修己治人的实在之学，取代空谈明心见性的空洞理学。黄宗羲主张天下为公、崇实致用，对封建教育中知行分离的弊端展开批判，认为教育应注重"实行"，真正做到学用一致。王夫之认为，民心向背是评价一个政权是非顺逆的基础，广大民众的生死疾苦是天下的公事，因此提出"不以一人疑天下，不以天下私一人"（《黄书·宰制》）的观点。王夫之提倡的以民为基、天下公利的主张对于反对封建主义专制，促进近代思想政治教育理念发展起到了推动作用。

2. 强调"实利主义"的理念

清朝末年，民主革命思想传播、武装起义风起云涌、科举制度被废除、新式学堂涌现、新式知识分子群体形成等一系列社会变革和现象，对传统的教育理念提出挑战。军国民教育、实利教育、美感教育等合乎时代的先进教育理念开始流行。

梁启超认为，教育必须培养具有自主、独立、公德、合群、尚武等品质的新国民，倡导创立和普及提升国民素质的社会教育。蔡元培指出，"完全人格，首在体育"[1]，认

---

① 高平叔编：《蔡元培教育文选》，人民教育出版社1980年版，第14页。

为军事体育对培养学生的健全体格和爱国情操至关重要，主张培养具有军人特质的新型公民。在"师夷长技以制夷"的观念推广下，人们逐步意识到，要敢于承认中国在军事技术和实业等方面的落后，积极向西方列强学习，变革图强，以抵御外侮、维护国家尊严。因此，实业救国、实利教育的思想理念应运而生。民国初期，黄炎培将实利教育和发展工商业、实现现代化联系在一起，提出了"以教育为实业之先导""以实业为教育之中心"的口号，对实利主义的思想政治教育理念发展具有重要意义。

3. 提倡"均衡发展"的理念

中华民国的成立，使深陷危机的中国知识分子逐渐认识到，应进行彻底的思想变革。这一时期，囊括思想、文化、审美等多方面的公民教化与培育理念日益兴盛。

蔡元培在办学上倡导思想自由、兼容并包，主张"仿世界各大学通例，循'思想自由'原则，取兼容并包主义"①，学术上"囊括大典、网罗众家"，课程设置上"融合中西、择善而从"，教师任聘上广纳不同学术思想的优秀教师，形成百家争鸣的学术氛围。王国维早年提倡的以培养"完全之人物"为宗旨的"完全之教育理念"得到进一步传播和实践，"完全之教育"倡导体育和心育并举，其中心育包括智育、德育和美育。孙中山则强调，要在继承传统道德观念的基础上力求创新，学生求学不仅要实现个人理想，还应具备家国情怀，将自身理想与社会需求相适应。因此，他尤其注重对学生道德教育的实施和道德品质的培养，认为道德教育不仅要包括忠、孝、仁、爱、信、义、智、勇等传统品德教育，还应包括互助与服务等新式道德培育。倡导"均衡发展"的新式思想政治教育理念，对近现代中国教育产生了重要影响。

二、国外传统思想政治教育理念的演进

鉴于国外传统思想政治教育理念的多元性和复杂性，在此仅集中考察西方思想政治教育的观念发展。一般认为，西方思想政治教育理念出现于公元前776年至公元前479年的希腊古风时期，兴盛于随后的经典时期②，经过中世纪的缓慢发展，最终形成于文艺复兴时期。由于时代和地域不同，西方思想政治教育的具体实践形式各异，其理念在各阶段的具体形态也各不相同。

（一）古希腊时期的思想政治教育理念

古希腊地区的国家是奴隶制城邦国家，"为了维护城邦的利益，培养献身于城邦的公民被视为头等大事，各城邦都十分重视对未来一代进行公民教育"③。因此，古希腊思想政治教育的根本宗旨是培养合格的城邦公民，即以城邦利益为上，培养城邦公民使其具有参加政治生活所需要的政治观念、政治素养、品德和能力。

---

① 蔡元培著. 高平叔编：《蔡元培哲学论著》，河北人民出版社1985年版，第203页。

② 参见［美］雷森伯格：《西方公民身份传统：从柏拉图至卢梭》，吉林出版社2009年版，第1页。

③ 朱晓宏：《公民教育》，教育科学出版社2003年版，第4页。

1. 培育城邦公民身份认同的理念

古希腊的城邦国家强调应通过国家力量开展公民教育，培养哲学家、政治家、科学研究者等社会所需要的城邦公民。

亚里士多德曾对城邦公民教育评论道：教育所要达到的目的既然为全邦所共同，则大家就该采取一致的教育方案。我们不应假想任何公民可私有其本身，我们毋宁认为任何公民都应为城邦所公有。①古希腊城邦是一个由集市演变成市镇，最终形成以民众公共生活为中心的社会空间。城邦的诞生为古希腊带来了政治、经济、社会方面一系列的新变化，使人们之间的平等交往变成可能；以公众集会广场为中心的政治空间，使得"自由论辩和对立论证的形式运用到世俗事务中，成为最有效的政治武器和国家的最高权力"②；城邦意志以文字的形式公布于众，接受公众的批评和争议；公民被确定为"同类人"或"平等人"，使他们不断获得城邦公民共同体身份的认同。

2. 重视个人价值实现的理念

古希腊思想政治教育坚持以人为中心，其文明是"最先意识到根据人文'理想'实现人的'教化'的文明传统之一。在希腊传统中，人属于'人文'而非'宗教'的范畴"③。其公民教育旨在实现公民的个性与公民性的共同发展，包括重视实用教育，培养受教育者掌握具有实际效用的能力，能够帮助人生存和谋生，即智育；主张灵魂教育，培养受教育者的审美情趣、道德修养和健康体魄，即美育、德育和体育。比如，古希腊的雅典城邦通过"陶片放逐法"，将背叛者、无耻者、告密者的名字写在陶片上，警示城邦公民践行正义，引导城邦公民的心智发展与成熟。在雅典城邦，甚至设有专项的戏剧基金，以支持城邦公民免费观看戏院戏剧和参加庆典活动，让公民能够学习和享受城邦提供的公共生活，培育城邦公民的理念，促进城邦公民个性的发展。

3. 强调道德品质教育的理念

古希腊的城邦推行以维护城邦利益为核心的教育政策，让人们在实践活动中自由享受古希腊城邦式的卓越生活。围绕培养合格的城邦公民，古希腊十分注重将道德规范潜移默化在社会实践活动中。比如，在开展城邦公民大会、法庭审讯、宗教节日、政治集会、庆典活动等公共活动时，注重宣传公共秩序和社会道德的作用；在设有专门音乐教育的学校，选择著名抒情诗人的作品配以音乐进行学习，以培养学生性情，引导其行为规范；在体育活动中着重品德训练，培养公民勇敢的品质；在儿童游戏和童话故事的讲述中，培养青少年的思想道德品质，以便在他们身上发展智慧、勇敢、节制和正义等美德。但是，大多数古希腊的教育机构是为贵族子弟设立的，平民和奴隶则是被奴役和压迫的对象，公民教育的实践活动及其理念带有明显的阶级性。

---

① 参见［古希腊］亚里士多德：《政治学》，商务印书馆1965年版，第406页。
② 曾令斌、刘铁芳：《城邦：教化之舟——古希腊城邦与教育的关系探讨》，《当代教育论坛》2013年第1期。
③ 石敏敏：《希腊人文主义：论德性、教育与人的福祉》，上海人民出版社2003年版，第2页。

（二）古罗马时期的思想政治教育理念

罗马共和国时期的教育主要是家庭教育，进入罗马帝国时期，教育改为官办，开始设立公立学校，招收平民子女，为国家培养官吏。在罗马帝国后期，宗教教育逐渐兴起，最终统治了教育界，教育的宗教性成为古罗马教育衰退的重要原因。

1. 培养公民顺从的理念

在古罗马，顺从意识的培养主要通过颁布和实施严格的法律法规条文来实现。公元前450年前后《十二铜表法》颁布，法典即成为学校的重要教材，公民依法生活成为古罗马公民教育的主要目标。

在内容设置上，《十二铜表法》包括了民法、刑法和诉讼程序，明确了债务法、家庭法、继承法等方面的规定，以约束公民行为。在教育过程中，教育者要求受教育者熟练记述法律条文，解释法律条文的意义，遵循法律规定。在古罗马，上流社会17岁以上的青少年可以进入政府机构，进行为期一年的见习或者到长老院旁观会议。到公元2至3世纪，由于复杂的国家结构、公共管理分工和社会群体利益结构，为了消除地域壁垒与身份差异，依靠统一的公共规则调节社会关系，古罗马逐渐形成了国家治理的法治模式，强调公民通过对法律的学习和实践，形成合格的罗马公民的观念，其教育实质是维护私有制度和奴隶主贵族的权益。

2. 培养雄辩才能的理念

公元前3世纪，罗马共和国开始大肆向外扩张，罗马的奴隶制经济不断发展，旧的教育体制已不能适应社会发展的需要，罗马人开始借鉴学习希腊，设置文学、修辞学和哲学等科目，希腊培养雄辩家的学校教育代替了罗马王政时期以培养农夫和军人为目的的家庭教育。[①]

这一时期，古罗马出现了私立的初等学校、文法修辞学校，主要培养7岁到20岁的青少年，旨在使他们熟悉修辞学、哲学、法学、希腊语等。其中，重视道德和历史教育，培养政府公职人员的雄辩能力，是这一时期罗马公民教育的特点。古罗马共和时期的教育家西塞罗关于教育目的的思想反映了这种转变，他在《论雄辩家》一书中直言："自从我们的世界帝国建立起来、长久的和平确保了我们的闲暇以后，几乎没有一个渴望成名的青年不认为他的责任就是竭尽全力掌握雄辩能力。"[②]实质上，雄辩家本质上是接受了全面教育、精通雄辩术和哲学、具有实际工作能力的政治家，这种教育旨在使公民能够成为受过良好教育的人，政府所需求的人，能够按照统治者意图教育和引导他人的人。

3. 强化宗教教育的理念

随着一系列侵略战争的胜利，国家版图不断扩大，古罗马的统治阶级需要培养维

[①] 参见高峰：《西方思想政治教育史》，首都师范大学出版社2015年版，第44页。

[②] 任钟印选译：《昆体良教育论著选》，人民教育出版社1989年版，第191—192页。

护自己统治的公职人员，训练国家的公职人员恪尽职责，教给人们服从和忠诚的美德。在此背景下，曾经被他们宣布为非法的奴隶宗教变得越来越有利于维护奴隶主阶级的统治。

罗马帝国后期的统治者常常利用基督教来维护自己的统治，一方面对奴隶残酷镇压，另一方面则进行以宗教作为伪装的思想道德和政治教育，基督教的思想也被正式纳入公民教育中。在这一时期，教会和神学占据了教育的主导地位，古罗马政府通过创立教义学校传授宗教知识和文化知识，以禁锢人们的思想。公元313年，君士坦丁大帝颁布了将基督教定为国教的"米兰敕令"，宣扬臣民思想的宗教教育成为公民教育的主要形式，盲目信仰、禁欲主义成为至上的美德和追求，欧洲也即将进入黑暗的中世纪。

（三）文艺复兴时期的思想政治教育理念

14世纪以后，欧洲开启文艺复兴运动，新生的资产阶级为了取得政治上的合法地位，首先向教会神学统治和封建意识形态发起冲击，力图恢复在希腊、罗马古典时代曾高度繁荣，却在中世纪衰败湮没的科学和艺术，为资本主义的发展扫清道路。

1. 宣扬人性解放的理念

文艺复兴时期宣扬的人性解放的理念具体体现为：其一，反对禁欲主义和来世观念，肯定现世的价值和个性解放。伴随人们世俗精神的觉醒，人文主义者宣扬以人为中心，肯定人的价值和尊严，重视现世生活，反对宗教禁欲主义，崇尚理性和知识，倡导乐观积极的人生观，重视人自身能力的培养和发展，宣扬人的思想自由。其二，热爱儿童，相信儿童。人文主义理念下的思想政治教育以重视儿童为特征，以发展人格教育为任务，培养儿童成长为体魄健康、知识广博、多才多艺、善于处理公事的人。近代西方国家主权理论的创始人让·布丹"谴责私人教育的非社会性质"，强调"在'综合性'学校里孩童时代接受教育的经历铸造了社会纽带"[1]。

这一系列的思想和理念，有助于宣扬人性解放和人的社会性培养，这同中世纪的教育理念形成了鲜明的对比。

2. 主张天赋人权的理念

人文主义反对中世纪以个人出身、门第决定个人社会地位的封建等级制度，强调人的价值，宣扬天赋人权、人类平等，认为个人的社会地位应主要由他的品德和才能来决定。意大利文艺复兴三杰之一的乔万尼·薄伽丘认为，"人类本来是平等存在着的。平等的法则被出身的不平等所代替"[2]。人文主义思想家托马斯·莫尔甚至设想出一个实行公有制的社会，人人参加劳动，按需分配生活消费品，每个人的智力和体力都得到充分

---

[1]　［英］德里克·希特：《公民身份：世界史、政治学与教育学中的公民理想》，吉林出版社2010年版，第43页。
[2]　周辅成：《从文艺复兴到十九世纪资产阶级文学家艺术家有关人道主义人性论言论选辑》，商务印书馆1971年版，第18页。

发展，所有的人都具有高尚的道德品质的乌托邦。在乌托邦中，人们在经济、政治权利方面是平等的。

人文主义者提出的一系列旨在实现人的平等的思想，在推动人类进步的历史进程中具有重要意义。

3. 培养现代公民的理念

文艺复兴时期逐渐发展出一种现代公民观，即不再强调中世纪非自愿性个人忠诚的观念，不再以出身决定社会地位，而是倡导通过领土和自愿性忠诚界定身份的观念。

这种公民观的发展，大致经历了三个不同时期，出现过三种不同形式：从1300年到1375年为第一时期，其特点是提倡美德和德治，提出建立德治社会的要求；从1375年到1450年为第二时期，其特点是提倡公共利益，要求建立自由的公民共和国；从1450年到1530年为第三时期，君主制在欧洲取得支配位置，公民社会转变为君主统治下的臣民社会。[①]欧洲社会新出现的思想政治教育理念既强调对国家效忠，又主张公民个人多方面的发展完善，公民角色的培养从工艺人、经济人到社会人不断变化。这些思想和理念成为现代公民思想的开端，为资产阶级民主政治的产生、发展奠定了重要的思想基础。

（四）近代的公民教育理念

文艺复兴对西方思想文化产生巨大影响，民智得到开启，西方国家内部的民族主义意识逐渐高涨，公民教育开始由以人文主义思想为主的品格教育，转向以国家精神和爱国主义教育为主旨的政治教育。随着资产阶级在政治上取得节节胜利，欧洲资产阶级开始登上历史舞台，迫切需要培养认同其制度要求的国家公民，公民教育得到空前重视。二战前后，西方公民教育更具有民族主义的色彩，一度成为部分资本主义国家向民众灌输极端民族主义精神的重要工具。

1. 民族主义的理念

17世纪70年代，英国掌握了海上霸权。法国大革命之后，民族主义思潮在欧洲的影响日益显现，许多欧洲资本主义国家都相继举起了民族主义的旗帜。英、法等国为争夺欧洲霸权、海上霸权、世界殖民霸权，积极宣扬带有强烈民族主义色彩的民族精神，为其殖民扩张服务。进入20世纪，这种思潮在许多西方国家更呈膨胀之势，各国公民教育承担起培养具有爱国主义、民族主义精神的国家公民这一重要任务。

如在近代德国历史演进中，自18世纪开始逐步觉醒的德意志民族意识，受拿破仑战争影响，出现了向民族主义方向发展的趋势。拿破仑战争期间，反法同盟的数次失败和随后的反抗拿破仑的斗争，使得民族主义思想成为一股影响深刻的政治力量，并且

---

① 参见朱孝远：《公民参政思想变化新论——文艺复兴时期人文主义者参政思想浅析》，《世界历史》2008年第6期。

在相当长的一段时期成为普鲁士政治教育的重要内容和特征。进入19世纪80年代以后，统一的德意志第二帝国进入高度工业化发展的新阶段，与此相伴生的是民族主义、军国主义的极度膨胀。德皇威廉二世积极推行对外扩张，实行所谓"世界政策"，与英、法等帝国主义列强争夺世界霸权和重新瓜分殖民地。与此相适应，威廉二世大力主张在国民教育中必须将德意志帝国意识、民族主义精神的培养作为政治教育的重点，他的教育思想体现在他于1889年5月1日颁布的《关于进一步加强普鲁士教育工作的最高指示》的"敕令"和1890年柏林学校工作会议开幕致辞中，成为这一时期政治教育的指导原则。德意志帝国意识教育不仅包含在学校的政治教育之中，也成为政府鼓吹侵略扩张和抵制工人运动的工具；民族主义精神的培养演化为德意志民族主义教化，最终成为德国发动第一次世界大战的思想根源，酿成了人类历史上的惨烈悲剧。

在西方，种族优劣观念源远流长，并往往与民族主义结合在一起。种族主义最早始于古希腊时期的基于地理环境论基础之上的希腊人与野蛮人之分。在殖民主义时代，西方资本主义国家大肆宣传种族优越论，并鼓吹以白人为主体的优越种族具有征服世界其他劣等种族的权利。这一理论最终成为殖民主义者疯狂开展殖民掠夺的辩护工具。19世纪末至20世纪初，英国的公民教育注重宣扬大英帝国的优越感，向民众灌输种族优越感意识，为殖民掠夺寻找正当理由。20世纪30年代至二战时期，德国的政治教育成为希特勒纳粹政权对民众进行政治教化的工具，体现出极端种族主义、专制主义、军国主义等特征。同时期的美国，资本主义经济的迅速发展大大加强了美国人的种族优越感，而大批新移民涌入以及后来一系列限制移民法案的颁布，使美国人更加坚信其优越性，如美国国会通过的《1924年移民法》（又称约翰逊—里德法案），宣称限制移民是为了维持美国人民基本血缘上的种族优势。

2. 爱国主义的理念

西方资本主义国家通过公民教育相关课程的设置，培养与其政治制度相匹配的爱国主义理念。

近代美国公民教育的核心理念主要源于《独立宣言》和《美国联邦宪法》，其核心主题是爱国主义教育，促进民众对美国政治制度、国家价值观和国家理念的理解与认同。美国政府早在1790年就开设了公民教育课程"公民科"，其目的就是为了培养学生的爱国心和对美国政治制度和国家理念的认同。1860年，美国在初中创立了公民课程，课程内容主要为政治学和宪法学的相关内容。20世纪初期，美国社会掀起进步主义教育运动，以"熔炉论"为核心的单一文化论盛行于教育界。所谓"熔炉论"，即以美国文化这一熔炉来融合新移民、增强民族凝聚力。德国魏玛共和国时期的政治教育以重塑德意志民族精神为目标，1919年颁布的《魏玛宪法》明确将政治教育纳入学校的正规教学科目体系中，为德国政治教育课程的开展提供了法理依据。德国许多州通过教师培训计划、中学课程大纲或指引的编制以及专门学校的设立，加强德意志民族精神的培养以及德国文化的教育。①同时期的英、法等国家，其公民教育皆以本国的国家精神与政治文化为基础，培养爱国主义与狭隘的民族主义精神。

三、中外传统思想政治教育理念演进的异同

以上从历史角度，追溯概括了中国和西方思想政治教育理念的形成演化过程及其主要形态。从比较视野中，可以得出以下重要认识。

1. 思想政治教育是阶级社会共有的社会现象

思想政治教育作为一项社会实践活动，肇始于凝聚民族认同、政治与道德共识，服务阶级统治，是人类社会特别是阶级产生之后共有的社会现象，体现出共同本质和普遍规律。作为反映和表征这一教育实践活动本质与其基本特征的思想政治教育理念，无论在中国还是在西方都经历了数千年的发展演进。

从长周期的历史进程来看，中国经历和形成了原始社会思想政治教育理念、封建社会思想政治教育理念、近代半殖民地半封建时期思想政治教育理念等观念形态；同样，从长周期的历史进程看，西方经历和形成了古希腊思想政治教育教育理念、古罗马思想政治教育理念、文艺复兴时期思想政治教育理念和近代资产阶级思想政治教育理念等观念形态，确立了中西方思想政治教育的历史传统。上述历史进程充分表明，思想政治教育是人类社会普遍存在的教育实践活动。从比较视域审视，中国和西方的传统思想政治教育理念与其实践形态，虽然由于历史传统、文化背景和政治体制的差异表现出中西方鲜明的不同，而且在不同的历史时期由于不同国家理念的内涵和实践方式差异也表现出显著的个性特征，但又都能体现出共同本质或普遍规律，即思想政治教育都是在经济关系上占统治地位的阶级、统治集团或政治权力，有组织、有目的地向社会成员传播政治思想和道德观念，形成发展反映统治阶级和政治权力根本利益及其发展要求的政治共识和思想道德的活动。中西方思想政治教育的共同本质或普遍规律，是开展思想政治教育比较研究，深刻认识中西方思想政治教育这一社会历史现象必须遵循的基本法则和一般原理。

2. 思想政治教育理念有着各自的生成逻辑

就中国而言，中华文明源远流长，传统思想政治教育理念的形成有利于维系中华文明，其根植于民族文化，形塑于延续传承的教育实践。中国作为文明古国，民族认同、国家认同与文化认同、文明认同自古以来就存在着一种相辅相成的关系。中华文明具有凝聚人心、统一意志和行动的价值功能，能够在文化统合、道德整合、价值凝聚中建构民族安身立命的精神家园。凭借文化认同、文明认同，中华民族和中国人不断强化自己的民族认同、国家认同，从而使文化认同、文明认同成为凝聚中华民族价值共识的精

---

① 参见傅安洲、阮一帆、彭涛：《德国政治教育研究》，人民出版社2010年版，第36页。

神核心，成为中国人自尊、自信和自强的源头活水[①]，正是深厚的文明底蕴和文化基因，使中国传统思想政治教育理念既一脉相承，又守正出新。同时，很多中国统治者注重德治，崇尚"内圣外王"，中国人历来重视正心修身和道德修养，尤以讲仁爱、重民本、守诚信、崇正义、尚和合、求大同等基本美德为思想行为规范，中华传统美德为传统思想政治教育理念的生成演进提供了思想道德资源，注入了丰富内涵，在教育实践中得到充分彰显，也为中国现代思想政治教育提供了丰厚的思想文化土壤。

西方传统的思想政治教育理念源自古希腊、古罗马时期，中世纪受宗教神学思想禁锢而停滞，在文艺复兴时期形成西方传统，呈现出显著的城邦社会、民族国家公民教育的特征。古希腊的思想政治教育理念十分注重通过教育和城邦公共生活实践，使社会成员不断获得城邦公民共同体身份认同，培育公民勇敢、忠诚、智慧、审美等品质，增进公民参与社会政治生活的能力，促进社会的稳固与发展。古希腊的思想政治教育理念也重视促进城邦公民个性发展、品德发展和个人价值的实现，目标是最终实现公民与城邦的和谐发展。文艺复兴时期，西方公民教育无论是宣扬人性解放、主张人的自然平等，还是培养现代公民的理念，都反映了新生资产阶级的教育理想和主观要求，从本质上体现了处于上升阶段的资产阶级在政治上的根本诉求。西方政治法律思想、文化教育、公民教育的固有传统，在西方近代民族国家出现之后，为西方公民教育提供了文化基础，成为其理念的思想源泉。

中西方传统思想政治教育理念的形成有着各自的生成逻辑，但其演化革新却遵循着共同规律，即生产方式的变革导致社会制度变革和社会转型，引发且要求政治思想、道德规范、价值观念等上层建筑的变革。在经济政治上处于上升和统治地位的阶级，迫切需要与社会制度变革相适应的政治文化、道德文化，需要培养适应新的社会政治生活、道德生活的社会成员，需要建立新的思想政治教育体系，这是思想政治教育理念孕育形成的契机和演进的动力。同时，中西方特有的政治与道德文化传统，构成中西方思想政治教育理念生成的渊源；在中西方特定的历史文化语境下的教育实践，为中西方思想政治教育理念的生成提供了现实土壤。

3. 思想政治教育理念呈现出不同的特征

由于生产方式、历史文化和价值观念差异，中西方传统思想政治教育理念的内涵呈现出不同特征。

中华文明尤其是儒家思想崇尚天下为公、社会和谐、世界大同的理想，很早就发展出一种为社稷、为苍生、为天下的整体主义精神，"苟利社稷，生死以之"和"先天下之忧而忧，后天下之乐而乐"的精神延绵不绝。因此，在教育目标和宗旨上，中国传统思想政治教育理念一直倡导并偏重"公德"教育，坚持社会本位、国家本位的价值取向。

---

① 参见王泽应：《中华文明伟大复兴的伦理蕴含和道德气度》，《湖北大学学报（哲学社会科学版）》2018年第1期。

同时也极力提倡"仁者爱人、智者知人"，讲仁爱不仅是人们进行自我德性修养的始基，也是建构良好人际关系和社会秩序的内在要求，渴望通过道德教育和道德人格的修行，达到政通人和、天下大治。在教育要求上，中国传统思想政治教育理念强调"知行合一、学用一致"，既上达天理，又下达人事，修身养性，躬身践行。

而西方传统公民教育理念为冲破中世纪宗教神学对人的禁锢，坚持人本主义、人性解放、天赋人权思想，强调人是世界万物的价值中心和社会的主体，追求个人本位，注重现实的人的主体价值和内在潜能，重视现实的人的自由和个性解放，从而实现人的个性和公民性的共同发展。

在教育方法上，中国传统思想政治教育理念强调通过格物、致知、穷理的途径来强化自身学识与德行修养，通过三纲五常、忠孝仁义来规范民众，提倡通过先哲圣贤的仁德思想与修养行为来感化民众，主张杂糅、综合各家教育理念的精华来形成适应不同时代的教育思想，建构教育内容用以教化民众。而西方传统公民教育理念则更强调个人通过参与国家政治生活、公共事务，习得政治规范，培养道德人格，发展公民品格，发挥个人的内在潜能和存在价值，更具有阶层性、实践性、社会性特征。

中国共产党的成立和在革命战争时期的思想政治工作实践，开创了中国思想政治教育理念发展的新纪元。在汲取中国传统文化营养的同时，中国共产党将马克思主义理论作为思想政治教育的指导思想和行动指南，把马克思主义中国化作为核心任务，努力总结探索理论掌握群众的规律，创造性地提出并实践思想政治工作是"生命线"的理念，这是党在长期实践中形成和坚持的马克思主义基本观点，是对思想政治工作地位作用的深刻认识和科学概括，是在长期革命斗争的实践中形成的优良传统和政治优势，对中国现代思想政治教育及其理念产生重大影响。

第二节　现代思想政治教育理念的发展比较

中国共产党始终高度重视思想政治工作，开启了我国现代思想政治教育及其理念发展的崭新历程。进入现代，西方思想政治教育理念也随着社会发展与科技进步发生了新的变化。

一、我国现代思想政治教育理念的发展

1921年中国共产党的成立，是中国历史上开天辟地的大事变，意味着中国人民谋求民族独立、人民解放和国家富强、人民幸福的事业有了主心骨。新中国成立后，随着社会主义建设的开展，我国的思想政治教育理念也不断创新和发展。中国共产党思想政治教育理念的发展是现当代中国思想政治教育理念发展的主线。

（一）新民主主义革命时期思想政治教育理念的发展

自中国共产党成立以来，党就高度重视思想政治工作，中国共产党思想政治教育理念的形成，标志着中国现代思想政治教育及其理念演进进入一个全新阶段。这一时期党的思想政治教育主要围绕两次国内革命战争、抗日战争、解放战争的思想政治工作展开。

1. 传播马克思列宁主义的理念

传播马克思列宁主义是中国共产党思想政治教育的核心理念和基本价值取向。党的一大作出的《中国共产党第一个决议》就十分重视对工人的组织和宣传教育，对组织工会，灌输阶级斗争的精神，成立工人学校，建立工会组织的研究机构以教育工人等做了明确规定。中国共产党通过创办《共产党》《新时代》，出版《共产主义者丛书》《共产党宣言》，建立学校，举办纪念活动、课堂宣讲等途径方法，促使工人、知识分子以及社会各界群众接受马克思列宁主义理论，投身革命洪流中来，对工农群众和知识分子起到了有力的启蒙作用。1924年1月，国共两党实现第一次合作，革命统一战线建立。孙中山在中国共产党和苏联的帮助下，在广州创办黄埔军校。1924年11月，周恩来出任黄埔军校政治部主任，开始建立政治部的正常工作秩序和工作制度，并加强对军校学生的政治教育。中国共产党人恽代英、萧楚女、聂荣臻等后来也到军校担任政治教官和各级领导工作，通过建立党的基层组织宣传马克思列宁主义。

此外，北伐战争前后，中国共产党尤为注重对革命军队及农民群众的思想政治工作，比如毛泽东在《湖南农民运动考察报告》中，把马克思主义的基本原理同中国革命具体实际相结合，科学分析了农民运动的性质和作用，尖锐批驳了党内外责难农民运动的各种谬论，提出了解决中国国民革命的中心问题——农民问题的思想和政策，也把怎样领导农民运动和在农民中进行政治宣传、传播先进思想的任务提上重要日程。

2. 贯彻武装革命的理念

中国共产党从血腥的"四一二"反革命政变中总结教训，纠正了右倾投降主义错误，确立了武装反抗与土地革命的总方针。秋收起义首次打出工农革命军旗帜，开辟了建设工农兵苏维埃政权的道路；三湾改编通过政治整顿手段和多种教育形式，加强了党对军队的政治思想领导。《古田会议决议》规定了红军宣传工作的任务和要求，强调通过教育的方法，保证党和军队在思想与政治上的一致。在根据地建设过程中，党通过讲授政治课、开办军政干部学校，对官兵进行革命任务、红军常识、军民关系等思想政治教育，为革命战争培养军事、政治人才。1934年2月，红军第一次政治工作会议召开，会议首次提出了政治工作是红军的生命线论断，再次明确了政治工作在武装革命中的重要地位。

1937年，毛泽东撰写了《实践论》《矛盾论》等文章，全面、深刻地论述了马克思主义的唯物论与辩证法，为党正确贯彻武装革命理念，进行思想政治教育奠定了哲学基础。

3. 号召统战整风的理念

在抗日战争时期，党的主要路线由推翻国民党的反动统治转为建立抗日民族统一战线，夺取抗战胜利。党在新阶段开展了生动有力的思想政治教育。

一方面，党号召全国人民总动员、实行全民族抗战。毛泽东在《论持久战》中对政治工作和战争预测的精辟论述，有力驳斥了亡国论与速胜论的错误主张，从思想上武装了全党与全国抗战军民；周恩来在《抗战政治工作纲领》中，对军队政治工作的地位、作用、任务、组织和方法作出科学论述。通过政治宣传和动员工作，统一战线思想深入人心。另一方面，党充分认识到纠正党内非无产阶级思想、开展普遍的马克思列宁主义教育和整顿党风的必要性。毛泽东在《改造我们的学习》中，向全党提出要树立理论与实际相统一的马克思主义学风问题，标志着党的历史上第一次大规模整风运动的开始。持续四年的整风运动运用"团结——批评——团结"的方法鼓励自我教育、自我改造，达到既弄清思想又团结同志的目的，为抗日战争最终胜利注入强大思想政治动力。

4. 提倡民主团结的理念

抗战胜利后，如何巩固团结、保障和平、改善民主、实现统一成为全国人民热切关注的问题。为了推翻蒋介石的反动独裁统治、保障解放区经济与民生建设，党积极开展思想政治教育，倡导保障民主、全民团结，不断提升党员干部、知识分子、工人与农民的理论水平与思想觉悟。

这一时期，党将解放区中等学校设置为干部学校，要求教育内容以政治思想教育为主，中心内容即土地改革教育，教育的方法是充分发扬民主、展开论辩、以理服人。通过创办干部学校和训练班，加强了对党员干部的思想改造，提升其理论素养。为统一全党对建立新中国的认识，毛泽东在《论人民民主专政》中强调，新中国必须建立由中国共产党领导的人民民主专政，要在人民内部实行民主的方法，实行自我教育和自我改造。以民主团结为核心的思想政治教育理念为团结广大劳苦大众、赢得解放战争、建立新中国奠定了坚实的思想基础。

中国共产党在革命战争时期的政治工作实践，开启了中国思想政治教育理念发展的新历程，表现为第一次在中国将马克思主义理论作为思想政治教育的指导思想和行动指南，把马克思主义中国化作为核心任务，努力总结探索理论掌握群众的规律，确立了思想政治工作是军队的生命线的理念，把思想政治工作贯穿到军队建设、党的建设、武装斗争、统一战线、根据地建设中，形成了特有的政治优势，对中国现代思想政治教育及其理念产生深远影响。

（二）新中国成立以来思想政治教育理念的发展

新中国成立七十多年来，党的思想政治工作取得了巨大的成就，思想政治教育理念也不断丰富和发展。特别是改革开放和党的十八大以来，我国思想政治教育继承了党的思想政治工作的优良传统，与中国发展同频共振，围绕党和国家各个时期的中心任务，不断与时俱进，切实肩负起时代赋予的使命，因事而化，因时而进，因势而新，充分发挥了在推进马克思主义中国化、时代化、大众化中的作用，在促进人的全面发展中的作用，在凝聚人心、完善人格、开发人力、培养人才、造福人民上的作用。七十多年的实践探索，促进了思想政治教育理念系统化、科学化的发展，形成了包括思想政治教育宗旨使命和目标要求、教育内容、组织实施方式方法的理念体系。

1. 思想政治工作是生命线的理念

思想政治工作是生命线的理念，是中国共产党在革命、建设和改革过程中，对思想政治工作地位作用的高度概括和经验的科学总结。生命线理念经历了革命战争时期"政治工作是革命军队的生命线"，社会主义建设时期"政治工作是一切经济工作的生命线"，新时期以来"思想政治工作是经济工作和其他一切工作的生命线"的演进发展，其内涵不断丰富。

思想政治工作是生命线的科学论断，集中体现了思想政治工作具有鲜明的阶级性、广泛的群众性、强烈的实践性特点。党的十八大以来，基于新时代世情、国情、党情新变化带给思想政治工作的现实挑战，习近平总书记提出，人民有信仰，国家有力量，民族有希望；强调意识形态工作是党的一项极端重要的工作，强调宣传思想工作就是要巩固马克思主义在意识形态领域的指导地位，巩固全党全国人民团结奋斗的共同思想基础；强调坚持马克思主义指导地位、牢牢掌握意识形态工作领导权；强调大力培育和弘扬社会主义核心价值观，开展理想信念教育固本铸魂。这些重要论述是生命线理念在新时代不断发展的具体体现。在2018年全国教育大会上，习近平总书记明确强调："思想政治工作是学校各项工作的生命线，各级党委、各级教育主管部门、学校党组织都必须紧紧抓在手上。"[1] 这些最新阐释，是高校做好新时代思想政治工作的根本遵循，要求将思想政治工作贯穿到人才培养、科学研究、社会服务、文化传承与创新、国际合作与交流各个环节。

2. 以人为本的理念

以人为本、促进人的全面发展是新中国成立七十多年来，特别是改革开放以来思想政治教育遵循的基本理念之一。

从改革开放至21世纪初，以人为本的思想政治教育理念具体体现为以培育有理想、有道德、有文化、有纪律的"四有公民"为宗旨和基本要求。围绕培养"四有公民"，在全社会广泛开展了爱国主义、社会主义、共产主义教育和世界观、人生观、价值观教育；在各级各类学校开设了共产主义思想品德课、思想政治教育理论课。2004年中共中央、国务院颁布的《关于进一步加强和改进大学生思想政治教育的意见》明确提

---

[1] 《习近平在全国教育大会上强调：坚持中国特色社会主义教育发展道路　培养德智体美劳全面发展的社会主义建设者和接班人》，《人民日报》2018年9月11日。

出："坚持以人为本，贴近实际、贴近生活、贴近学生，努力提高思想政治教育的针对性、实效性和吸引力、感染力，培养德智体美全面发展的社会主义合格建设者和可靠接班人。""以大学生全面发展为目标，深入进行素质教育，促进大学生思想道德素质、科学文化素质和健康素质协调发展，引导大学生勤于学习、善于创造、甘于奉献，成为有理想、有道德、有文化、有纪律的社会主义新人。"《意见》丰富发展了新时期以人为本、促进人的全面发展的思想政治教育理念。党的十七大以来，又进一步形成了"发展为了人民、发展依靠人民、发展成果由人民共享"的以人为本的科学发展理念，为新时期思想政治教育理念的发展明确了价值指向。

党的十八大以来，党把以人为本的科学发展理念上升为坚持以人民为中心的执政理念，把立德树人、促进人的全面发展作为教育的根本任务。《关于加强和改进新形势下高校思想政治工作的意见》进一步明确把坚持以人民为中心的发展思想，坚持全员全过程全方位育人，坚持遵循教育规律、思想政治工作规律、学生成长规律，作为加强和改进高校思想政治工作的基本原则，把思想价值引领贯穿教育教学全过程和各环节。在2018年全国教育大会上，习近平总书记强调，要努力构建德智体美劳全面培养的教育体系，形成更高水平的人才培养体系；要把立德树人融入思想道德教育、文化知识教育、社会实践教育各环节，贯穿基础教育、职业教育、高等教育各领域。这些论述丰富发展了思想政治教育以人为本、促进人的全面发展的理念，对贯彻落实新理念提出了新要求。

3. 社会主义法治教育的理念

法治教育一直是我国思想政治教育的重要内容。党的十八大以来，党中央作出了全面依法治国的顶层设计和战略部署，持续推进科学立法、严格执法、公正司法、全民守法，坚持依法治国、依法执政、依法行政共同推进，坚持法治国家、法治政府、法治社会一体建设。

党的十九大报告强调，要"提高全民族法治素养"，"加大全民普法力度，建设社会主义法治文化，树立宪法法律至上、法律面前人人平等的法治理念"。[①]同时，党中央提出推进新时代全民普法，必须坚持推动实行"谁执法谁普法"普法责任制落实，以尊法学法守法用法主题法治宣传实践活动为载体，实现全民普法新发展。教育部出台的《关于进一步加强高等学校法治工作的意见》提出，开展以宪法教育为核心的法治教育，将宪法教育寓于学生培养全过程；发挥课堂主渠道作用，在思政课等课程中全面融入宪法精神，深入开展校园法治文化建设，探索参与式、实践式教育，提升法治教育的传播力、引导力、影响力。在法治教育中，我国十分重视人权教育与人权事业的发展。自2004年尊重和保障人权载入宪法之后，我国政府在2009年、2012年、2016年和2021

---

① 习近平：《决胜全面建成小康社会　夺取新时代中国特色社会主义伟大胜利——在中国共产党第十九次全国代表大会上的报告》，人民出版社2017年版，第22—23、39页。

年分别制定了4份重要的人权政策文件——《国家人权行动计划》，显示了推进人权保障的坚定信念。《国家人权行动计划（2021—2025）》进一步明确了尊重、保护和促进人权的目标和任务；提出了"依法推进、协调推进、务实推进、平等推进、合力推进、智慧推进"人权事业的指导原则；要求将人权教育纳入国民教育体系，开展人权研究，加强人权培训，普及人权知识，增强全社会尊重和保障人权的意识。《国家人权行动计划（2021—2025）》部署的人权教育主要内容包括：在各级各类学校开展生动活泼、形式多样的人权教育，使学生牢固树立人权意识；在公共部门和企事业单位开展人权知识培训，形成尊重和保障人权的职场文化；运用多种形式，广泛传播、普及人权知识，形成尊重和保障人权的社会氛围；等等。人权教育作为新时代思想政治教育的一项重要任务，是维护我国社会主义意识形态安全的必然要求，是争取国际人权话语权、树立良好国际形象的必然要求，是创新思想政治教育内容的必然要求。

4. 国家安全教育的理念

国家安全是国家生存发展的基本前提，维护国家安全是全国各族人民根本利益所在。我国正处于实现中华民族伟大复兴的关键时期，同时面临着国际秩序与格局的深度调整和国内改革正处于攻坚期和深水区的双重挑战。习近平总书记特别指出："增强忧患意识，做到居安思危，是我们治党治国必须始终坚持的一个重大原则。我们党要巩固执政地位，要团结带领人民坚持和发展中国特色社会主义，保证国家安全是头等大事。"[①]加强国家安全教育，牢固树立国家安全意识和国家利益至上观念，是立德树人的重要任务，是思想政治教育的重要内容。

党的十八大以来，党中央提出了总体国家安全观，强调以人民安全为宗旨，以政治安全为根本，以经济安全为基础，以军事、科技、文化、社会安全为保障，健全国家安全体系，增强国家安全能力。《中华人民共和国国家安全法》提出"将国家安全教育纳入国民教育体系"的要求。教育部制定的《大中小学国家安全教育指导纲要》确定的国家安全教育的主要内容包括：国家安全的重要性，我国新时代国家安全的形势与特点，总体国家安全观的基本内涵、重点领域和重大意义，以及相关法律法规。《纲要》规定了从小学到大学各学段国家安全教育的目标，其主要目标是通过国家安全教育，使学生能够深入理解和准确把握总体国家安全观，牢固树立国家利益至上的观念，增强自觉维护国家安全的意识，具备维护国家安全的能力。

5. "三全育人"理念

习近平总书记在全国高校思想政治工作会议上指出："要坚持把立德树人作为中心环节，把思想政治工作贯穿教育教学全过程，实现全程育人、全方位育人，努力开创我

---

① 《习近平主持召开中央国家安全委员会第一次会议强调：坚持总体国家安全观 走中国特色国家安全道路》，《人民日报》2014年4月16日。

国高等教育事业发展新局面。"①《关于加强和改进新形势下高校思想政治工作的意见》提出，要"坚持全员全过程全方位育人。把思想价值引领贯穿教育教学全过程和各环节，形成教书育人、科研育人、实践育人、管理育人、服务育人、文化育人、组织育人长效机制"②。教育部党组在《高校思想政治工作质量提升工程实施纲要》中提出，要"形成全员全过程全方位育人格局，切实提高工作亲和力和针对性"。各高等学校围绕构建"三全育人"格局，开展了卓有成效的实践探索，形成了一大批典型经验和有效模式。

二、国外现代思想政治教育理念的发展

第二次世界大战（简称"二战"）后，国外思想政治教育特别是西方现代公民教育理念在自由主义、共和主义、多元文化主义等思想理论基础上发展而成，经历了权利导向——责任导向的历史变迁，同时注重培养公民的世界意识。

（一）培养公民权利的理念

"二战"后欧美发达国家普遍发生了激烈的社会动荡，随之出现了民权运动、女权运动、大学生学潮等。随着民主化浪潮的到来，西方民主主义、自由主义成为这一时期多数西方国家的主旋律，自由主义公民教育理念主导了公民教育的价值取向。西方国家通过颁布法律、出台政策、设置与调整课程以及开展社会教育等方式，注重公民权利意识的培养。

1. 公民自由权利的理念

"二战"后，西方主要国家以自由主义公民教育理念作为公民教育的指导理念。自由主义公民教育理念的思想基础是古希腊、古罗马时期的自由主义思想，后经发展，其基本理念是肯定个人的自由，强调个体之间的平等，承认价值多元，强调个人权利的绝对优先；主张公民教育的目的在于将维系自由社会的整套公共价值、政治道德以及将相关的批判能力和民主品性传授给未来的公民，强调民权、自由、平等等民主观念的树立与培养，并为其提供法律支持。

"二战"后，美国公民教育重新注重对《联邦宪法》《权利法案》中有关公民权利内容的学习。美国联邦政府先后颁布《1964年民权法》《选举权利法》和《残疾人法案》，强调女性的平等就业权，并以法律形式结束了对美国黑人在选举权方面的限制，保障所有残疾人的基本社会权利。英国政府在"二战"后改变了之前对公民教育的谨慎态度，开始积极对待公民教育。英国教育部1947年发布的《新中等教育》和1949年出台的《成长中的公民》两份文件明确强调公民教育的重要性。1963年发布的《纽森报告》更是从公民个体的角度提出了实现"自由人"的培养目标，注重公民权利意识的培养，完善个

① 《习近平在全国高校思想政治工作会议上强调：把思想政治工作贯穿教育教学全过程　开创我国高等教育事业发展新局面》，《人民日报》2016年12月9日。
② 《中共中央国务院印发〈关于加强和改进新形势下高校思想政治工作的意见〉》，《人民日报》2017年2月28日。

体发展。[1]战后联邦德国总结历史教训，制定了《基本法》以期重塑德国政治制度和民主政治文化。《基本法》突出了个人自由、个人权利以及个人基本权利的保障，成为德国政治教育的重要思想来源。[2]法国公民教育在经历了戴高乐时期短时间的徘徊后重新调整，1982年年底法国教育学家路易·勒格朗向政府提交的《为了民主的初中》研究报告（1983年发表）直接促成了1985年法国教育部针对初中的新教学大纲的公布。大纲明确指出：独立开设公民教育课，加强道德教育。在西方主要国家教育民主化的诉求多以立法手段得到落实，公民教育课程也得到了恢复与重建，公民教育理念逐渐实现现代化与制度化。

"二战"后，美国国内爆发了一系列社会运动，新旧价值观发生严重冲突，社会各界普遍认为美国学校公民教育存在教学内容枯燥，教学方式陈旧等问题，提出应将学生作为学校公民教育的中心，增强学生对权利和义务的认识，通过学校教育使学生学习了解美国《宪法》和《权利法案》赋予他们的权利。法国学校公民教育一直从小学延伸至高中，具有极强的政治性。20世纪60年代的"五月风暴"后，法国启动了教育改革，社会主流观点认为教育的首要目的是培养有自由精神的公民，青少年理应是有头脑、有独立精神的个体。[3]法国政府还明确提出，公民教育要以权利为核心，把公民权利放在首要位置，通过学校教学与各种活动为学生提供有关民主与权利的教育。[4]战后德国的学校政治教育从一开始只注重促进学生对国家和政治体系的认同，转向注重强化学生的民主意识、权利意识，促进以民主、宽容和多元化为主导的政治教育。随着两德的统一，德国在学校政治教育中更强调政治认同教育，同时强调学生应树立民主意识和权利意识，避免政治偏见，增强思想宽容。[5]

2. 培养公民意识的理念

"二战"后，美国社会中的社会性组织开始逐渐增多，它们一方面开展常规性的社会活动，另一方面开始研究政府公共政策，谋求实现自身对政府公共政策的影响和对社会的影响力，其中以教育基金会和公民教育机构的影响为最大。部分社会机构开始批判美国传统公民教育中过分强调理论灌输的教育方式，提倡自由主义和个人主义，强调公民的权利和自由。始建于1964年的美国公民教育中心，致力于开发以学生为中心的课程和教材，帮助学生掌握公民知识，学习公民技能，培育公民品格，让学生在充分知悉自身权利的基础上，进行有效的公民参与。美国公民教育中心于1987年实施并延续至今的"我们人民：公民与宪法"项目是美国最有影响力的公民教育项目，其主要目的是帮助美国中小学生了解美国宪法赋予他们的基本权利。

---

① 参见檀传宝等：《公民教育引论：国际经验、历史变迁与中国公民教育的选择》，人民出版社2011年版，第4页。
② 参见蓝维、高峰、吕秋芳等：《公民教育：理论、历史与实践探索》，人民出版社2007年版，第188页。
③ 参见秦树理：《国外公民教育概览》，郑州大学出版社2005年版，第33页。
④ 参见蓝维、高峰、吕秋芳等：《公民教育：理论、历史与实践探索》，人民出版社2007年版，第174页。
⑤ 参见傅安洲、阮一帆、彭涛：《德国政治教育研究》，人民出版社2010年版，第129—131页。

德国政府战后围绕"联邦政治教育中心"构建国家政治教育体系。一方面不断清除反犹主义和纳粹思想残余，增强民众民主意识、权利意识，提高德国民众的政治认同；另一方面通过教育和实践活动，积极引导民众认同德国的自由民主制度，理解践行联邦德国民主准则的性质和基本程序，明确公民在国家中的角色，享有的权利和需要履行的义务。1976年，在"联邦政治教育中心"的组织协调下，德国的政治教育家们达成著名的"博特斯巴赫共识"，定位了政治教育的价值目标，使政治教育从培养公民的国家认同转向培养公民的社会批判意识、自主判断能力和政治参与能力，强调人的自由发展和解放。20世纪80年代中期之后，德国政治教育的价值目标转向巩固和发展政治认同与追求人的自由与发展相统一。法国政府通过成立教育高级委员会，统一领导协调公民教育工作，注重动员政府、社会、家庭、学校广泛参与公民教育，加强道德品质教育，注重增强公民的权利和义务意识，培养公民的独立精神。[1]英国政府也大力支持公民教育机构，一些组织和机构如社会科学教学协会、政治协会、公民基金会和列斯特大学国家公民研究中心等为英国公民教育理念的发展提供了重要支持。[2]

总之，随着民主化浪潮的到来，西方国家民众对民主与个人权利的呼声日益高涨，推动了西方公民教育理念向培养权利公民转变。由于受早期自由主义公民教育观极端强调个人权利和价值选择的影响，西方国家过于强调国家不能以指定的教育方式灌输特定的价值观，致使西方公民教育中存在弱化乃至放弃主流价值观引导的现象，特别是在青少年中存在缺乏共同价值观认同，出现了政治和道德认同危机，引发了一系列社会问题。

（二）培养责任公民的理念

自20世纪80年代后，经济全球化进程不断加速，各国和文明主体间的思想文化碰撞突显，政治与文化认同的重要性突出，而西方社会政治认同危机加剧，迫切需要改革公民教育，培养负责任和理解包容不同文化的公民。

1. 多元的公民教育观

西方国家对有着深厚传统的自由主义公民教育观进行批判反思，出现了公民共和主义、社群主义和多元文化主义公民教育观。[3]

公民共和主义思想倡导爱国主义和公益精神，崇尚公共利益优先的原则，强调国家和社会利益优先于个人利益，鼓励公民主动参与国家政治生活，通过公民实践完善公民品格；在公民教育理念上，主张培养公民履行责任义务和行使公民权利的意识是公民教育最主要的目的。社群主义认为个体是社会的产物，社群的价值和文化内涵决定个人的价值和理想，个人自由的实现必须以公民对社群的认同为前提；在公民教育的目的上，社群主义公民教育理念倡导培养公民对国家、民族的认同感，提倡公民积极参与社会生

---

① 　参见秦树理：《国外公民教育概览》，郑州大学出版社2005年版，第36页。

② 　参见蓝维、高峰、吕秋芳等：《公民教育：理论、历史与实践探索》，人民出版社2007年版，第155页。

③ 　参见王文岚：《当代西方公民教育理论探微》，《兰州大学学报》2005年第6期。

活，提高公民的社会公德意识和爱国热情，并且主张国家应当积极履行对公民进行道德教育的公共责任，强化公民的社会认同感和归属感。多元文化主义思潮认为，不同社会群体都有维持其独特的文化认同、享有其文化特质的权利，只有肯定和正视文化差异，尊重包容社群文化，才能达成实质平等的目的；在公民教育理念上，主张学校不仅要传递社会共同的文化和价值取向，而且也应该能够呈现多元的文化，将学生培养成具有文化包容品格、善于处理文化冲突的公民。

2. 强化道德教育的理念

经济全球化进程的加速带来了经济的迅速发展，但公民的道德水平却出现了停滞不前甚至倒退的现象，西方国家意识到道德品质培养的重要性。

20世纪80年代末，美国掀起了重视道德品质的"品质教育运动"，不仅强调培养公民的职业技能，更注重基本道德品质的培养。1997年，美国总统在《国情咨文》中特别强调青少年道德品质培养的重要性，指出美国在21世纪的成功，取决于青少年的文化知识和道德品质。[①]美国政府还实施"蓝带奖励计划"，鼓励促进学区加强道德品质教育，并为各州提供资助，将公民道德品质相关知识纳入学校公民教育的课程内容。20世纪80年代末，德国政府针对青年出现的政治、道德认同危机，提出政治教育应强调对学生的社会责任的教育，增强青少年政治和道德认同。同时，德国政府《联邦德国教育总法》以法律形式规定，学校道德教育的目标是培养学生对自己行为的责任感，包括对涉及他人、社会和自然环境的行为的责任心，目的是培养学生在一个自由、民主和福利的法律社会中对自己的行为有责任感。20世纪90年代，英国公民教育也在国内外形势和全国教育管理逐渐集权化的推动下得到了改变。[②]2000年，英国确立了新的中小学国家课程，对公民教育课程目标做了明确规定：发展学生的德性和自主性，帮助他们成为一个公正社会中有责任感和关爱心的公民。[③]

3. 引导公民参与的理念

西方国家普遍重视公民参与意识的培养。20世纪90年代后，美国将培养积极参与公共生活的公民作为公民教育的主要目标。

一方面，美国通过制定法律强调培养积极的参与型公民，如1994年克林顿政府出台的《2000年目标：美国教育法》规定，要全面大幅度地提高中小学生的基础文化水平，要了解关于本国和世界其他地区在多元文化传统方面的知识，要参与那些能促进个人品德发展以及促进身体健康的社区服务和培养个人责任感的活动，以便他们为承担公民责任、进一步学习和有效工作作好准备。所有学生都将参与到那些能促进和提高公民素质、社区服务和个人责任感的活动中。另一方面，美国还强调发动社会力量制定公民

---

① 参见唐克军：《比较公民教育》，中国社会科学出版社2008年版，第46页。

② 参见蒋一之：《英国公民教育的历史变革与现状分析》，《外国教育研究》2003年第11期。

③ 参见檀传宝等：《公民教育引论：国际经验、历史变迁与中国公民教育的选择》，人民出版社2011年版，第6页。

教育课程的全国标准，将培养积极的参与型公民作为公民教育课程设计的重要目标和成绩考核的内容之一。美国政府还通过大力资助各州开展公民教育实践活动，促进公民参与社区服务，增强参与意识；同时通过大力资助公民教育社会机构的国际交流与合作，培养公民对国家和世界的责任。德国政治教育课程体系也增设了社会课、生活指导课等课程，侧重对学生的民主参与能力的培养，并希望他们能够在社会生活中发挥主动积极的作用。法国通过提升家庭、社区教育能力和多样化的体验活动，促进学生深入了解社会，提升学生对国家的政治认同，培养其参与社会活动的意识。

4. 增强全球意识的理念

冷战结束后，西方国家的公民教育理念不再仅仅将公民教育的视野局限于国内，同时重视所谓"世界公民"的培养。美国通过发布正式文件的形式，将培养具有全球意识的公民纳入公民教育的核心内容。20世纪90年代，美国《高等教育法》两次修改条款，要求加强美国海外研究中心的投资和建设，启动国际公共政策研究项目，为拓展美国公民的全球视野提供平台。此外，美国政府资助制定的《社会科课程标准：追求卓越》《公民学与政府国家标准》等课程标准中，均将解决国际问题、促进全球发展等内容纳入公民教育课程设计标准，帮助美国公民有知识、有能力参与全球范围的交流和竞争，培养有全球意识的美国公民。法国也在2000年颁布的《公民资格教育大纲》中规定，"经受当今世界变革考验"是高中生公民教育学习最重要的主题之一。[①]增强全球意识、拓展全球视野成为21世纪西方国家公民教育的新要求。

拓展全球视野的另一作用就是对外输出西方意识形态。长期以来，西方国家惯于利用民主、人权问题，以所谓"民主援助"为借口，传播西方意识形态和发展模式。21世纪以来，随着各国文化交流日益频繁，一些西方政客大肆渲染所谓"文明的冲突"。西方特别是美国新保守主义势力大行单边主义和文化霸权主义，极力推崇西方价值观和民主制度，宣扬西方民主人权具有所谓"普世价值"，并认为在全球范围推广西方价值观符合美国和西方的利益。众多西方公民教育机构和智库，在政府的资助下，以"民主援助""共享西方民主教育成果"为由，通过各种手段，有计划、有步骤地对外输出西方意识形态，事实上成为西方国家对发展中国家进行文化和政治价值观渗透的工具。美国诸多公民教育智库及其联盟，在联邦政府和国会的支持下，通过实施种类繁多的民主教育国际项目，向亚洲、非洲、拉丁美洲、东欧渗透。为了更加有效地传播西方政治价值观，美国公民教育智库研发并向其他国家提供各种民主教育国际产品，包括可直接用于他国学校教学的民主课程教材，供教育政策制定者、课程设计者和教师使用的民主教育课程大纲、课程内容标准、教学参考用书等资料，便于各国依据美国设定的框架和内容标准，设计本国的教育课程与教材等，如基于美国民主基本原则和核心概念编制的《民主教育国际框

---

① 参见陈立思：《比较思想政治教育》，中国人民大学出版社2011年版，第153页。

架》，同时还提供可供读者阅读的新闻报道、学术杂志和研究报告。在研制开发这些产品的过程中，美国和西方智库采取共商共情、话语隐喻等手法，将西方民主、人权观念和制度模式嵌入其中，精心设计"民主陷阱"。这些民主教育国际产品和阅读材料，也成为美国和一些西方国家攻击他国、传播西方意识形态最得力的武器之一。

与此同时，美国等西方国家的公民教育智库频繁组织开展公民教育国际交流和互访，旨在将西方公民教育的经验传播给各参与国。美国智库还积极促进美国机构和个人到国外访问交流、以专家身份培训外国师资；还利用互联网建立国际公民教育网络社区，并通过发布最新资讯、社区互动、资源分享等形式，将西方众多公民教育项目和产品向网络社区成员传播。

三、现代思想政治教育理念发展比较的启示

中国和西方思想政治教育理念的发展历程充分表明，进入现代以来，思想政治教育作为普遍存在的社会实践活动，在凝聚社会政治共识、道德共识，发展创造体现政治权力根本利益和发展要求的政治文化、思想道德，巩固传承发展核心价值观念，维护社会稳定和阶级统治中发挥着更加重要的作用。尽管中国和西方思想政治教育理念有不同的表达形式与实践形态，但都反映着与国家政治制度和主流意识形态相适应的思想政治教育体系的功能作用与价值取向，都是以教育思想、教育观念的形式对国家政治制度、政治文化、思想道德变迁所作出的回应。现代中西方思想政治教育理念，由于国家政治体制、政治文化、历史发展阶段等因素的不同，在基本内涵上既呈现出普遍性又表现出特殊性，通过比较能给我们许多启示。下面从中国和西方思想政治教育理念的政治性、时代性、民族性、学科性四个维度作简要阐述。

（一）思想政治教育理念的政治性

思想政治教育理念的政治性是意识形态特征的反映，集中体现在理念要表达的是在政治和经济上占统治地位的阶级或集团的利益，即理念的阶级性，这是中国和西方现代思想政治教育理念共同的本质特征。

1. 发挥思想政治教育的政治功能

根据历史唯物主义的观点，把握思想政治教育理念的阶级性，虽然要观察它的主观表达形式，但最核心的是要关注它的实践内容和价值取向，即理念的实践功能及其作用。因此，判定思想政治教育理念政治性的标准是通过其主观表现形式考察它的实践内容——在理念指导下的教育实践所期望达到的社会效果，或真正维护的阶级利益。中西方思想政治教育理念虽产生于不同的政治文化土壤和社会制度，有着不同的理论和知识出发点，但在形式逻辑上有一个共同的特点，就是都服务于占统治地位的政治权力和政治体系倡导的主流意识形态，回应如何培育、发展、创造与基本政治制度相一致的主流政治思想和道德观念，换句话说，就是应该培养怎样的公民，怎样培养公

民，并通过对这些思想政治教育基本问题的深刻回应，力图实现思想政治教育的功能作用。

2. 维护政治统治的需要

无论是中国的思想政治教育理念，还是西方的思想政治教育理念，都力图回应、解释、解决四个基本问题：第一，建构一种解释或实证系统，用以说明和论证建立在国家主流意识形态基础上的思想政治教育体系对国家政治制度、政治文化、思想道德发展的重要性与合法性；第二，深刻分析思想政治教育面临的挑战和危机，特别是政治认同、价值观认同、道德认同危机，阐述危机产生的原因和破解危机的基本思想；第三，回答如何培育、发展、创造与主流意识形态相一致的政治思想、道德规范，即思想政治教育的理念要为培养什么样的公民服务；第四，怎样建构完善国家政治体制下的思想政治教育体系，进而论证思想政治教育的目标、价值取向、内容和方式方法。

现代西方思想政治教育理念，是西方政治家或学者借助西方政治学、公民教育学等有关概念、判断和推理所表达出来的关于西方公民教育本质及其规律的知识与观念体系。无论是自由主义、共和主义、社群主义、多元文化主义公民教育理念，也无论是这些理念倡导培养"爱国公民""权利公民""责任公民"或者所谓"世界公民"，其政治性都体现为服务于公民教育这一特殊的"宪法保护方式"的思想体系和方法论体系，即在本质上服从服务于维护西方资产阶级政治制度。因此，现代西方公民教育理念，就是从政治文化建设和公民培养的维度，对维护西方资产阶级民主制度工作所作的思想回应，服务于维护、发展、创造有利于资产阶级政治制度续存发展的政治文化，而这种政治文化之于公民教育理念，既是其生成的政治文化生态，又是其话语表达内容的构成，这才是西方公民教育理念的实质本体，规定着理念本身的价值诉求和政治属性。另外，从西方公民教育理念文本和话语的微观层面上看，其所表达的政治立场、教育主张，是西方教育工作者在提炼公民教育理论体系、内容体系时，将他们认同的、源于西方资产阶级宪法确立的政治理念、政治价值观纳入话语文本，成为一种既化入又化出主体政治认同的、具有教育属性的政治意识。

中国现代思想政治教育理念，在新中国成立后历经了七十多年的演变发展，始终紧跟时代发展步伐，与中国社会主义建设和改革开放进程紧密联系在一起。正如马克思、恩格斯指出的那样："一切划时代的体系的真正的内容都是由于产生这些体系的那个时期的需要而形成起来的。"[①]我国思想政治教育及其理念的发展创新，产生于党和人民事业发展的实践进程之中，为党和人民事业发展的现实需要服务，其贯穿始终所表达的基本价值取向，是为巩固发展人民民主专政的国家政权服务，为推进马克思主义中国化、大众化、时代化进而巩固马克思主义在意识形态领域的主导地位服务，为中国共产党治

---

① 《马克思恩格斯全集》第3卷，人民出版社1960年版，第544页。

国理政服务，为改革开放和社会主义现代化建设服务，反映了中国社会发展变迁的趋势，其根本宗旨是满足人民群众不断增长的对精神文化生活和美好生活的需要，促进人的自由全面发展。与西方不同的是，中国现代思想政治教育理念，从来不掩饰其政治属性，从来都旗帜鲜明地表达为巩固发展人民民主专政的国家政权服务的宗旨，坚守为人民服务、"以人民为中心"的价值原则。而现代西方思想政治教育理念，总是宣称西方公民教育"价值中立""超阶级性"的立场，或宣称其传播的自由民主人权观念的"普世性"，极力掩盖西方资产阶级公民教育的根本政治属性，并借此对外大肆传播西方政治意识形态，进行文化和政治价值观输出，甚至干涉他国内政，带有文化帝国主义的特征。

（二）思想政治教育理念的时代性

思想政治教育理念的时代性是指理念的形成有其自身依据和内在机理，是特定时代的政治文化、思想道德语境下的产物。理念源于时代，是对时代的反映。从理念的内在特质看，理念的时代性指理念体现时代的特质，打上时代的烙印，也有时代的局限性。从理念与时代的关系来分析思想政治教育理念的特征，能够进一步把握中国和西方思想政治教育理念生成的机理、思想特质。

1. 特定历史条件的产物

从比较中可以发现，思想政治教育理念的生成或新理念的出现，是特定历史背景下政治思想、价值观念变迁和思想政治教育变革的需要。纵观现代思想政治教育理念的发展演进，中国和西方国家由于社会政治经济变革，要求政治思想、道德规范、价值观念等上层建筑的变革，对思想政治教育提出了一系列重大理论与实践课题，这是新理念产生的客观依据和前置条件，而能否对时代课题作出既合规律性又合目的性的回应，决定了新理念的生成与发展。

2. 特定时代发展的需要

改革开放特别是中国特色社会主义进入新时代以来，我国思想政治教育不断回应时代课题，丰富发展了思想政治工作是生命线理念、以人为本促进人的全面发展理念、推进马克思主义大众化理念和创新发展理念，提出了"三全育人""以文化人""体系构建""课程思政"等新理念，这都是对我国思想政治教育时代课题作出既合规律性又合目的性回应的结果。同样，西方国家自由主义、共和主义、社群主义、多元文化主义公民教育理念的形成与实践，都是对西方国家现代公民教育时代课题回应的结果，虽然这些回应存在着不可避免的历史局限性。可以说，思想政治教育实践及其变革，为理念的形成发展提供了动力和广阔空间，提供了理念创新的客观条件，同时新理念的提出与实践，也起到了指导实践的作用，二者相互联系、相互作用、协同发展。

（三）思想政治教育理念的民族性

从比较视角看，中国和西方思想政治教育理念具有鲜明的本土特色，即民族性，是不同民族向度的教育理念。

1. 鲜明的本土特色

各国思想政治教育理论家或政治家思考问题的出发点，不是从一般的、抽象的思想政治教育问题，而是从本国本民族的思想政治教育问题出发，都试图解释、解决不同时期各国政治文化建设、核心价值观建设和公民培养问题，都力图与各个国家的历史文化传统、政治认同、价值观认同、客观历史的真实相吻合。即在立足各国基本国情的基础上，形成回应、解释、解决本国本民族思想政治教育模式的理念。例如，现代西方各国思想政治教育理念，是学者或政治家充分认识各国资产阶级民主政治文化建设和公民教育基本规律在各历史阶段特殊表现、特殊矛盾的结果，表达的是如何解决这些特殊矛盾的理性认识和主观诉求。同样，现代中国思想政治教育理念，是中国学者和政治家，充分认识中国政治文化、思想道德建设和思想政治教育基本规律在各历史阶段特殊表现、特殊矛盾的结果，反映和揭示的是中国在社会主义条件下思想政治教育的运动形式和特殊规律，即认识中国基本国情的结果，表达的是如何解决这些特殊矛盾的理性认识和主观诉求，呈现的是对思想政治教育基本规律及其特殊表现的"中国认识"，形成的是具有中国特色、中国气派、中国风格的思想政治教育理念体系。

2. 实践经验的总结

中国和西方现代思想政治教育理念的发展，都是对本国教育经验总结提升和汲取民族智慧的结果。中国和西方国家的思想政治教育，都经历了不同的实践形态、制度形态，积累了丰富的实践经验。例如在德国，由国家主导的制度化的政治教育源于德意志第二帝国时期，经历了君主专制的国民教育、魏玛共和国时期的"基于国家和民族的政治教育"、纳粹统治时期反动的政治教化、联邦共和国时期的西方式民主政治教育等形态，形成了深厚的政治教育传统，也有极其深刻的教训。二战之后，德国议会、政府和政治教育理论界从魏玛时期民主政治教育、纳粹德国反动的政治教化正反两方面总结经验教训，以史为鉴，经曲折探索，开启了资产阶级民主政治教育工作。在这一过程中，德国既汲取了历史上德意志民族的思想智慧，也吸收当代德国政治学、批判教育学等领域学者的有益思想，形成了既属于西方，又有别于美英法等国家公民教育的理论、理念和实践形态，在西方国家独树一帜，在反思纳粹统治，帮助德国民众树立正确的历史观等方面取得积极成效。中国现代思想政治教育理念的发展，是在继承中华民族优秀文化成果，传承中国传统思想政治教育智慧，总结提炼新中国成立特别是改革开放和中国特色社会主义新时代以来思想政治教育基本经验的基础上实现的，这使得中国现代思想政治教育理念的发展根植于深厚的民族文化土壤和丰富多彩的实践理性之中，发展于中国当代哲学社会科学的学术滋养之中，既源远流长，又历久弥新。思想政治教育理念的民族性、本土性特征告诫我们，既要坚决反对历史虚无主义，又要坚决反对"复古"思潮；

既要坚持继承性、民族性和中国特色，又要积极吸收借鉴各国各民族思想政治教育的有益成果。

（四）思想政治教育理念的学科性

思想政治教育理念，反映和表达的是思想政治教育理论的基本要义、精神实质，是理论要义的集中呈现。因此，对理念的研究和科学表达，要借助特定的学科理论和知识，这就是思想政治教育理念的学科属性。

1. 鲜明的学科取向

在中国，思想政治教育从实践形态走向理论的科学形态，有着深刻的社会根源，也是马克思主义中国化、时代化、大众化的必然结果，有着鲜明的学科取向。因此，思想政治教育理念的发展既要以马克思主义理论为指导，又要发挥好思想政治教育在将马克思主义理论转化为实践中的桥梁中介作用。所以在我国的学科分类中，将思想政治教育理论学科置于马克思主义理论一级学科之下，这正是该学科意识形态属性在我国学科制度中的体现。

在西方，各国学者主要运用西方政治学、教育学等理论和知识开展公民教育理论及其理念的研究，形成了各国的公民教育学科（如美国、英国、法国）和政治教育学科（如德国），运用学科话语表达对公民教育及其规律的系统认识和教育理念，形成了既具有西方普遍性又有各自特点的理论与知识体系。例如，在德国政治教育语境中，政治教育活动被看作教育活动的特殊类型，政治教育规律是教育规律在政治教育领域的具体表现。因此，政治教育研究是教育研究的有机组成部分，是理论教育学在政治教育领域的应用。但是德国学者也意识到政治教育研究与实践的复杂性，仅借助教育学理论和知识体系难以全面深刻认识、解释政治教育现象，揭示政治教育规律。因此，学者们在阐述政治教育主张，创建教育理论中，除了遵循《基本法》原则，以西方民主政治思想为理论基础以外，还自觉运用了德国和国外政治学、心理学、文化人类学等学科知识，使得理论流派的多学科性、交叉性特点十分显著。

2. 科学的批判与借鉴

对中国和西方思想政治教育理念的学科属性的比较，能够使我们清醒认识到，推进中国思想政治教育理论研究与学科建设，必须强化马克思主义理论学科意识，坚持以马克思主义基本原理和中国特色社会主义理论体系为指导，坚持理论的自主性与科学性，以批判性的思维和立场看待国外思想政治教育的理念，防止和克服用教育学、政治学、心理学等社会科学的一般研究范式取代具有鲜明马克思主义理论学科特征的研究范式；更要防止和克服以西方公民教育、政治教育理论为参照，照搬照抄。同时，也要积极借鉴包括西方公民教育理论在内的有益思想。正如习近平指出的那样："要按照立足中国、借鉴国外，挖掘历史、把握当代，关怀人类、面向未来的思路，着力构建中国特色哲学社会科学，在指导思想、学科体系、学术体系、话语体系等方面充分体现中国特色、中国风格、中国气派。"①构建中国特色社会主义的思想政治教育的理念也是比较思想政治教育学的理论任务。

▶ **思考题**

1. 怎样理解中西传统思想政治教育理念的演进？
2. 怎样看待中西现代思想政治教育理念的发展？
3. 怎样认识中西思想政治教育理念的基本特征及其异同？

---

① 习近平：《在哲学社会科学工作座谈会上的讲话》，《人民日报》2016年5月19日。

第二章　思想政治教育目标的比较

思想政治教育的实质是国家和社会运用一定的思想观念、政治观点、道德规范，对其成员施加有目的、有计划、有组织的影响，使他们形成符合一定社会的思想品德要求的活动。"思想政治教育的目标，就是教育者在一定时期内，进行各项思想政治教育工作，在受教育者思想品德、心理素质、人格及行为实践等方面所要达到的预想结果。"①不同的国家和社会在思想政治教育目标上的具体要求不尽相同，但从根本上讲都是要培养符合社会需要的合格人才。

第一节　思想政治教育目标依据的比较

思想政治教育目标依据大致可以分为理论依据与现实依据。理论依据包括思想家、理论家、教育家等对思想政治教育目标的论述和指导性意见。现实依据包括各国家、地区当前的社会经济与政治文化发展状况和时代发展需要等。

一、我国思想政治教育目标的依据

我国思想政治教育目标的依据包括理论依据、政策依据与时代依据。马克思主义关于人的全面发展的理论是我国思想政治教育目标的理论依据。全国人大颁布的法律和中共中央、国务院制定的关于思想政治教育的相关文件是我国思想政治教育的政策依据。我国社会变化发展情况是我国思想政治教育的现实依据。

（一）理论依据

马克思主义认为，人的全面发展意味人的素质的全面发展。马克思主义关于人的自由全面发展的理论是我国思想政治教育目标确立的理论依据。

1. 人的全面发展理论

马克思主义认为，人作为社会存在物，其本质的生成是社会关系丰富与发展的结果。在马克思主义看来，由于以往人类的社会关系被生产力、地域所限制，使得人的本质没有得到充分的发展，但随着生产力的进步，交往的扩大，人们逐渐摆脱以往狭隘的社会关系，形成了多层次、多领域全面联结，人的自由而全面的发展成为可能。社会关系的全面发展是实现人的全面发展的条件之一。马克思、恩格斯进一步指出："只有在

---

① 陈秉公：《思想政治教育学原理》，辽宁人民出版社2001年版，第247页。

共同体中，个人才能获得全面发展其才能的手段，也就是说，只有在共同体中才可能有个人自由。"①这表明，人的全面发展也包括人的个性的自由发展。个性的自由发展表现为个人发展的定型化被打破，人们将自由地发展并利用生存条件，让自己的独一无二的个性得以彰显。因此，在马克思主义视域下，人的自由全面发展就是社会发展要追求的目标。

2. 人的自由全面发展理论

"促进人的全面发展是思想政治教育的根本目的。"②我国思想政治教育充分体现了马克思主义关于人的全面发展理论的观点，肯定了人的自由全面发展是思想政治教育的目标。"'人的全面发展'中的'人'不是抽象的、孤立的人，而是指现实的、具体的、社会中的人。所谓'全面'，是指人的各项素质和能力的全面养成和提高，是每个社会成员全部力量和才能的展示。人的全面发展主要包括人的体力和智力的充分发展、人的才能的多方面发展、人的个性的自由发展、人的主体性的全方位发展，以及人的社会关系的多角度发展等，集中表现为思想政治素质、科学文化素质和身心健康素质的全面发展。"③

在我国，思想政治教育的目标除了有满足社会发展需要的内容之外，也包括充分关注、关怀人的需求，维护并实现人的尊严。这是思想政治教育以马克思主义关于人的全面发展理论为指导，站在人文关怀的立场上主动回应人的发展需求的结果。在社会主义国家，思想政治教育的目标不止于培育出符合社会要求的社会成员，也着眼于培育出在社会不同发展阶段中能够促进自身全面发展的完整的人，并使两者有机地统一起来。

（二）政策依据

我国思想政治教育实践活动的开展，思想政治教育目标的确定在不同时期有不同的要求，这些要求主要体现在党和政府制定的一系列方针政策和法规上，这也是我国思想政治教育目标确立的重要依据。

1. "四有"新人的提出

党的十一届三中全会以来，以邓小平同志为主要代表的中国共产党人，基于改革开放和社会主义现代化建设的新的历史实践，提出并确立了"四有"新人的思想政治教育目标。1980年，邓小平在谈到加强思想政治工作时，对"四有"新人进行了初步概括，他提出："要努力使我们的青少年成为有理想、有道德、有知识、有体力的人，使他们立志为人民作贡献，为祖国作贡献，为人类作贡献，从小养成守纪律、讲礼貌、维护公共利益的良好习惯。"④1982年，党的十二大报告提出："我们全党和全社会的先进

---

① 《马克思恩格斯选集》第1卷，人民出版社2012年版，第199页。
② 《思想政治教育学原理》编写组：《思想政治教育学原理》第2版，高等教育出版社2018年版，第148页。
③ 《思想政治教育学原理》编写组：《思想政治教育学原理》第2版，高等教育出版社2018年版，第147页。
④ 《邓小平文选》第2卷，人民出版社1994年版，第369页。

分子，一定要不断地传播先进思想，在实际行动中发挥模范作用，带动越来越多的社会成员成为有理想、有道德、有文化、守纪律的劳动者。"①1986年，党的十二届六中全会通过了《中共中央关于社会主义精神文明建设指导方针的决议》，《决议》指出："社会主义精神文明建设的根本任务，是适应社会主义现代化建设的需要，培育有理想、有道德、有文化、有纪律的社会主义公民，提高整个中华民族的思想道德素质和科学文化素质。"②

2. 培育社会主义接班人的要求

改革开放以来，中国特色社会主义实践取得了丰硕成果，社会发展水平取得了显著进步，思想政治教育目标与社会主义发展水平相适应，确立了培育全面发展的中国特色社会主义建设者和接班人的目标。这一目标首先在相关法律中体现出来。《中华人民共和国教育法》第一章第五条指出："教育必须为社会主义现代化建设服务、为人民服务，必须与生产劳动和社会实践相结合，培养德智体美劳全面发展的社会主义建设者和接班人。"③《中华人民共和国高等教育法》第一章第四条指出："高等教育必须贯彻国家的教育方针，为社会主义现代化建设服务、为人民服务，与生产劳动和社会实践相结合，使受教育者成为德、智、体、美等方面全面发展的社会主义建设者和接班人。"④

2004年，中共中央、国务院提出："从未成年人抓起，培养和造就千千万万具有高尚思想品质和良好道德修养的合格建设者和接班人，既是一项长远的战略任务，又是一项紧迫的现实任务。"⑤2016年12月，习近平总书记在全国高校思想政治工作会议上指出："思想政治工作从根本上说是做人的工作，必须围绕学生、关照学生、服务学生，不断提高学生思想水平、政治觉悟、道德品质、文化素养，让学生成为德才兼备、全面发展的人才。"⑥2017年，中共中央、国务院《关于加强和改进新形势下高校思想政治工作的意见》指出，高校思想政治工作的指导思想是要"培养又红又专、德才兼备、全面发展的中国特色社会主义合格建设者和可靠接班人"⑦。2017年4月，中共中央、国务院《中长期青年发展规划（2016—2025年）》指出："促进青年全面发展，引导青年树立共产主义远大理想和中国特色社会主义共同理想，坚定中国特色社会主义道路自信、理论自信、制度自信、文化自信，自觉团结凝聚在党的周围，更好成长为中国特色社会主义事业的合格建设者和可靠接班人。"⑧2022年5月，习近平总书记在庆祝中国共产主义青

---

① 中共中央文献研究室编：《十二大以来重要文献选编》（上），人民出版社1986年版，第30页。
② 中共中央文献研究室编：《十二大以来重要文献选编》（下），人民出版社1988年版，第176页。
③ 《全国人民代表大会常务委员会关于修改〈中华人民共和国教育法〉的决定》，《人民日报》2021年4月30日。
④ 《中华人民共和国高等教育法》，《人民日报》2016年3月30日。
⑤ 《中共中央国务院关于进一步加强和改进未成年人思想道德建设的若干意见》，《人民日报》2004年3月23日。
⑥ 《习近平在全国高校思想政治工作会议上强调：把思想政治工作贯穿教育教学全过程 开创我国高等教育事业发展新局面》，《人民日报》2016年12月9日。
⑦ 《中共中央国务院印发〈关于加强和改进新形势下高校思想政治工作的意见〉》，《人民日报》2017年2月28日。
⑧ 《中共中央国务院印发〈中长期青年发展规划（2016—2025年）〉》，《人民日报》2017年4月14日。

年团成立100周年大会上讲话指出："要立足党的事业后继有人这一根本大计，牢牢把握培养社会主义建设者和接班人这个根本任务，引导广大青年在思想洗礼、在实践锻造中不断增强做中国人的志气、骨气、底气，让革命薪火代代相传！"[1]习近平的讲话再次强调要把培养社会主义建设者和接班人作为根本任务，这也为思想政治教育目标的确定明确了方向。

3. 立德树人的需要

进入新时代，习近平总书记多次强调，要树立正确的教育观，提高政治站位，牢记教育使命，不忘育人初心，切实回答好培养什么人、怎样培养人、为谁培养人这一根本性问题，坚持中国特色社会主义教育发展道路，大力培养德智体美劳全面发展的社会主义建设者和接班人。习近平总书记在党的十九大报告中提出了"培养担当民族复兴大任的时代新人"的新要求，这也为新时代思想政治教育指明了新的目标。

2018年8月，习近平总书记出席全国宣传思想工作会议并发表重要讲话指出："育新人，就是要坚持立德树人、以文化人，建设社会主义精神文明、培育和践行社会主义核心价值观，提高人民思想觉悟、道德水准、文明素养，培养能够担当民族复兴大任的时代新人。"[2]为此，教育部等八部门出台了《关于加快构建高校思想政治工作体系的意见》（教思政〔2020〕1号），指出要以习近平新时代中国特色社会主义思想为指导，全面贯彻党的教育方针，坚持和加强党的全面领导，坚持社会主义办学方向，以立德树人为根本，以理想信念教育为核心，以培育和践行社会主义核心价值观为主线，以建立完善全员、全程、全方位育人体制机制为关键，全面提升高校思想政治工作质量。党的二十大报告指出，要"弘扬以伟大建党精神为源头的中国共产党人精神谱系，用好红色资源，深入开展社会主义核心价值观宣传教育，深化爱国主义、集体主义、社会主义教育，着力培养担当民族复兴大任的时代新人"[3]。党的二十大报告再次强调要把立德树人、培养能够担当民族复兴大任的时代新人作为新时代思想政治工作的目标，并以此为中心任务加强思想政治教育工作。

思想政治教育的相关政策始终与我国社会发展水平相适应，体现了党和政府对时代精神的把握与人民发展需求的满足，为我国思想政治教育目标注入了时代内涵，形成了循序渐进、环环相扣的思想政治教育目标体系。

（三）现实依据

社会存在决定社会意识，社会意识是社会存在的反映。思想政治教育目标的设立既要符合我国当前的社会现实的需要，也要符合社会发展趋势的要求。

---

[1] 习近平：《在庆祝中国共产主义青年团成立100周年大会上的讲话》，人民出版社2022年版，第9页。

[2] 《举旗帜聚民心育新人兴文化展形象 更好完成新形势下宣传思想工作使命任务》，《人民日报》2018年8月23日。

[3] 习近平：《高举中国特色社会主义伟大旗帜 为全面建设社会主义现代化国家而团结奋斗——在中国共产党第二十次全国代表大会上的报告》，人民出版社2022年版，第44页。

1. 社会现实的需要

社会主要矛盾的发展变化是思想政治教育目标设立的客观依据。在社会主义建设初期，我国生产力发展水平还较低，社会主义制度也不够完善，人民的物质文化需要得不到充分的满足。当我国社会的主要矛盾为人民日益增长的物质文化需要同落后的社会生产之间的矛盾时，邓小平在改革开放与社会主义现代化建设的背景下创造性地提出"四有"新人这一教育目标，是与当时的社会发展需要紧密相连的。当然，思想政治教育目标也不是一成不变的，它会跟随社会经济发展水平与社会主要矛盾的变化而发生变化，因此思想政治教育的目标具有动态性与阶段性。

如今，随着我国工业化、市场化、现代化等的发展，在改革开放新形势下，中国特色社会主义进入了新时代，我国社会的主要矛盾也转化为人民日益增长的美好生活需要和不平衡不充分的发展之间的矛盾。这表明，我国的经济发展已达到一定水平，社会的主要矛盾不再体现为温饱问题，而体现为渴望更优质的社会公共服务与生活方式的问题。随着社会的进步，人民的需要也有所提升，思想政治教育的目标也要随之提高。

党的二十大报告指出："教育是国之大计、党之大计。培养什么人、怎样培养人、为谁培养人是教育的根本问题。育人的根本在于立德。全面贯彻党的教育方针，落实立德树人根本任务，培养德智体美劳全面发展的社会主义建设者和接班人。"[①]培养能担当民族复兴大任的时代新人，落实立德树人的根本任务，反映了新时代在新的历史方位下对人才素质的客观要求，这也是对社会主要矛盾变化的积极回应。

2. 社会发展的需要

经济全球化的深入发展是我国思想政治目标设立的国际依据。改革开放四十余年来，我国取得了举世瞩目的成就，这深刻证明改革开放是社会主义现代化建设的必由之路，经济全球化时代闭关锁国绝无发展可能。

经济全球化给我国带来了前所未有的发展机遇，它使中国更快融入世界经济体系之中，加速了中国的工业化进程；开放的国际交流让中国培育出具备国际竞争力的人才；人民生活不断改善。但经济全球化也给中国带来多重挑战，西方强权政治有了新的表现，恐怖主义的威胁依然存在；经济全球化的快速推进推动了世界各地不同文化和价值观念的交流、融合，也引起不同文化和价值观念的对抗与冲突，某些西方发达国家试图将自身的价值观念上升为"普世价值"，企图将自己的文化和价值观念强加于人；各种思潮也涌入开放的中国，一些腐朽思想让一部分人丢失了理想信念，使道德水平滑坡。面对机遇与挑战，我国思想政治教育工作者要培育出认同马克思主义、坚持中国特色社会主义道路，同时又具有国际视野，能够促进世界和平发展的时代新人，这也是新时代思想政治教育目标的内涵所在。

---

① 习近平：《高举中国特色社会主义伟大旗帜　为全面建设社会主义现代化国家而团结奋斗——在中国共产党第二十次全国代表大会上的报告》，人民出版社2022年版，第34页。

二、国外思想政治教育目标的依据

国外思想政治教育目标的制定依据包括理论依据与现实依据。理论依据包括近现代主要的社会思潮、教育理论等；各国民族文化、传统文化和时代发展的要求等是思想政治教育目标制定的现实依据。

（一）理论依据

从近代到现代，尽管国外特别是西方思想教育理论流派纷繁众多，但基本都沿着个人发展与社会发展两条脉络展开。个体本位论重视个体需求，关注个人发展。社会本位论重视个体对社会的适应，以服务社会为教育目标。这两种理论在近现代不断交织，影响着西方思想政治教育的开展。

1. 个体本位论

从近代到现代，个体本位论贯穿着西方社会的发展并不断被赋予新的时代内涵，成为西方重要的教育思想之一。

法国思想家、教育家卢梭指出，德育目的是培育自然的道德人。卢梭认为，人生而具有善性，教育过程中要遵循自然原则，就是要从儿童善良的天性出发，引导儿童由自爱发展为爱人。卢梭将人类生活分为自然状态与社会状态，在自然状态中，人是自由的、自然的和道德的，当人进入社会状态后人成为社会的奴隶，丢失了自然的道德。自然是卢梭道德思想的基础，由于人类从自然状态进入社会状态是不可避免的，卢梭试图通过建构"公意"社会重塑人的道德，其基础就是以个体为中心。西方古典自由主义主张自由处于至高无上的地位，批判外在的干预、强迫，主张建立最低限度的国家，认为国家是为个体服务的，因此主张教育也是为个体服务的。古典自由主义的代表人物有边沁、密尔、斯密等，当代著名的古典自由主义的拥护者有美国哲学家罗伯特·诺齐克等。权利是诺齐克论证自由主义的核心概念，诺齐克所指的权利是各种具体权利，包括财产权、生命权等，他认为，个人对于自由、财产的权利是绝对的、不可侵犯的。诺齐克主张建立最低限度的国家，反对国家的再分配，认为这是对个人权利的侵犯。

进入现代社会，科学技术的飞速发展引发西方社会对人的重视与关注。伴随科技进步而来的是人的进一步异化，两次世界大战后，战争在人的心灵蒙上恐惧、孤独、悔恨等阴影，个人丧失了归属感，心灵变得支离破碎，存在主义思潮由此诞生。存在主义的代表人物有尼采、海德格尔与萨特等。德国哲学家尼采虽然生活在19世纪，但其思想却开启了现代西方哲学的新方向。他的"重估一切价值"和"权力意志"为存在主义的源头。尼采受到叔本华的生命意志的启示，提出权力意志。尼采认为，人的本质就是权力意志，即不断扩张自己。尼采主张对理性进行批判，批判一切价值，推翻偶像。德国哲学家海德格尔师从胡塞尔，他将现象学引入存在主义。海德格尔指出，现象学是要让事物脱离制造的观念框架来显示自身。海德尔格在《存在与时间》一书中阐述了存在的意义，讨论了此在与世界、此在与时间的问题。海德格尔用晦涩的语言道出回到事物本身的哲学真谛，推动了存在主义的发展。法国哲学家萨特将存在主义推向高潮，为存在主义赋予了人道主义的内涵。萨特认为，存在先于本质，人需要通过自由选择来承担责任、实现价值。存在主义坚持无神论立场，指出人类需要重新找到自己，用行为实现自己，肯定了人的自由与尊严。存在主义将人的存在作为讨论的出发点，对人的存在、人的境遇与行动进行分析，肯定了人的自由与主体性，奠定了现代个人本位论的基石。

从近代到现代，西方个体本位论的思想家都从人的本身出发，关注完善人的品格，为人的自身发展服务，重视教育对象的权利与需求，是有一定的合理性的。但其忽视了个人与社会的协调发展和社会历史发展的要求，从而使个体本位论缺乏社会基础。

2. 社会本位论

在西方思想史上，社会本位的观念对思想政治教育也有一定的影响。

德国哲学家康德从理性出发，阐述了教育的社会本位论思想。康德认为，人受到自由意志的支配，生来就具有超经验的理性。纯粹理性给予了人们普遍的道德律，即善良意志。康德提出的道德律不是来源于人自身，而是理性对社会普遍规律的认识。为了培养人们对道德律的尊重，康德指出人的行为要发于责任。"一个行为要具有道德价值，必然是出自责任。"[1]"从对实践规律的纯粹尊重而来的行为的必要性构成了责任。所有其他动机必须给责任腾出地方，因为责任是自身即是善良意志的条件，其价值超乎其他一切东西。"[2]康德对社会普遍的必然的规律的尊重以及对道德价值的阐发，让他成为西方近代思想史上"社会本位论"观点的代表。

实用主义思潮产生于19世纪，代表人物是皮尔士、詹姆士和杜威。以现实性与实用性为导向的实用主义诞生于美国，是有着世界影响力的现代哲学流派。美国哲学家皮尔士是实用主义的创始人，他提出概念的意义在于结果，这成为实用主义最核心的观点，之后实用主义的发展都是关于效用的补充。美国哲学家、心理学家詹姆士认为，不应该从观念而应从结果来认识事物。"实用主义的方法，不是什么特别的结果，只不过是一种确定方向的态度。这个态度不是去看最先的事物、原则、'范畴'和假定是必需的东西；而是去看最后的事物、收获、效果和事实。"[3]他认为真理是能产生实际效用的观念："真观念是我们所能类化，能使之生效，能确定，能核实的。"[4]詹姆士从心理学与伦理学发展了实用主义，使实用主义更为体系化。美国哲学家、教育家杜威是实用主义

---

① ［德］伊曼努尔·康德：《道德形而上学基础》，孙少伟译，九州出版社2007年版，第17页。

② ［德］伊曼努尔·康德：《道德形而上学基础》，孙少伟译，九州出版社2007年版，第25—27页。

③ ［美］威廉·詹姆士：《实用主义：一些旧思想方法的新名称》，陈羽纶、孙瑞禾译，商务印书馆1979年版，第31页。

④ ［美］威廉·詹姆士：《实用主义：一些旧思想方法的新名称》，陈羽纶、孙瑞禾译，商务印书馆1979年版，第103页。

的集大成者，将实用主义推向世界。在教育方面，杜威以机能心理学和实用主义经验论为基础，批判了学校传统的灌输教育。杜威认为"教育即生活"，"我认为教育是生活的过程，而不是将来生活的预备"[①]。他还提出"学校即社会"的观点，即学校的学习要与社会生活相连接，"学校自身将成为一种生动的社会生活的真正形式，而不仅仅是学习功课的场所"[②]。杜威的实用主义哲学带有明显的实践色彩，认为教育的目的在于培育服务社会的公民。

结构主义在西方社会兴起于存在主义衰微之后，到了20世纪初，结构主义在与自然科学的进步相结合后获得发展。结构主义认为，一切社会活动中都具有内在的、支配表面现象的结构。第二次世界大战以后，美苏两国进入冷战状态，科技知识与人才的培养与两国的竞争力息息相关，美国试图以培养科技人才，研究学科、课程的结构以适应美国对科技的需求。结构主义的教育思想以儿童发展心理学为基础，认为课程教育应与儿童智力结构的发展相适应，结构主义教育思想家多选择通过推动课程改革来贯彻教育理念。结构主义的教育目标是培育优秀人才，智力水平是衡量优秀人才的重要标准之一。"我们也许可以把追求优异成绩作为教育的一般目标；但是，应该弄清楚追求优异成绩这个说法指的是什么意思。它在这里指的是，不仅要教育成绩优良的学生，而且也要帮助每个学生获得最好的智力发展。"[③]结构主义教育以满足国家对高科技人才的需要为目的，明确地体现了教育对社会需要的响应。

从发展趋势来看，社会本位的教育目的逐渐从内在转移到外在，由追求内在理性发展到直接为社会服务，与现实结合得越来越紧密。个人本位论与社会本位论的教育理论分别体现了对主体需求与社会需求的关注，体现着对人进行教育的主客观规律。只有将这两种规律结合起来，才能实现人与社会的和谐发展。

（二）现实依据

思想政治教育不仅具有阶级性，而且因其产生于不同的社会经济基础、政治制度和地理环境中，所以各国的思想政治教育也具有各自独特的实践基础。

1. 社会发展的需要

社会发展的需要是国外思想政治教育目标确立的直接依据。经济上的私有制和市场经济体制，政治上的多党制、竞选制等是当代西方资本主义国家的主要特征。

资本主义是一种以生产资料私有制为基础的社会经济制度，主要表现为占有生产资料的资产阶级通过购买劳动力进行对无产阶级的剥削。在经济上，资本主义以私营经济

---

① ［美］约翰·杜威：《学校与社会·明日之学校》，赵祥麟、任钟印、吴志宏译，人民教育出版社1994年版，第6页。
② ［美］约翰·杜威：《学校与社会·明日之学校》，赵祥麟、任钟印、吴志宏译，人民教育出版社1994年版，第31—32页。
③ ［美］布鲁纳：《教育过程》，邵瑞珍译，文化教育出版社1982年版，第30页。

为主，主张没有政府干预或者政府干预较少的市场经济形式。个人利益最大化就是市场经济追求的目标，正如亚当·斯密所说，资本家"他只是盘算他自己的安全；由于他管理产业的方式目的在于使其生产物的价值能达到最大程度，他所盘算的也只是他自己的利益。在这场合，象在其他许多场合一样，他受着一只看不见的手的指导，去尽力达到一个并非他本意想要达到的目的。也并不因为事非出于本意，就对社会有害。他追求自己的利益，往往使他能比在真正出于本意的情况下更有效地促进社会的利益。"①一方面，以私有制为基础、以个人利益最大化为目的的市场自由竞争体制，无形地为资本主义生产力的发展和财富增长提供了客观条件和基础；另一方面，较少政府干预的经济制度，又使生产社会化与生产资料私有制之间的矛盾变得不可避免，具体表现为个别企业生产有组织和整个社会生产的无政府状态，最终导致经济危机的爆发。正如马克思主义所指出的："资产阶级在它的不到一百年的阶级统治中所创造的生产力，比过去一切世代创造的全部生产力还要多，还要大。"②但同时"它把人的尊严变成了交换价值，用一种没有良心的贸易自由代替了无数特许的和自力挣得的自由。总而言之，它用公开的、无耻的、直接的、露骨的剥削代替了由宗教幻想和政治幻想掩盖着的剥削"③。由于资本主义的私人占有制反映了资产阶级的利益，资产阶级要利用手中的权力来维护自己的统治，为维护私有制的经济制度和多党制的政治制度，必然要求在政治教育、公民教育中灌输资产阶级的政治观和价值观，因此，资本主义国家的思想政治教育的目标主要就是培养适合资本主义制度的合格公民。

日本在明治维新后期，其教育的显著特点"就是扩充加强国家主义教育，适应资本主义经济发展和帝国主义扩张侵略政策的需要，积极地培养产业革命所需要的人才，并训练对外侵略的忠顺'臣民'"④。美国曾经是英国的殖民地，1775年北美殖民地反抗英国殖民统治的独立战争爆发。1776年《独立宣言》的发表宣告了美利坚合众国正式成立。独立战争推翻了英国对美国的殖民统治，为了促进美国资本主义经济的发展，美国的教育也开始转向为新的社会发展的需要服务，在教育方向上从以往培养效忠英王为目标，改变为以培养民主社会的公民为目标。

经济基础的变化，必然会引起政治、文化上的一系列变化，教育也需要适应经济发展的需要，培育出满足其社会需要的公民，来增进国家利益与促进社会的发展。

2. 阶级矛盾的反映

由于资本主义制度的内在阶级矛盾和经济危机需要不断地调整和改变，以避免资本主义发展的衰退和停滞，因此，为适应时代发展要求的思想政治教育目标也需要不断调

---

① ［英］亚当·斯密：《国民财富的性质和原因的研究》下卷，郭大力、王亚南译，商务印书馆1974年版，第27页。
② 《马克思恩格斯选集》第1卷，人民出版社2012年版，第405页。
③ 《马克思恩格斯选集》第1卷，人民出版社2012年版，第403页。
④ 王桂编著：《日本教育史》，吉林教育出版社1987年版，第180页。

整。各国的思想政治教育都积极通过对时代的把握，确立相应的思想政治教育目标，来推进国家改良与适应社会变革。

日本在明治维新时期为了追赶西方，改革封建制度，争取民族和国家发展，引进了西方近代的先进思想，进行教育改革。日本"取消以儒学为中心的封建教育，建立资本主义教育制度，努力在全民范围内普及教育，培养资产阶级所需要的政治家、军事家、企业家、科技人才、产业工人和军人"[1]。1945年8月战败投降以前，日本在半个多世纪的时间都受《大日本帝国宪法》即《明治宪法》的统治。"《明治宪法》致力于两桩事。一方面，它力求建立起天皇及其政府对人民的绝对权威；另一方面，它保证容许人民有最低限度的公民权，得以参加有关发展本国工业所需要的公民与经济的活动。可是，只能以后者不妨碍前者为前提。"[2]

在美国，保守主义认为学校要对20世纪60年代和70年代初期的社会动乱、国家道德的衰退负责。美国的公立学校（包括公立中小学和大学）一直承担着提高公民责任感、培育德行和教育公平的主要任务，但在20世纪80—90年代随着国内经济日益恶化，教育成为了解决国内矛盾的手段，美国学校纷纷将教育改革的重心从公平发展转向优先发展，教育目标导向追求精英教育。"那种认为学校是追求社会公平的主角的观点，逐渐被学校是增强国际竞争力和实现经济繁荣的核心的观点所取代。"[3]同时，随着里根当选美国总统，保守主义在美国得到复兴，平等主义教育受到批判。到了20世纪80年代，美国的公立学校成为保障国家在世界经济中的领先地位而进行人力资本生产的工厂，其他所有的教育目的都灰飞烟灭。到了20世纪90年代，为了保有传统价值观念，应对现代化进程带来的挑战，美国的新品格教育得到快速发展，目的就是致力于将青少年培育成美国现代化所需要的成员。"新品格教育在理论上将亚里士多德的美德伦理与心理学行为主义相融合，既强调道德规范传输与训练，又强调行为习惯的养成与引导；在实践上，将理论研究与政府主导相结合，既广泛引入心理学理论和方法以提高教育的科学性，又不失时机地利用政府对青少年品格发展的大力支持，推动品格教育成为21世纪美国教育理论和政策的主流话语。"[4]

教育包括政治教育、公民教育等，在国外特别是西方资本主义国家，教育在本质上是为资本主义政治经济制度和资产阶级服务的工具。

（三）历史依据

历史文化也是国外思想政治教育目标确立的重要依据，不仅传统文化对思想政治教育目标的确立有深远的影响，宗教文化也对很多国家特别是西方国家思想政治教育的目

---

① 王桂编著：《日本教育史》，吉林教育出版社1987年版，第103页。

② ［日］小林哲也：《日本的教育》，徐锡龄、黄明皖译，人民教育出版社1981年版，第47页。

③ ［美］L. 迪安·韦布：《美国教育史：一场伟大的美国试验》，陈露茜、李朝阳译，安徽教育出版社2010年版，第379页。

④ 任志锋：《论美国思想政治教育之"名"》，《教学与研究》2018年第4期。

标导向有重要的影响。

1. 历史文化的影响

一个国家的历史文化对教育目标的确立有一定影响，会在一定程度上左右思想政治教育目标的选择。在阶级社会里，统治阶级必然会使自己的政治观点、思想观念在全社会占统治地位，以此来巩固、维护自身的政治统治，培育满足与服务统治阶级的公民。政治文化是人们对政治生活的政治价值取向模式，包括政治认知、感情、态度、信念、价值观等诸要素，属于主观价值范畴。政治文化影响并塑造思想政治教育。

美国人类文化学家本尼狄克特在对日本的研究中指出，在封建社会的日本，日本人对"各就其位"的等级制有一种基本信赖，等级制成为日本人的生活准则。根据等级的不同，人们也会接受关于自己处境的教育，以此明确个人的责任、权利与地位。"在封建时代，从流浪汉到天皇，每个人在日本的等级制中都有极为明确的定位；这种情况在现代日本都留下了强烈的印记。封建政权的终结至今只有大概75年，所有国民的强大的习惯不会在一代人的时间里消亡。日本现代政治家们也进行小心翼翼的规划，以保留等级制的许多内容——尽管他们对等级制做了很大的变革，以适应国家的目标。"① 除了等级制之外，日本思想政治教育的目标还受到本土武士道精神的影响。日本的武士道产生于封建时代，当初培育它的社会基础早已不存在，但武士道在之后的日本仍然充满着道德力量。武士道受佛教、日本神道教以及儒家的影响而成，包含正直、勇敢、诚实、忠义、克制等美德。武士道最先在武士阶层流行，后来成为日本的象征，显示着力与美，为日本民众所追随。"在很多层面，武士道就像酵母那样由它发源的阶级逐渐渗透到大众，为全体国民建立起一个道德标准。这种武士准则，最初是精英阶级的荣誉，之后成为整个国家的抱负和激励；虽然民众还不能达到那些崇高灵魂的道德高度，但是，'大和魂'最终成为这个岛国民族精神的表现。"②

不同的国家拥有不同的民族与历史文化，这赋予各国思想政治教育不同的文化资源与目标取向。如英国的历史传统文化对其教育目标的确定有着非常重要的影响。英国的全名是大不列颠及北爱尔兰联合王国，包括了英格兰、苏格兰、威尔士和北爱尔兰，这四个地区都曾形成过自己的国家，有自己的文化和传统，这决定了英国多种文化存在的现状，也使其教育体系多元化。为此，英国的宪法规定，为了保持各地区的文化和社会传统，各地的教育制度在坚持统一的规范和模式下，可以有所不同，但自由主义传统和保守主义传统始终是英国教育中贯彻的核心目标。培养自由、独立和尊重、领导力的传统品格，是英国培养人才的内在要求和目标。英国学生教育的第一个任务就是独立、自主，家长和学校亲密合作，联手培养学生的独立性和个性。英国对培养学生创造力和领导力的传统品格也十分重视，英国的历史传统文化在世界很多国家和地区产生了较大影

---

① ［美］本尼狄克特：《菊与刀：日本文化面面观》，北塔译，北京理工大学出版社2009年版，第48页。
② ［日］新渡户稻造：《武士道》，周燕宏译，北京理工大学出版社2009年版，第81—82页。

响，尤其对欧美多国的文化和教育影响深远，这对于培养具有领导力的人才目标的确立也起到了重大的作用。

2. 宗教文化的影响

在西方国家，宗教文化对教育目标的影响一直存在。如在英国，基督教文化历史有重要地位，英国的教育思想也深受基督教影响。"好多世纪以来，那些选自《圣经》的读物与课本，源于《圣经》的训诫，连同祷文、十诫、圣歌、赞美诗、肖像、图片、教义问答手册、节日、节期、斋戒以及教会历书等，在各种不同的程度上，成为人们生活与学习的内容。"[①]在英国，宗教在伦理道德、社会交往中，具有一定的思想稳定和心灵慰藉的作用，对学校教育也产生了深远的影响。如英国"1944年的教育法令还是规定宗教教育和每日的集体礼拜活动都是必不可少的。这些规定虽然经常受到轻视，却表明还要进一步试图利用学校来发扬基督教思想。基督教的许多价值标准，与其说是基于宗教原则，还不如说是基于社会原则，经过各种乔装打扮，正继续渗入人数众多的世俗社会"[②]。1988年英国政府颁布教改法令后，英国各类学校被要求全面开展宗教教育，只是这次英国教育改革宣称除了基督教，亦须融入犹太教、伊斯兰教、印度教、锡克教与佛教等，以呈现多元平等的宗教观点；同时主张在宗教教育内容上，只教宗教教义理论，不教修行方法。其设定的基本教育目标是促进不论个人或团体都可以生活在一个和谐的环境中，大家互益成长，活出更丰富、更有创意成果的人生，让人性不断更新并彰显活力。这反映出宗教对思想教育的渗透和影响。

思想政治教育的目标是一定阶级和时代的产物，与特定的社会制度、经济状况、历史文化和民族心理等背景相适应。为了顺应时代的发展，各国都需要培育出能够适应并推动社会进步的公民，让公民具有参与当下政治生活的兴趣、能力并拥有相应的公民知识与公民品性。如此，国家方能最大限度地调动公民参与国家建设的积极性，以积极的姿态跟进时代潮流。

第二节　思想政治教育根本目标的比较

思想政治教育的目标是开展思想政治教育的出发点和落脚点，为整个教育过程指明方向，在教育实践中始终起着主导性、规范性作用。思想政治教育在不同国家和地区，其名称和设置各有所不同，比如有的叫通识教育，有的叫博雅教育，有的叫公民教育，但其本质上都是思想政治教育。可以说，世界各国都非常重视思想政治教育，希望通过思想政治教育来实现培养人、教育人的目标。不过由于社会性质不同，中外思想政治教

---

① ［英］奥尔德里奇：《简明英国教育史》，诸惠芳、李洪绪、尹斌茴译，人民教育出版社1987年版，第18页。
② ［英］奥尔德里奇：《简明英国教育史》，诸惠芳、李洪绪、尹斌茴译，人民教育出版社1987年版，第20页。

育的根本目标在学生培养方向上也存在明显差异。

一、我国思想政治教育的根本目标

我国是工人阶级领导的，以工农联盟为基础的人民民主专政的社会主义国家。党和政府根据时代的发展和受教育者的成长规律，在马克思主义理论的指导下，来确立我国思想政治教育的根本目标。

（一）培育全面发展的人

人的自由全面发展是马克思主义关于人的价值追求的最理想状态的表述，实现人的自由而全面的发展是马克思主义的根本价值目标，也是我国思想政治教育的最终目的。人的全面发展包含着人的思想政治素质、科学文化素质和身心健康素质的全面提高。"思想政治教育的根本目标是提高人们认识世界与改造世界的能力，培养目标是促进人的自由全面发展。"[①]我国的思想政治教育虽然在不同时期有不同的具体教育目标和工作任务，但是实现人的全面发展一直都是我国思想政治教育的根本目标和价值追求。

1. 德智体的全面发展

新中国成立初期，以毛泽东为核心的党的第一代中央领导集体将马克思主义关于人的全面发展理论与中国的教育实际相结合，提出了培养学生"德、智、体全面发展"的教育目标，奠定了新中国思想政治教育的目标基础。

1957年，毛泽东在《关于正确处理人民内部矛盾的问题》这篇文章中就指出，我们的教育方针，应该使受教育者在德育、智育、体育几方面都得到发展，成为有社会主义觉悟的有文化的劳动者。改革开放初期，邓小平在"德、智、体全面发展"的教育思想基础上，结合改革开放的时代背景提出要培育"有理想、有道德、有文化、有纪律"的社会主义建设者和接班人的教育目标。"四有"新人就是要培养能够坚定建设有中国特色的社会主义国家的社会理想，不断提高自身科学文化与思想道德素质，为社会主义建设奋斗并最终实现共产主义的社会主义新人。党的十二届六中全会通过的《中共中央关于社会主义精神文明建设指导方针的决议》指出："社会主义精神文明建设的根本任务，是适应社会主义现代化建设的需要，培育有理想、有道德、有文化、有纪律的社会主义公民，提高整个中华民族的思想道德素质和科学文化素质。"[②]在此基础上，以江泽民同志为主要代表的中国共产党人结合新的历史条件进一步丰富并明确提出："培养有理想、有道德、有文化、有纪律的新人，是建设社会主义精神文明的根本目标。"[③]胡锦涛于2004年召开的全国加强和改进未成年人思想道德建设工作会议中提出，要坚持以人为本，促进未成年人的全面发展，努力培育面向现代化、面向世界、面向未来，有理想、

---

①　张耀灿等：《现代思想政治教育学》，人民出版社2006年版，第50页。

②　中共中央文献研究室编：《十二大以来重要文献选编》（下），人民出版社1988年版，第176页。

③　中共中央文献研究室编：《十四大以来重要文献选编》（上），人民出版社1996年版，第65页。

有道德、有文化、有纪律，德、智、体、美全面发展的中国特色社会主义事业建设者和接班人。可以看出，这两代中央领导集体都是在坚持邓小平提出的"四有"新人的思想政治教育目标基础上对其内容和要求进行扩充与完善，最终落脚点都是强调德、智、体全面发展。

2. 德才兼备的人才培养目标

党的十八大以来，我国思想政治教育目标继续坚持了人的全面发展的原则。2016年12月7日至8日在北京召开的全国高校思想政治工作会议上，习近平总书记发表讲话，强调思想政治工作从根本上说是做人的工作，必须围绕学生、关照学生、服务学生，不断提高学生思想水平、政治觉悟、道德品质、文化素养，让学生成为德才兼备、全面发展的人才。习近平的讲话明确了我国思想政治教育要培养的是德才兼备、全面发展的人才，教育的立身之本在于立德树人，要将德行教育和全面提高综合素质提升到培养教育的首位。

《论语·为政》中记载孔子曾经说："君子不器"，意思是说君子不能囿于一技之长，要从天地中悟道修身进而才能担当齐家、治国、平天下的伟任。新时代的今天，国内外的竞争形势愈发激烈，对社会所需要的人才提出了更多更全方位的要求，建设中国特色社会主义需要培养有远大抱负，积淀深厚思想和科学文化知识，具有高尚的精神境界和道德品格，能力素质个性全方面发展，勇于求知与探索，富有创造力的时代新人。这就决定了思想政治教育要坚持以马克思主义关于人的全面发展的理论为指导，将培养全面发展的人作为思想政治教育的终极目标，贯穿在教育的全过程，实现人的个性发展与全面发展相统一，最终培养出德智体美劳全面发展的时代新人。

（二）培养社会主义的建设者和接班人

培养社会主义的建设者和接班人一直是我国思想政治教育的根本目标。习近平总书记在全国教育大会上指出："我国是中国共产党领导的社会主义国家，这就决定了我们的教育必须把培养社会主义建设者和接班人作为根本任务，培养一代又一代拥护中国共产党领导和我国社会主义制度、立志为中国特色社会主义奋斗终身的有用人才。这是教育工作的根本任务，也是教育现代化的方向目标。"[①]思想政治教育的根本目标也是培养社会主义建设者和接班人，这一根本目标在不同历史时期有不同的表现形式。

1. 成为社会主义的劳动者

新中国成立之后，我国的中心任务转变为巩固国家政权、稳定社会秩序、开展经济建设。基于此，毛泽东指出："我们的教育方针，应该使受教育者在德育、智育、体育几方面都得到发展，成为有社会主义觉悟的有文化的劳动者。"[②]服务于国家的中心工作

---

① 《习近平在全国教育大会上强调：坚持中国特色社会主义发展道路　培养德智体美劳全面发展的社会主义建设者和接班人》，《人民日报》2018年9月11日。

② 《毛泽东文集》第7卷，人民出版社1999年版，第226页。

任务，这一时期思想政治教育的主要目标是培养社会主义建设者，更强调培养有技术、有知识的，拥护社会主义和为祖国建设服务的人才，这样才能有效地巩固国家政权，促进社会发展。

随着1978年党的十一届三中全会的召开，我国进入改革开放新时期。在此前的思想政治教育目标和与社会现实相结合的基础之上，党和政府继续丰富社会主义新人教育的目标。在20世纪90年代，我国《小学德育纲要》规定："要培养学生初步具有爱祖国、爱人民、爱劳动、爱科学、爱社会主义的思想感情和良好品德；遵守社会公德的意识和文明行为习惯；良好的意志、品格和活泼开朗的性格；自己管理自己、帮助别人、为集体服务和辨别是非的能力，为使他们成为德、智、体全面发展的社会主义事业的建设者和接班人，打下初步的良好的思想品德基础。"[1]我国《中学德育大纲》指出，要培育"热爱祖国，具有报效祖国的精神，拥护党在社会主义初级阶段的基本路线；初步树立为建设有中国特色的社会主义现代化事业奋斗的理想志向和正确的人生观，具有公民的社会责任感"[2]等。《中国普通高等学校德育大纲（试行）》也指出，要"使学生热爱社会主义祖国，拥护党的领导和党的基本路线，确立献身于有中国特色社会主义事业的政治方向；努力学习马克思主义，逐步树立科学世界观、方法论，走与实践相结合、与工农相结合的道路；努力为人民服务，具有艰苦奋斗的精神和强烈的使命感、责任感"[3]等。

2. 社会主义事业建设者和接班人

党的十八大以来，国内外形势都发生了深刻复杂的变化，党中央带领全国各族人民不懈奋斗，在各方面取得了令人瞩目的成就。经过长期的努力，中国特色社会主义进入了新时代，在新时代党要团结带领人民实现中华民族伟大复兴的中国梦，夺取中国特色社会主义的伟大胜利，更加需要具有强大凝聚力和引领力的思想政治工作为社会主义建设事业服务，而思想政治工作的重中之重就是育新人。思想政治教育的本质是为国家政权和统治阶级利益服务的，因而国家的阶级性质就决定了我国思想政治教育的根本目标就是要培养社会主义事业的建设者和接班人。

中共中央、国务院印发的《关于深化新时代学校思想政治理论课改革创新的若干意见》，整体规划了我国思想政治理论课课程的目标，实际上也是新时代思想政治教育的目标。《意见》指出："在大中小学循序渐进、螺旋上升地开设思政课，引导学生立德成人、立志成才，树立正确世界观、人生观、价值观，坚定对马克思主义的信仰，坚定对社会主义和共产主义的信念，增强中国特色社会主义道路自信、理论自信、制度自信、文化自信，厚植爱国主义情怀，把爱国情、强国志、报国行自觉融入坚持和发展中国特

---

① 《小学德育纲要》，《人民教育》1993年第9期。

② 《中学德育大纲》，《人民教育》1995年第4期。

③ 教育部社会科学司组编：《普通高校思想政治理论课、文献选编（1949—2008）》，中国人民大学出版社2008年版，第163页。

色社会主义事业、建设社会主义现代化强国、实现中华民族伟大复兴的奋斗之中。大学阶段重在增强使命担当，引导学生矢志不渝听党话跟党走，争做社会主义合格建设者和可靠接班人。高中阶段重在提升政治素养，引导学生衷心拥护党的领导和我国社会主义制度，形成做社会主义建设者和接班人的政治认同。初中阶段重在打牢思想基础，引导学生把党、祖国、人民装在心中，强化做社会主义建设者和接班人的思想意识。小学阶段重在启蒙道德情感，引导学生形成爱党、爱国、爱社会主义、爱人民、爱集体的情感，具有做社会主义建设者和接班人的美好愿望。"[1]培养社会主义建设者和接班人成为我国思想政治教育在新时代最根本的目的和要求。

（三）培养时代新人

党的十八大以来，中国特色社会主义进入新时代，我国社会的主要矛盾已经转化为人民日益增长的美好生活需要和不平衡不充分的发展之间的矛盾。时代新人的教育目标正是基于中国特色社会主义新的历史发展阶段和新的时代要求所提出的，新时代呼唤着能为实现中华民族伟大复兴中国梦和推进中国特色社会主义事业而不懈奋斗的时代新人。习近平总书记在党的十九大报告中指出："青年兴则国家兴，青年强则国家强。青年一代有理想、有本领、有担当，国家就有前途，民族就有希望。"[2]因此，我国的思想政治教育要以培养具有浓厚的家国情怀、坚定的政治信仰、崇高的理想信念、高超的能力本领、强烈的责任感和使命担当意识的时代新人为目标、为使命。

1. 培养有理想的时代新人

理想指引方向，信念决定事业成败，没有理想信念，精神就会"缺钙"。理想信念是中国共产党人的"钙"，理想信念坚定，骨头就硬；没有理想信念，或者理想信念不坚定，精神上就会"缺钙"，就会得"软骨病"。牢固而崇高的理想信念是时代新人在面对艰难与挑战时的精神支柱和政治灵魂。

思想政治教育要加强马克思主义意识形态教育和习近平新时代中国特色社会主义思想的学习，使时代新人了解中国特色社会主义的艰辛探索、巨大成就以及面临的挑战；增强青年人对国家的认同感、归属感；使青年人牢固树立对马克思主义的信仰、对中国特色社会主义的坚定信念和对中华民族伟大复兴中国梦的信心。马克思在《青年在选择职业时的考虑》中写道："如果我们选择了最能为人类而工作的职业，那么，重担就不能把我们压倒，因为这是为大家作出的牺牲；那时我们所享受的就不是可怜的、有限的、自私的乐趣，我们的幸福将属于千百万人，我们的事业将悄然无声地存在下去，但是它会永远发挥作用，而面对我们的骨灰，高尚的人们将洒下热泪。"[3]时代新人要在

---

① 《关于深化新时代学校思想政治理论课改革创新的若干意见》，人民出版社2019年版，第4—5页。

② 习近平：《决胜全面建成小康社会　夺取新时代中国特色社会主义伟大胜利——在中国共产党第十九次全国代表大会上的报告》，人民出版社2017年版第70页。

③ 《马克思恩格斯全集》第1卷，人民出版社1995年版，第459—460页。

党的领导下牢固树立中国特色社会主义共同理想和共产主义远大理想，同时也要有为人民服务的职业理想和健康向上的生活理想，自觉将个人理想与中华民族伟大复兴的中国梦相结合，把自己的小我融入祖国的大我、人民的大我之中，才能更好实现人生价值，为国家的建设发展作出贡献。

2. 培养有本领的时代新人

本领是理想的基础，没有本领，理想只能沦为空想。青年时代是人苦练本领、增长才干的黄金时期。

习近平总书记在纪念五四运动100周年大会上的讲话中指出："青年都要珍惜韶华、不负青春，努力学习掌握科学知识，提高内在素质，锤炼过硬本领，使自己的思维视野、思想观念、认识水平跟上越来越快的时代发展。新时代中国青年要增强学习紧迫感，如饥似渴、孜孜不倦学习，努力学习马克思主义立场观点方法，努力掌握科学文化知识和专业技能，努力提高人文素养，在学习中增长知识、锤炼品格，在工作中增长才干、练就本领，以真才实学服务人民，以创新创造贡献国家！"[①]实现"两个一百年"奋斗目标，要以青年人的知识和本领为支撑。青年人务必要牢记党和国家的奋斗目标，勤学苦练、努力学习科学文化知识、增长自身才干；并且要注重实践，脚踏实地、知行合一，不断磨砺自身的专业能力、创新能力和实践能力，提高自身的综合素质。青年人要努力成为兼具良好的思想道德素质和扎实的科学文化素质的全面发展人才，运用知识与本领为人民服务、为推进中国特色社会主义伟大事业服务。

3. 培养有担当的时代新人

每个时代都有每个时代的责任与担当，在从全面建成小康社会向全面建设社会主义现代化强国奋斗目标进军的新征程中，坚持和发展新时代中国特色社会主义既面临着前所未有的机遇，也面临着各种未知的风险和挑战。立足于新的历史方位，肩负起实现中华民族伟大复兴的中国梦就是当代青年应担负起的使命与责任。

"天下兴亡、匹夫有责"，中国梦是民族的梦，也是每个中国人的梦。时代新人是民族复兴大任的担当者，也是建设社会主义现代化强国的担当者。青年是国家和民族的未来，他们的责任担当意识与国家前途、民族命运密切相关。因此，思想政治教育要非常注重对学生的责任担当意识、艰苦奋斗意志和服务奉献精神的培养；注重加强对青年人进行党史国史、国情世情、党的理论和方针政策路线的教育，使青年人充分了解中国国情，自觉地把思想和行动统一到党和国家的战略安排上来；要教育青年人勇于担起中华民族伟大复兴、新时代建设和发展中国特色社会主义的战略任务和时代使命；要激励青年人的爱国情怀和奋斗精神，面对挑战时锲而不舍、迎难而上，自觉成为走在时代前列的开拓者，勇担时代责任！

---

① 习近平：《在纪念五四运动100周年大会上的讲话》，人民出版社2019年版，第10—11页。

二、国外思想政治教育的根本目标

思想政治教育目标是一定阶级和时代的产物，国外思想政治教育目标的确立，也是与其社会意识形态、经济发展状况和民族历史文化相适应的。当前，国外思想政治教育的主要目标可以概括为维护统治阶级的利益与培养良好公民。

（一）维护统治阶级的利益

思想政治教育是调控意识形态的一种手段，其根本目的是维护统治秩序和社会稳定。每个国家的思想政治教育都是为维护其统治阶级的统治服务的。资本主义的本质决定了资本主义国家进行思想政治教育的实质是为了维护资本主义国家的政治制度和社会秩序，培养资产阶级的接班人。因此，为了维护资产阶级的统治，各资本主义国家都会不遗余力地进行思想政治教育，实现公民对国家政治制度的认同和拥护，维护社会秩序、形成共同信念，从根本上巩固资产阶级的统治，实现国家的长治久安。

1. 接受统治阶级的政治思想

资本主义国家与社会主义国家思想政治教育目标的根本不同表现为意识形态的分野。"资本主义国家高校德育目标中渗透着抽象的人性、人道主义原则，其实质是以个人为本位资产阶级的自由、民主、人权思想和价值观念，其目的是培养服务和忠诚于资产阶级占统治地位的社会和国家的'合格公民'。"[1]

英国政治教育的目标是使青年学生认同和接受政府倡导的政治价值观，因而教育青年学生遵纪守法、维护社会秩序，成为有责任感的公民，是德育目的的重要组成部分。[2]美国思想政治教育的核心是政治教育，政治教育就是统治阶级为了维护自己的统治，有目的、有计划地对群众灌输本阶级的政治思想，并对群众的政治行为进行训导。美国的思想政治教育与国家的政治统治密切相连。纵观美国的历史，从争取独立到现在成为世界头号资本主义强国，美国一直重视政治教育，而且导向非常明确，旗帜非常鲜明。美国的思想政治教育从一开始就具有强烈的阶级性和政治功能。美国是一个迅速发展、崇尚变化的国家，相对主义、实用主义十分流行。然而就是在这种氛围里，政治教育的核心内容却长期保持了稳定性和连续性。"资本主义及其优越性的教育、反共产主义教育、公民权利和义务的教育、国民精神的教育——这四个方面的教育做到了一以贯之，毫不动摇，从不含糊。"[3]由此可见，美国思想政治教育的根本目标就是增强美国人的公民意识，培养资本主义社会的合格公民，促进社会的稳定和发展。

为了巩固和维护自己的国家，日本形成了独具本国特色的忠诚意识。日本的封建社

---

[1]　赵野田：《国外高校德育的特点、发展趋势及启示》，《东北师大学报》1998年第2期。

[2]　参见武汉大学思想政治教育系组编，王玄武等著：《比较德育学》第2版，武汉大学出版社2003年版，第107页。

[3]　陈立思：《关于美国思想政治教育的几个问题》，《中国青年政治学院学报》1997年第1期。

会形成于奈良时代到平安时代，经过镰仓幕府到室町时代的封建割据，直至德川幕府统一全国，重建封建集权制国家。在这一过程中，佛教、神社、儒学满足了统治者对不同阶层在不同情况下灌输统治思想的需要，并渗透到日本社会、政治、文化等许多领域，发展成为日本独特的思想文化。这种强调对领主、天皇的顺从与忠诚的思想，成为日本人的深层民族心理，对后世日本近代化、现代化过程中形成忠诚于集团的意识奠定了深厚的历史基础。日本在《中小学道德教育指导纲要》中提出了要培养学生忠诚于国家，致力于提高国家在国际事务中的价值。

2. 培养具有本国国家意识的国民

培养学生成为具有本国民族传统和国家意识的国民，是国外学校思想政治教育的一个重要目标。在现代化过程中，培养年轻一代保存和发展民族传统文化中的精华，是国外学校思想政治教育中非常具有稳定性和鲜明特色的内容。

美国通过思想政治教育树立公民"我们是美国国民"的意识，培养其爱国主义精神；日本强调要培养学生成为继承传统文化的国民，培育出具有纯正的爱国心、忠诚心的国民。这都是希求以此唤起青年学生的民族自尊心和民族自豪感，为自己民族的利益和繁荣作出贡献。培养民族精神，就是要培养学生的爱国热情，使学生成为为自己国家不断作贡献的忠诚国民。

每年9月，法国中小学生都会迎来开学季。根据政府新规，全国所有中小学必须在课堂内展示法国三色旗和欧盟旗帜，同时将法国国家格言、国歌《马赛曲》的部分歌词张贴在教室内。法国教育部长米歇尔·布朗凯表示，这是加强学生公民精神的必要方式："无论在世界哪个地方，知道国家的象征是最自然的事情，也是最不容忽视的事情。尤其学校是学生学习知识、培养品德的地方，用这种方式教他们尊重国旗、国歌，培养其爱国之情，很有必要。"[1]法国学生的国家意识教育在大大小小的博物馆也开展得如火如荼，从被称为"世界艺术博物馆之都"的巴黎到偏僻的小乡镇，法国每座城镇都有独具特色的博物馆，这成为学生们了解历史、增强文化认同感的重要载体。在大巴黎地区仅2019年就新增了120处对公众开放的场所，这些文化遗产承载着法国国家和民族的历史，对培养国民意识、增强爱国情感起到积极作用。在"活着的历史"中，在讲述历史故事的艺术作品里，年轻一代逐渐培养出浓厚的爱国情怀和国家意识。[2]

（二）培养良好公民

使学生学习参与社会活动、改善民主所需的知识、价值和技能，成为良好公民是国外思想政治教育的根本目标之一。

1. 培养社会所需的价值观

西方国家在教育上，普遍重视着眼于发展学生的公民意识，促进学生的宽容意识和

---

① 《培养国家认同，美德法新这些国家是这样做的》，《环球时报》2019年9月27日。
② 参见《培养国家认同，美德法新这些国家是这样做的》，《环球时报》2019年9月27日。

民主意识，教他们懂得尊重他人的尊严，具有责任心和评判是非的能力，激发学生的权利与责任意识；帮助学生理解和尊重生活在不同信念、实践、种族和文化背景下的人们及文化，促进民主社会中公民所需的价值观与态度的发展；遵守秩序，学会独立思考和独立行动，懂得自我负责；帮助学生考虑现代化社会背景下生活的目的和意义，从而使他们对宗教、道德和社会问题作出合理而明智的判断，为他们在多元社会中作为民主公民的生活做准备。

如"法国学校将公民教育课程的名称定为'公民道德教育'，在公立学校普遍开设，从小学开始延伸至初中，一直贯穿整个义务教育阶段，并在高中阶段得到了加强。其具体的教学目标因不同的历史背景而有所变易，但中心是强调把学生培养成为具有社会责任心，特别是能够行使自己公民权利的理想社会公民。"[1]根据1985年法国政府对《公民道德教育课程教学大纲》所进行的改革，法国学校公民教育的架构可以概括为三大要点：民主国家的基本价值观和法律知识；各种国家的政治制度；法国在世界事务中的地位和作用。具体内容主要包括：使儿童青少年熟知法兰西民族和法兰西共和国的历史，了解法国民主政体的基本准则、行政机构、宪法与法律，懂得一个公民应尽的义务和应享有的权利。除公民教育的专门课程外，法国学校还将良好公民教育贯穿学生的班级生活和学校生活，融于不同学科的教学活动和每个教师的实践活动之中。

2. 培养良好的责任公民

培养公民拥有改造社会、完善民主所需的知识、价值和技能也是西方公民教育的一项重要目标。培养具有民主知识与品质、了解公民权利、参与社会活动、履行公民责任的良好公民也是思想政治教育的根本目标。

美国明确提出，公民教育的目标就是要培养具有参与社会和完善民主所需的理想、知识和能力的人。美国政治学家拉里·戴蒙德认为，如果美国的民主要在未来深入发展，公民教育就要做到："第一，唤起对民主的需要，即具有维护和改善民主制的要求和实现更自由、更负责治理的目标的需要。这就要求公民教育要让年轻人了解包括对自由的向往、立宪主义、对法律的尊重、权力的限制、政治选择、统治者对被统治者的责任、人类的尊严等自由民主的核心价值和保护人权的法律规范和机构，以及为民主而斗争的鼓舞人心的故事，让他们了解美国的黑暗时期，使之产生对民主和民主治理的参与意识以及改革自己国家的意愿。第二，培养改善民主的能力，亦即使民主顺利运作的能力。这些能力不仅包括有能力参与日常政治形式，而且包括为创造更好、更有力、更公正和包容的民主而组织起来的能力和倾向。第三，增强治理能力，这就要了解使民主可以控制、支持民主的权威、抑制和限制政治冲突强度的价值、规则和行为习惯，还要赋予年轻人宽容、节制、礼貌、相互尊重、协商与和解的意愿等道德品质。"[2]

---

[1]　陈立思：《比较思想政治教育》，中国人民大学出版社2011年版，第153页。
[2]　唐克军主编：《比较思想政治教育学》，华中师范大学出版社2010年版，第77—78页。

英国的《教育基本法》明确规定，各级各类学校都要把公民素质教育作为课程教学的基本任务和目标，同时要求任何教学都必须贯穿教育性原则，即把思想道德教育和公民素质教育有机地渗透到各科教学之中。教师在教学中对学生有意识地进行公民素质、国家意识、社会责任感的培养，不仅要传授相关的科学文化知识，还要充分发挥各学科对公民素质与道德课程的渗透作用，给予学生以民主主义社会公民所必需的道德品质方面的训练，使其在行动中体现出优良的公民道德素质和文化素质。1998年英国政府发布的《科瑞克报告》指出，公民教育的目标是：确保并增进学生有关参与型民主的性质与实践的知识、技能以及价值观；提高为把学生培养成为积极公民所需的权责意识和责任感；借此确立参与本地或更广泛社区活动对个人、学校和社会的价值。必须让学生理解地方和国家的民主机构、实践和目的，包括议会、审议会、政党、压力群体和志愿者团体的工作；让学生知道英国和欧洲正式的政治活动与公民社会是如何联系的，并培养他们对世界事务和全球议题的意识和关注。必须让学生对包括税收与公共支出如何平衡在内的经济生活中的现实有一定的理解。[1]英国公民学科教给学生成为合格社会成员的知识、技能、理解，让他们在社会上——本地、本国、国际，担当起有效的角色；帮助他们成为清楚自己的权利和义务的有知识、有思想、有责任的公民；促进其精神、道德、社会和文化的发展，使之无论在校内还是校外都更加自信和富有责任感；激励学生在学校、邻里、社区和更广泛的世界起有益的作用；了解经济和民主体制及价值，尊重不同的民族、宗教；培养思考问题和参与讨论问题的能力。[2]

3. 培育具有良好素质的公民

培养学生拥有现代公民应具备的良好素质、道德品质和能力是国外思想政治教育的根本目标。作为一个合格的社会公民，必须具备符合社会基本要求的道德品质和规范，具体来说就是要具备一个公民所应有的、在日常生活中的公共道德准则，符合社会对公民提出的基本道德要求，具有高尚的品德、健全的人格、深厚的文化素养。随着社会的急剧变革，人们不得不时常面对价值冲突，并对价值冲突中的各种价值观念作出自己的取舍选择。因此，国外思想政治教育非常注重学生的个人品行教育，包括提高学生的道德选择力和明辨是非能力，教会学生关爱他人、采取正确的行为、积极参与社会活动等。

英国在2000年出台的国家课程目标中规定，国家课程的目标是：（1）促进精神、道德、社会和文化发展；（2）推动个人、社会和健康教育、公民教育；（3）发展技能。个人、社会与健康教育课程是英国国家课程目标制定后在英国广泛开设的道德课，其课程内容大都涉及德育内容，以促进学生道德的发展。现代科技和经济的发展对社会成员应具备的素质和才能提出了要求，因此西方国家的思想政治教育也非常注重培养学生具有拼搏、积极进取、主动思考等现代观念；探索科学、开拓创新、勤奋向上、乐于奉

---

① 参见陈鸿莹：《英国公民教育简述》，《外国教育研究》2003年第9期。

② 参见汪霞：《英国基础教育课程目标的界定》，《全球教育展望》2001年第1期。

献、敬业乐群、追求进步、放眼世界又脚踏实地、勇于创造的实践精神以及能批判性思考、自主解决实际问题的能力。英国1988年颁布的国家课程把培养"有德行、智慧、礼仪和学问"的绅士作为教育的出发点。

日本小学的教育目标是"注意身心健康与安全，尊重自己和他人的生命"，中学生的培养目标是"对生活充满希望，热爱真理，追求真实，严肃对待现实"[①]。1986年4月23日，日本临时教育审议会提出的21世纪的教育目标是：（1）宽广的心胸、健壮的体魄、丰富的创造力：要在德、智、体的相互协调中，重视培养不断追求真、善、美的"宽广的心胸"和"健壮的体魄"；必须在艺术、科学、技术等所有领域，发挥"丰富的创造力"的作用。（2）自由、自律和公共的精神："自由、自律的精神"包括能自己思考、决断、负责的主体性的能力、愿望和态度；"公共的精神"包括具备鞠躬尽瘁的精神，对他人的同情心，为社会服务的精神，热爱乡土、社区和国家之心，尊重社会规范和法律秩序的精神，对异质性和多样性的宽容之心，等等。（3）面向世界的日本人：培养能从国际的角度对日本社会和文化的个性发表自己的见解、并能深刻理解多种不同文化的优秀个性的日本人。[②]由此可以看出，日本思想政治教育比较重视培养公民的正义感、责任感、公德心和自律精神，致力于培养出自主、正义、个性的日本公民，而这些也都是良好素质的重要内涵。日本的教学大纲规定："道德教育的目标，是把尊重人的精神和对生命的敬畏之念体现在家庭、学校和社会的具体生活之中，为培养作为创造富有个性的文化、致力于民主社会和国家的发展，主动为和平的国际社会做出贡献的具有自主性的日本人，培养作为其基础的道德素质。"[③]

公民美德和良好素质教育也是法国思想政治教育的根本目标。"1945年法国教育训令从个人品质、公民品质和职业要求等方面规定了公民教育的目标：在个人品质方面，要尊重真理、勇敢、富有同情心；作为合格公民，应有自觉参与家庭、班级和社会活动所需要的品质；在职业道德方面，具有勤劳、职业良心等品质。学校应使学生成为公民、劳动者和具有自律性的自由人。"[④]1995年法国国民教育部颁布了新的中小学教学大纲，其中强调公民品质与责任同样是重要内容。如大纲规定小学公民教育的根本目标是：（1）尊重自己和他人（在出身、人格和财产方面，应该尊重他人和尊重自己，尊重每个人的思想表达）；（2）爱护公共财产，保护生活环境（消费教育，安全卫生、安全条例，健康教育，环境管理入门教育以及生活环境和公共财产教育等）；（3）认识社会共同生活的基本准则，学会承担责任，了解公民的权利和义务（包括班级和学校的公共生活规章制度、同学友爱、互相帮助、共同合作、责任感、努力和勤奋工作的意识）。[⑤]

---

① 朱永康主编：《中外学校道德教育比较研究》，福建教育出版社1998年版，第250页。
② 参见耿函：《日本临时教育审议会关于教育改革的第二次咨询报告（摘要）》，《外国教育资料》1987年第1期。
③ 金龙哲、徐冰：《日本学校德育的历史与现状》，《比较教育研究》1994年第5期。
④ 转引自唐克军主编：《比较思想政治教育学》，华中师范大学出版社2010年版，第85—86页。
⑤ 参见唐克军主编：《比较思想政治教育学》，华中师范大学出版社2010年版，第86页。

中外思想政治教育在根本目标上有着一定的差异，社会经济、政治制度和文化的差异，决定了不同制度下的思想政治教育目标在本质上是不同的。

第三节 思想政治教育具体目标的比较

思想政治教育目标是一个有机系统，从层次角度看，思想政治教育目标有根本目标和具体目标之分，根本目标对具体目标起支配作用，具体目标是根本目标在不同层次上的展开。

一、我国思想政治教育的具体目标

基于社会制度与国情，我国思想政治教育的具体目标包括：培育爱国主义精神、树立坚定的理想信念、塑造高尚的思想道德和养成健全的人格。

（一）培育爱国主义精神

一个国家、一个民族只有经济发展是不够的，还需要凝聚人心、激发人民的精神力量作为积淀，才能为国家、民族的发展提供源源不断的动力。爱国精神就是这种力量，是凝聚各族人民团结统一的精神支柱，是鼓舞和引领中国人民向前进步奋斗的旗帜。爱国主义教育始终是思想政治教育中永恒不变的主题，弘扬培育教育对象的爱国情怀是我国思想政治教育的具体目标之一。

1. 发扬爱国主义精神

邓小平曾指出："必须发扬爱国主义精神，提高民族自尊心和民族自信心。否则我们就不可能建设社会主义，就会被种种资本主义势力所侵蚀腐化。"[1]思想政治教育要以继承和发扬爱国主义优良传统为目标，深入开展爱国情怀和民族精神教育，这对于增强民族凝聚力和向心力、团结全国各族人民勠力同心为中国特色社会主义建设作贡献有重要的现实意义。

历史表明，中华民族是富有爱国主义精神的伟大民族，爱国主义深深地流淌在中华民族的血液中。特别是近代以来，鸦片战争、中日甲午战争、十四年抗日战争等，每一次战争在使中国人产生了民族危机感的同时也激发了中国人越来越强烈的爱国精神。面对家国破碎、民族危难和国家安全受到威胁，中国人民团结一致、奋起反抗，保家卫国。新中国成立以后，热爱社会主义制度，建设富强、民主、统一的国家是社会主义社会对爱国主义的内在要求。中国人民克服重重困难完成了社会主义"三大改造"、走上改革开放的道路。党的十八大以来，尽管面对复杂多变的国内外局势，我国在经济、政

---

① 《邓小平文选》第2卷，人民出版社1994年版，第369页。

治、社会、生态、文化建设等方面仍旧取得了全方位的成就。这些举世瞩目的巨大成就与我们坚持社会主义、爱国主义和中国共产党的领导是密不可分的。《新时代爱国主义教育实施纲要》指出：爱国主义是中华儿女最自然、最朴素的情感。要坚持从娃娃抓起，着眼固本培元、凝心铸魂，突出思想内涵，强化思想引领，做到润物无声，把基本要求和具体实际结合起来，把全面覆盖和突出重点结合起来，遵循规律、创新发展，注重落细落小落实、日常经常平常，强化教育引导、实践养成、制度保障，推动爱国主义教育融入贯穿国民教育和精神文明建设全过程。

在新时代的历史条件下，爱国主义教育的主题就是实现中华民族伟大复兴的中国梦，全国各族人民要在中国共产党的领导下坚持走中国特色社会主义道路，为实现推进社会主义现代化建设、完成祖国统一、维护世界和平与促进共同发展，为夺取新时代中国特色社会主义伟大胜利、实现中华民族伟大复兴的中国梦、实现人民对美好生活的向往而埋头苦干、努力奋斗。

2. 爱国和爱党、爱社会主义的高度统一

当代中国爱国主义的本质就是坚持爱国和爱党、爱社会主义的高度统一。加强爱国主义教育要进行中华民族历史教育、党的基本路线方针政策和国防安全教育、民族团结和国家统一教育、社会主义现代化成就教育，要从思想上引导青年人认识到自己作为社会主义事业的建设者和接班人的重要意义，使他们明白自己在国家建设中的重要作用，焕发他们的爱国责任感，激发他们的学习工作斗志，珍惜时间不虚度年华，积极投身建设社会主义现代化国家的宏伟大业之中。思想政治教育要弘扬爱国主义优良传统教育、深入开展中华民族历史文化和以爱国主义为核心的团结统一、爱好和平、勤劳勇敢、自强不息的中华民族精神教育，增强民族自信心，提高国家认同感和自豪感，培育新时代的爱国者，积极将自身发展与祖国前途命运紧密联系在一起。

（二）树立坚定的理想信念

习近平总书记在纪念五四运动100周年大会上的讲话指出："新时代中国青年要树立远大理想。青年的理想信念关乎国家未来。青年理想远大、信念坚定，是一个国家、一个民族无坚不摧的前进动力。"[①] 新时代的中国青年要树立对马克思主义的信仰、对中国特色社会主义的信念、对中华民族伟大复兴中国梦的信心，到人民群众中去，到新时代新天地中去，让理想信念在工作和奋斗中升华，让青春在创新创造中闪光。

1. 树立共产主义的远大理想

新时代进行理想信念教育就是要引导广大青年人树立共产主义远大理想。"理想是指人们在实践中形成的、具有实现可能性的、对未来的向往和追求。信念是人们坚信未来美好结果的、稳定的自我意识。理想和信念是人生的精神支柱和力量源泉，是人们的

---

① 习近平：《在纪念五四运动100周年大会上的讲话》，人民出版社2019年版，第6页。

世界观、人生观、价值观在奋斗目标上的集中体现。"[1]理想信念教育是思想政治教育的核心任务，理想与信念是相辅相成的关系，理想是信念的指引旗帜，信念为实现理想提供精神意志保障。坚定的理想信念是指引人成长成才的忠贞不渝的追求，也是一个政党、一个国家发展壮大的精神支柱和动力。

邓小平曾提出："人的因素重要，不是指普通的人，而是指认识到人民自己的利益并为之而奋斗的有坚定信念的人。"[2]对于个人而言，树立远大的共产主义理想信念会提升其思想深度和精神境界，会明确自身的人生方向而不致虚度光阴、心浮气躁。对于国民而言，开展坚定理想信念教育能够激励人们产生为社会主义努力的斗志和决心。

2. 树立中国特色社会主义的共同理想

现阶段在中国开展理想信念教育就是要引导广大人民树立中国特色社会主义共同理想，坚定早日实现中华民族伟大复兴中国梦的信心和志向，用理想信念照亮人们投身于社会主义现代化建设的道路。

首先，思想政治教育要明确共产主义最高理想与中国特色社会主义共同理想的关系。马克思指出："无论哪一个社会形态，在它所能容纳的全部生产力发挥出来以前，是决不会灭亡的；而新的更高的生产关系，在它的物质存在条件在旧社会的胎胞里成熟以前，是决不会出现的。"[3]共产主义是历史发展的必然趋势，但从社会主义向共产主义的过渡不是一蹴而就的，需要一定的时间，因此在社会主义社会要坚定人们对共产主义、社会主义的信心。其次，思想政治教育要明确个人理想与共同理想的关系。理想按照主体可以分为：个人理想和共同理想。中国梦的本质不仅是国家的发展、民族的振兴，同时也意味着每一个中国人个人的幸福。思想政治教育要引导人们将个人理想融入实现社会主义现代化国家的共同理想之中，将个人奋斗汇入全体人民的奋斗之中，积极投身社会主义建设，坚持个人目标与国家共同理想相统一，在实现中华民族伟大复兴的过程中，实现自己的个人理想与奋斗目标。

不同青年的人生目标会有不同，职业选择也有差异，但只有把自己的小我融入祖国的大我、人民的大我之中，与时代同步伐、与人民共命运，才能更好实现人生价值、升华人生境界。离开了祖国的需要、人民的利益，任何孤芳自赏都会陷入越走越窄的狭小天地。新时代的青年要牢固树立对马克思主义的信仰和对中国特色社会主义的理想信念，既树立远大的理想来鞭策自己，也要坚持脚踏实地，在现实的磨砺中坚持埋头苦干、砥砺前行。

（三）塑造高尚的思想道德

习近平总书记在纪念五四运动100周年大会上的讲话指出："青年要把正确的道德

① 《思想政治教育学原理》编写组编：《思想政治教育学原理》第2版，高等教育出版社2018年版，第66页。
② 《邓小平文选》第3卷，人民出版社1993年版，第190页。
③ 《马克思恩格斯选集》第2卷，人民出版社2012年版，第3页。

认知、自觉的道德养成、积极的道德实践紧密结合起来，不断修身立德，打牢道德根基，在人生道路上走得更正、走得更远。"[①] 新时代中国青年要自觉树立和践行社会主义核心价值观，善于从中华民族传统美德中汲取道德滋养，从英雄人物和时代楷模的身上感受道德风范，从自身内省中提升道德修为，明大德、守公德、严私德，自觉抵制拜金主义、享乐主义、极端个人主义、历史虚无主义等错误思想，追求更有高度、更有境界、更有品位的人生，让清风正气、蓬勃朝气遍布全社会。

1. 提升社会整体道德水平

思想道德建设是发展先进文化的重要内容和中心环节，是提升社会整体道德水平，提高全民素质的一项基础性工程，对于促进物质文明和精神文明建设，协调发展、促进人的全面发展，推进建设和发展中国特色社会主义伟大事业，具有十分重要的意义。

当前，我国社会主义精神文明建设呈现出积极健康向上的良好态势，社会道德风尚日益提升，追求科学文明健康的生活方式已成为人民群众的自觉行动。但目前我国的思想道德建设仍然存在不少问题，道德失范、拜金主义、享乐主义，极端个人主义，不讲诚信、腐化堕落等现象反映出在思想道德方面仍存在一定的不足。随着世界范围内各种思想文化相互激荡以及新时代背景下的许多新问题新矛盾需要解决，这对国民的思想道德水平提出了更高的要求。《公民道德建设实施纲要》指出，要在全社会大力倡导"爱国守法、明礼诚信、团结友善、勤俭自强、敬业奉献"的基本道德规范，努力提高公民道德素质，促进人的全面发展，培养一代又一代有理想、有道德、有文化、有纪律的社会主义公民。在公民道德建设中，应当把这些道德要求具体化、规范化，使之成为全体公民普遍认同和自觉遵守的行为准则。

我国《中学德育大纲》提出要培育中学生"热爱祖国，具有民族自尊心、自信心、自豪感，立志为祖国的社会主义现代化努力学习；初步树立公民的国家观念、道德观念、法制观念；具有良好的道德品质、劳动习惯和文明行为习惯；遵纪守法，懂得用法律保护自己；讲科学，不迷信；具有自尊自爱、诚实正直、积极进取、不怕困难等心理品质和一定的分辨是非、抵制不良影响的能力"[②]。《中国普通高等学校德育大纲（试行）》指出要培养高等学校学生"养成高尚的社会主义道德品质和文明行为习惯。努力做到：诚实守信、勤劳敬业、谦虚谨慎、言行一致、乐于助人、见义勇为、尊敬师长、礼貌待人、朴素大方、廉洁奉公、尊重他人劳动、爱护公共财物、维护公共秩序、抵制不良社会风气。严格遵守校纪、校规，维护校园的安全和秩序"[③]。培养这些道德品质对提升整个社会的道德水平具有重要作用。

---

① 习近平：《在纪念五四运动100周年大会上的讲话》，人民出版社2019年版，第11页。

② 《中学德育大纲》，《人民教育》1995年第4期。

③ 教育部社会科学司组编：《普通高校思想政治理论课文献选编（1949—2008）》，中国人民大学出版社2008年版，第164页。

2. 提高公民个体的道德水平

思想政治教育要加强对马克思主义哲学、马克思主义基本原理的学习，要着眼于引导人们树立正确的世界观、人生观、价值观，进行义利观、荣辱观、苦乐观、生死观教育，形成正确的理想信念、人生目标和道德修养。

在思想政治教育中加强马克思主义理论的指导，就是要引导人们树立科学的世界观、方法论；引导人们掌握党的基本路线和基本政策；引导人们树立社会主义民主和法治观念；引导人们正确认识国际国内形势；要引导人们树立以为人民服务为核心的、集体主义为原则的社会主义思想道德，正确处理个人、集体、国家之间的利益关系，当个人利益与集体主义、国家利益发生矛盾时，自觉以个人利益服从集体利益、国家利益。① 要坚持集体主义价值观和为人民服务，反对拜金主义、享乐主义、极端个人主义的价值取向。加强公民个体道德教育和道德修养对于促进维护公共利益、公共秩序，保持社会稳定，在社会形成良好的道德风尚，不断提高全民族的道德水平有重要的作用。

同时要引导人们认同和践行社会主义道德。社会主义道德的基本要求是爱祖国、爱人民、爱劳动、爱社会主义，具体表现在社会公德、职业道德、家庭美德、个人品德、生态道德、网络道德等方面。我国高中政治教材《公民道德与伦理常识》指出，社会公德、职业道德、家庭美德、个人品德是与个人生活息息相关的道德准则，是我国公民道德建设的着力点。每个公民在加强道德修养的过程中，既要从身边的点点滴滴做起，又要将培育高尚的道德情操作为人生的目标。② 进行道德教育就要教育人们遵守公民基本的道德规范，要文明礼貌、爱护公物、保护环境、遵纪守法、助人为乐、尊老爱幼、诚实守信、团结互助；要帮助人们树立爱岗敬业的职业责任感和成就感；教育人们在处理家庭关系时要男女平等、互敬互爱、和睦相处、勤俭持家、邻里团结；要提倡人们修身律己、奋发向上、艰苦朴素、正直忠诚、自尊自强。通过思想道德教育来引导受教育者遵从社会公德、恪守职业道德、传承家庭美德、砥砺个人品德，提高公民个人思想道德水平。

（四）养成健全的人格

健康的心理是现代人必备的一项基本的素质条件，也是塑造高尚的思想道德修养的基础，尤其在竞争日益激烈、国内外环境日益复杂的今天，养成受教育者健康的心理素质是思想政治教育的具体目标之一。

1. 养成健康的生活方式

现代思想政治教育是一种涉及人们认知、情感、意志和信念的特殊社会活动，其目标是要促进受教育者形成正确的政治观念，养成高尚的思想修养，具备崇高的道德品

---

① 参见邱伟光、张耀灿主编：《思想政治教育学原理》，高等教育出版社1999年版，第190页。
② 参见教育部普通高中思想政治课课程标准实验教材编写组编著：《公民道德与伦理常识》，人民教育出版社2018年版，第24页。

质，而良好的心理素质是优良的思想品德形成和发展的基础。

我国高中阶段的德育目标指出："养成良好的劳动习惯、健康文明的生活方式和科学的思想方法，具有自尊自爱、自立自强、开拓进取、坚毅勇敢等心理品质和一定的道德评价能力、自我教育能力。"①1994年发布的《中共中央关于进一步加强和改进学校德育工作的若干意见》明确指出："通过多种方式对不同年龄层次的学生进行心理健康教育和指导，帮助学生提高心理素质，健全人格，增强承受挫折、适应环境的能力。"这份文件标志着心理健康教育被正式纳入我国思想政治教育的范畴之中。在《中国普通高等学校德育大纲（试行）》中关于德育目标的内容也有一条指出要培养学生"具有良好的道德品质和健康的心理素质"。

2017年12月，教育部党组印发了《高校思想政治工作质量提升工程实施纲要》，《纲要》指出要提升心理育人质量体系。坚持育心与育德相结合，加强人文关怀和心理疏导，深入构建教育教学、实践活动、咨询服务、预防干预、平台保障"五位一体"的心理健康教育工作格局，着力培育师生理性平和、积极向上的健康心态，促进师生心理健康素质与思想道德素质、科学文化素质协调发展。加强心理健康教育，坚持育心与育德相协同是培育全面发展人才的重要途径和手段，也是思想政治教育的重要组成部分。

2. 促进心理健康

"心理健康素质教育是教育者运用心理学、教育学原理以及心理咨询理论和技术等对受教育者施加一定的影响，帮助他们化解心理矛盾、减少心理冲突、缓解心理压力、优化心理素质的过程。"②心理健康对于人的全面发展具有重要意义，心理状态会影响一个人的身体健康和整体精神面貌。

当前，心理健康问题已经越来越引起人们的关注，并逐渐成为一个社会问题，这表现在部分人存在焦虑、心浮气躁、怨天尤人、消极厌世的心态，出现心理失衡、心理冲突、心理疾病甚至自杀倾向。这些心理问题如果不及时加以解决就会造成意志消沉、人格裂变并引发多种身心疾病，因此，心理健康问题已经成为事关人们幸福生活和整个社会心理状态的重要问题，养成健康的心理素质就成为思想政治教育的重要任务。心理健康的标准大致有七条：（1）开朗的心境；（2）有效地学习和工作；（3）心理特点符合相应的心理年龄特征；（4）客观的自我认识；（5）统一的人格；（6）和谐的人际关系；（7）与周围社会协调一致。③因此，思想政治教育就要以这七个标准为目标注重心理健康教育，在教育过程中综合运用思想政治教育学与心理学的知识，遵循思想政治教育规律和人的心理发展规律，通过人文关怀和心理疏导来促进人们形成理性平和的健康心

---

① 《中学德育大纲》，《人民教育》1995年第4期。
② 《思想政治教育学原理》编写组编：《思想政治教育学原理》第2版，高等教育出版社2018年版，第176—177页。
③ 参见陈秉公：《大学生人格学》，长春出版社1989年版，第216—219页。

态，良好的心理品质和心理调节能力，实现思想道德素养、科学文化素质和心理健康素质的全方面协调发展，进而在全社会形成自尊自信、理性平和、积极向上的社会心态。

二、国外思想政治教育的具体目标

虽然世界各国的民族文化历史、经济发展程度以及社会状况不尽相同，但在思想政治教育目标上仍存在较大共性。国外思想政治教育的具体目标可以归纳为：培育爱国情操、培育合格公民、提高综合素质等。

（一）培育爱国情操

国外思想政治教育非常注重培育学生的民族精神和爱国思想，在日常教学中注重引导学生学习本国的民族英雄和著名人物的思想和事迹，培养学生具有民族优良文化传统和高尚的气质，对工作、对国家的自豪感和愿意为之献身的精神。

1. 爱国主义意识的培养

国外的思想政治教育虽是以公民教育、政治教育为名，但其实质内涵中都有爱国主义意识培养的目标要求。

在美国，高校政治课程的具体目标就是使学生热爱祖国，形成对美国政治制度的忠诚，遵纪守法，成为具有健全人格，掌握现代科学文化知识的积极进取的美国公民。因此，美国思想政治教育的重要目标就是培养具有"我是美国公民"的爱国主义意识。美国中学有140多学时的系统历史课，学生须背诵"忠于这个国家，保卫这个国家""愿上帝保佑这个国家"等誓词和祝词。[①]以美国高校课程中的成就教育为例，美国在短短两百多年的时间内，取得了世界超级大国的地位，这是其最引以为骄傲的资本，这也使很多美国民众认为，美国是世界上最好的国家，不论是政治制度还是经济制度，都具有其他国家无可比拟的优越性，可见，美国通过成就教育加强了爱国主义教育。

和大多数国家一样，新加坡也是通过国旗、国歌等象征国家身份的符号，培养国民对国家的认同感和热爱。以小学华文教材为例，不仅有《挂国旗》的礼仪知识传授内容，也有《国旗国旗我爱你》这样的哲理性小文："国旗国旗我爱你，有红有白真美丽。弯弯的月亮五颗星，看见国旗行个礼。国旗国旗我爱你，有红有白真美丽。我要变成小小鸟，飞到天上亲亲你。"新加坡的课标就爱国主义相关的学习成果提出明确要求：以身为新加坡人为荣，对新加坡充满归属感，并致力于国家建设。更重要的是，所有学生都会在唱完国歌后宣读《新加坡国家信约》。这可以说是新加坡爱国教育的独特环节。信约一直是新加坡国民身份认同和国家精神的象征，内容简短有力："我们是新加坡公民，誓愿不分种族、语言、宗教，团结一致，建设公正平等的民主社会，并为实现国家之幸福、繁荣与进步，共同努力。"宣读时必须对着国旗，握紧右拳，放在胸前左侧。[②]

---

① 参见李冬梅：《中外道德教育的比较及启示》，《河北学刊》2002年第4期。
② 参见《培养国家认同，美德法新这些国家是这样做的》，《环球时报》2019年9月27日。

爱国主义意识的培养是世界各个国家思想政治教育的具体目标之一，体现在政治教育、公民教育和日常教育之中。

2. 民族精神的培养

民族精神的培养也是爱国主义教育的重要组成部分，在不少国家成为思想政治教育的具体目标和要求。

德国十分注重培养学生的民族精神和爱国主义思想，这一目标在德国的思想政治教育中是十分明显的。德国学校在历史、地理、德语等课程的教学中，注重引导学生学习德国的民族英雄和著名人物的思想，培养学生对民族优良文化传统的认同感，对工作、对国家的自豪感和愿意为之献身的精神。这种精神主要表现在爱祖国，具有民族自尊心；爱劳动，具有勤业思想；讲认真，对工作一丝不苟；有信念，不管在困难时期还是顺利时期都具有乐观精神，为信念而执着追求。

新加坡是一个典型的移民国家，国内人种复杂、信仰和价值观多元化。在这样的背景下，新加坡思想政治教育的首要目标就是要加强对公民的爱国主义精神教育，使人民产生归属感和认同感，在头脑中形成"我是新加坡人"的意识。1981年，时任新加坡总理的李光耀就提出了"一个民族、一个国家、一个新加坡"的口号。李光耀曾这样描述他心目中的"新加坡人"："新加坡人是一个出身、成长或居住在新加坡的人，他愿意维持现在这样一个多元种族的、宽宏大量、乐于助人、向前看的社会，并时刻准备为之献出自己的生命。"[1]"新加坡人"强调民族团结，发展个人潜能，接受民主生活方式，发展个体的适应性、创造性、社会责任与效忠本共和国的习性与态度，培养国家经济建设所需要的各种能力。[2]因此，在这个思想政治教育理念的指导下，新加坡开设了一系列课程，通过介绍新加坡的发展历史、思想意识形态、宗教等内容，来帮助学生全面了解新加坡，增强学生对新加坡的认同感，激发学生对新加坡的爱国之情，培养他们的"新加坡人"意识。1990年2月，新加坡政府发布了《共同价值观白皮书》。作为对西方价值观渗入所作出的一种反应，《白皮书》提出了五大共同价值观，更注重从正面培养国家意识，以"避免被西方价值观所淹没"，"沦为一个邯郸学步的伪西方社会"。五大价值观即：国家至上，社会为先；家庭为根，社会为本；关怀扶持，同舟共济；求同存异，协商共识；种族和谐，宗教宽容。[3]这五大共同价值观强调了国家、社会、家庭与个人的和谐统一，服务于维护国家和社会的稳定、团结目标。

（二）培育合格公民

思想政治教育的目标实际上是回答培养什么人的问题，不同的阶级有不同的要求。西方资本主义国家思想政治教育的根本目标就是要把受教育者培养成为良好的公民，因

---

① ［英］阿里克斯·乔西：《李光耀》，上海人民出版社1976年版，第368页。

② 参见董小燕：《比较德育研究》，浙江大学出版社2000年版，第238页。

③ 参见苏振芳：《当代国外思想政治教育比较》，社会科学文献出版社2009年版，第453页。

此其思想政治教育的具体目标首先就是要培养合格的公民。

1. 合格的社会成员

各国的政治文化背景不同，对思想政治教育内容的要求也不尽相同，但是都十分注重对公民的政治社会化教育，思想政治教育的具体目标就是培养合格的社会成员。

第一是要培养学生对本国政治制度的认同。如美国公民教育的目的非常明确，就是要培养合乎美国政治制度所要求的态度和认识，忠于美国制度和法律的社会成员。

第二是培养学生的民主观念并鼓励学生参与政治生活。如1990年2月由美国总统乔治·布什签署的《关于全美教育目标的报告》就提出了"在民主机构中有主见地参与民主"的公民教育目标；英国政府1977年发布的文告中也提出了向学生传授"寻求更为公正的社会秩序方面所取得的成就及理想"的教育目的，以期把学生培养成为维护资本主义政治秩序的合格公民。

第三是培养学生的社会意识。法国的思想政治教育十分注重公民社会意识的培养，正确处理个人与社会的关系，培养具有"自律性的公民"和"热爱法兰西共和国的品质"。学校思想政治教育的具体目标就是为法兰西共和国培养能够积极参与社会活动的合格公民，主张应该使公民"不仅拥有得到法律承认的权利，而且也同时对社会负有责任"①。"法国学校各年级开展公民教育，培养学生的公民责任感，始终是列在官方议事日程上的大事。20世纪90年代，公民的目标是使每个人获得自由并负起责任，培养集体观念，成为有教养的人。"②法国在1882年就开始了公民教育，那时称为"公民训导"课，是从小学开始的，把公民权利和义务教育列入教育大纲。法国国民教育部1977年公布的小学科目也有"道德·公民"一科，主要实施公民道德训练。③法国公民教育的内容是国家政治制度、法律常识、社会公德、人权宣言、公民的义务和权利、公民对国家的效忠等。在学校开设的共和国公民伦理与道德课程目标中指出，教育的目标是"使每个人获得自由和负有责任，在于培养集体观念，使每个公民成为有教养的人"④。简言之，法国的公民教育强调培养对社会承担责任和义务的合格公民。法国公民教育的教学方法是让学生初步接触一些适用的、能够理解的政治概念和道德观念。例如，小学高年级学生接受的公民义务和权利教育，就是通过具体事例让他们熟悉有关服兵役、捐税、普选以及户籍、矿工保护法、所有权、财产继承权、出售和租借权等一系列基本概念。俄罗斯教育界提出，政治教育要致力于培养人在社会中的三个角色的职责，即公民、工作人员、家庭成员的职责。在公民方面，要有爱国热情和维护国家权威的责任感和义务感，具有政治责任心和政治觉悟，要融入社会生活，在国家、社会、父母面前履行自己的义务

---

① 苏振芳：《当代国外思想政治教育比较》，社会科学文献出版社2009年版，第151页。

② 陈立思：《当代世界的思想政治教育》，中国人民大学出版社1999年版，第156页。

③ 参见刘国华：《法国学校的公民教育》，《思想政治课教学》1997年第3期。

④ 房广顺：《当代国外思想政治教育的借鉴与启示》，《辽宁大学学报（哲学社会科学版）》2006年第6期。

等。在工作人员方面，要有工作专业能力，要有责任心和职业自豪感，有团队合作的集体主义精神和创造性劳动的激情等。作为家庭成员，要有较强的社交修养和能力，有积极的生活态度和良好的家庭道德修养等。

2. 塑造良好的道德素质

思想政治教育的具体目标建立在人的思想品德结构基础之上，是人的思想品德结构状况及其发展完善需要的反映。资本主义社会的运作以及市场经济的有效运行要求人们具有与物质文明相适应的精神道德文明，因此，资本主义国家的思想政治教育除了考虑社会需要之外，也注重人自身发展的需要，强调塑造品格，养成良好的行为规范。

在英国一般认为，一个合格的公民必备的道德品质主要有：自律，做该做之事；守信，获取他人信任；诚实，敢说真话，童叟无欺；实现自我价值，有勇气，有意志，百折不回；利己但不损人，利用正当手段获得利益，并尊重别人的权利；勇于承认错误；待人有礼；与各种人能平等相处，没有偏见；顺利融入社会，不孤立；理智看待得失；爱岗敬业；遵纪守法；正确运用自己的权利；没有不良习惯等。英国历来重视培养有德性、有礼仪、有学问的绅士公民。英国现代的宗教教育和学校的思想政治教育课程的一个重要着眼点，就是解决学生的道德问题。如在英国中小学大都设有道德指导教师，这些教师"对受他教导或不受他教导的学生负责提出建议和给予忠告"[1]。一些大学则挑选训练有素的人担任学生顾问，当学生遇到思想问题时，就耐心地给予开导，帮助学生们形成正确的价值观和良好的思想、行为。英国对学生的思想道德教育渗透结合在所有的学校课程中，如在体育课中，除了常规的体育教学外还要致力于培养学生的运动员精神和风格，积极指导学生们在体育运动中养成守纪律、勇敢、拼搏、协作、忍耐、公正、善良、诚实等品质。英国1988年颁布的《国家课程》把培养"有德行、智慧、礼仪和学问"的绅士作为教育的出发点。

德国的思想政治教育主要通过宗教教育和政治养成教育开展，注重陶冶学生的精神与人格，强调尊严、克己、责任感和对真善美的感受。在德国的《联邦德国教育总法》中，对于学校在德育方面的目标是这样规定的：培养学生在一个自由、民主和福利的法律社会中对自己的行为有责任感，使学生具有必要的思想品质和行为标准，使他们具有为发展社会生活、发展科学技术而献身的精神。在巴伐利亚州法中对学校德育方面的目标规定得更详细，如对18岁以后的学生，在道德方面的要求是培养尊重人的尊严、自我克制、责任感、乐于负责与助人，能接受一切真、善、美的胸怀，以及对自然和环境的责任心。为了实现上述目标，德国学校设置了多种多样的思想行为课程，如"宗教"课、"公民道德"课、"性教育"课，其目的是对学生进行美德教育，培养个人的优良品质，树立民族自尊心、自豪感，培植民族精神。

---

① ［英］朗特里：《西方教育词典》，上海译文出版社1988年版，第195页。

在《美国2000年教育目标法》中设定了八大目标，其中关于学生品德的具体目标有如下内容："到公元2000年学生成绩和个人能力及品德表现：（1）要全面大幅度地提高中小学生的基础文化水平。所有学生都要了解关于本国和世界其他地区在多元文化传统方面的知识;（2）大力提高全体学生的推理能力、解决难题的能力、应用知识的能力、写作的能力和进行流畅交流的能力;（3）所有学生都要参与促进个人品德良好表现发展的活动，以及促进身体健康的社区服务和培养个人责任感的活动;（4）所有学生都要接受体育、卫生教育，保证身体健康和精神饱满;（5）大幅度提高能掌握和使用多于一种语言的学生的比例。使学生学会开动脑筋，成为负责的公民，能接受继续教育并在生产部门顺利就业。"[①]

韩国高校也极为重视对大学生道德素质的培养，很多大学都开设了传统道德方面的课程，加深学生对韩国传统道德的理解，例如佛教哲学、道家哲学、儒家哲学、基督教思想等方面的课程。伴随经济发展，伦理道德问题也日益增多，如何解释并解决这些问题对现代伦理道德体系的建构和稳定有着重要意义。例如，从首尔大学核心教养课中的现代社会与伦理，一般教养课中的生命医疗伦理、性哲学与性伦理、思想与伦理，西江大学开设的临床实验的伦理学、法学、社会学理解等与伦理相关的课程可以看出，韩国的高校非常重视责任与道德使命教育，注重传授基本伦理道德知识，培养学生优秀的个人道德品质。使学生获得基本伦理道德观念是韩国思想政治教育的永恒主题。

新加坡的高校也开设了一系列与道德哲学、伦理问题相关的思想政治理论课程，引导学生探讨基本伦理道德问题，如新加坡国立大学哲学系开设了道德哲学、政治中的伦理与道德等课程，新加坡管理大学开设了伦理与社会责任等课程。这些课程针对现实生活中的伦理道德问题展开讨论，目的在于培养学生运用伦理道德知识，解决实际生活中的道德两难问题的能力。新加坡的教材中渗透了适合新加坡的东方道德价值观，包括仁、孝、家庭和谐、礼、忠、恕、义等，注重训练学生的道德判别能力，教导学生处事待人须为他人设想的道理，培育学生具有良好的品行和善良的性情。

良好的道德素质和道德修养是对一个合格社会公民的基本要求，也是公民教育的具体目标之一。

（三）提高综合素质

国外思想政治教育目标普遍强调使学生的基本素质得到全方位的提高，促进学生的充分发展，成为高素质的人才。

1. 综合能力的全面提高

综合能力的全面提高意味着要注重对学生在道德、知识、思想、心理以及人格品质等全方位的教育，使学生在生活技能、表达能力、学习新知、身体素质、思考能力、与

---

① 《〈美国2000年教育目标法〉的八大目标》，《教育导刊》1997年第7期。

人相处和道德修养等方面都得到提高。

韩国设定的小学课程的具体目标是:(1)身心发展,保障健康,培养良好习惯。(2)了解日常生活礼貌,培养日常生活所需的自律能力,发展关心同学、邻居的精神。(3)培养爱国主义精神。(4)掌握基本语言技巧,发展表述能力。(5)了解反映社会、自然现象的基本概念,鼓励学生开展科学调查研究,学习解决问题。(6)欣赏美,创造性地表达自己的思想情感。(7)掌握基本生活技能,提倡俭朴和自立。为中学的课程设定的目标是:(1)身心发展,培育成熟的自我形象和良好的品性。(2)懂得人类的尊严、民主的价值,育成为祖国发展作贡献的意愿,鼓励学生关心人类福利。(3)掌握基本语言、数学技能,鼓励继续学习深造,培养逻辑思维和创造思维能力,学会在实践中运用上述技能。(4)懂得反映社会和自然现象的基本概念,发展处理信息和科学研究的能力。(5)提供机会、积累审美经验,发展审美情趣和创造能力,有效使用闲暇时间。(6)学会选择最适合个人性向和能力的未来职业,并为未来职业打下学术和专业的基础。[①]这些目标旨在提高学生的综合素质。

俄罗斯高校思想政治理论课的具体目标由如下四个部分组成。第一,课程目标中的认知部分。该部分主要是引导学生学习、了解高校思想政治理论课程的基本概念、原理和规律,从而提高学生的理解能力和思维能力。第二,课程目标中的技能部分。该部分主要是对学生进行行为、习惯、交际能力的培养。第三,课程目标中的情感部分。该部分主要是对学生的思想、观点和信念,如价值观、人生观、世界观、审美观的教育。第四,课程目标中的应用部分。该部分主要是让学生学会应用前三部分的内容来解决社会和自己生活问题的能力。俄罗斯高校思想政治理论课的课程目标非常注重这四个方面的完美结合,力求达到认知与情感、知识与智力、主动精神与社会责任的和谐统一。[②]俄罗斯高校的思想政治理论课的核心目的就是促进学生的综合能力的全面提高。

法国高等教育与研究部出台的《调整计划》(即 *le projet Tuning*)针对大学生的基本能力提出了三类要求:(1)工具能力。工具能力包括分析和概括能力、组织和计划能力、熟练掌握基础知识、重点掌握相关职业领域知识、母语写作交流能力、掌握第二外语、获取信息能力、处理信息能力(发现和分析不同来源信息的能力)、解决问题能力、判断能力。工具能力是实现思想政治教育具体目标的基础能力。根据法国高等教育的要求,大学生首先要掌握专业知识。日新月异的信息时代对大学生获取信息和加工信息的能力提出了更高要求。此外,还要求大学生在专业训练基础之上形成一定判断问题和解决问题的能力。(2)人际交往能力。人际交往能力包括批评和自我批评能力、团队合作能力、人际协调能力、在跨学科团队工作能力、与其他领域专家交流能力、对多样

---

① 参见张民选:《韩国的中小学课程》,《外国教育资料》1993年第6期。

② 参见骆郁廷主编:《高校思想政治理论课程论》,武汉大学出版社2006年版,第331页。

性与多元文化价值的认知能力、在国际化背景下工作的能力和责任感。人际交往能力是实现思想政治教育具体目标的关键能力，在多元互动的社会中，置身于复杂的人际网络之中，需要处理好与他人和谐的互助协作关系，这就使人际交往能力在高等教育中的重要性被逐步凸显出来。（3）系统能力。系统能力包括在实践中应用知识的能力、研究能力、学习能力、适应新环境的能力、创新能力、领导能力、对异国文化习俗的包容力、自主工作能力、设置方案能力、具有首创和企业精神、重视质量、追求成功。系统能力是实现思想政治教育具体目标的最高能力要求，系统能力是各项能力的整合，它集中表现为学生的社会适应能力和创新能力。思想政治教育是高等学校素质教育体系的有机组成部分，面对日趋激烈的国内外竞争对提高人才素质的迫切要求，思想政治教育始终围绕和渗透在这些能力培养的过程之中，注重学生综合能力的提高，进而激发学生的创新热情，培养学生的创新思维，并为学生的创新实践提供精神动力。

日本思想政治教育的根本目标由文部省统一制定，各高校根据根本目标并结合自己学校特色，制定思想政治教育的具体目标。1998年文部省在《21世纪的大学形象与今后的改革方策》的答申中指出，教养教育的根本目标是"培养宽广的学术视角，从不同角度发现事物的能力，以及自主的、综合的思考能力，准确的判断力，丰富的人生修养并能找准自己的知识和人生在社会关系中的位置的人才"。在这个目标之下各高校制定了各自的思想政治教育具体目标。东京大学思想政治教育的具体目标是：掌握作为专门知识的基础的一般教养，拥有作为人不可缺少的知识，根植探求真理的精神，这就是教养学部的生命。创价大学思想政治教育的具体目标是：培养具有真正国际性的教养的人。由此可见，日本的思想政治教育在对学生进行日常思想和行为的指导时，更注重培养一个人应具备的对生活和世界的一般态度，并形成良好的人生习惯使之能够终身受益。以培养高素质、具有广阔视野和国际视野的国民为目标开展教育，反映了日本思想政治教育注重培养人综合能力的全面提高，为一个人的一生奠定持续成长的基础。

健康的心理状况和心理素质的提高是一个人综合能力的基础和体现。国外学校也十分重视心理健康和心理素质的培养。如韩国高校普遍比较重视对学生心理素质的培养。韩国经济社会的快速发展使人们的生活节奏加快，面临沉重的学习任务和激烈的就业竞争，韩国高校学生的压力普遍偏大。因此，提高学生的心理素质就理所当然成为思想政治教育要承担的一个任务。韩国很多高校都开设了心理学方面的选修课，如首尔大学开设的心理学概论，通过授课给学生讲解一些基本的心理学知识，同时也会举办一些特别的讲座，学生可以提问让专家解答。此外，韩国高校很重视集体活动，如春季的郊游、爬山等校外活动等很受学生们的欢迎，这些活动一般都有几名老师带领，学生和老师一起进行户外活动，谈论生活、学习方面的事情，一方面拉近了老师和学生的距离，另一方面也给学生心理压力的释放提供了很好的机会。

2. 培养多元文化理解能力

弘扬民族平等和民族特色，保持文化的多样性，承认各民族文化的存在，反对种族和民族歧视等文化偏见，承认各民族文化对本国发展的贡献，主张民族平等、文化理解和宽容也是国外思想政治教育的目标之一。在日常教育教学中通过多元文化教育把多元文化主义一代代传下去，培养学生的多元文化意识，帮助不同民族的学生了解多元文化国家，使学生具有适应和参与多元文化社会的能力，并且教育各民族学生共同建设国家和社会，创造美好的未来，成为经济全球化时代国外思想政治教育新的具体目标。

新加坡由于多元文化社会发展的需要和经济问题较突出，在20世纪六七十年代后，新加坡学校的思想道德教育目标就确立为致力于对多元文化的宽容和理解能力的培养。要求"寻求充分发展个人的潜力，以及确保社会集体的福利，尤其注重灌输热爱自由、真理与正义，尊重基本人权，接受民主生活方式，并珍视对种族和宗教的容忍，同时也培养足以发展适应性、创造性、社会责任与效忠本共和国的习性与态度；此外，还要努力培养国家经济建设所需要的各种能力"[①]。新加坡的社会背景状况决定了新加坡的思想政治教育要以加强民族团结为具体目标，在认同自己所属的文化基础上，也要包容、尊重其他民族和文化。20世纪90年代以后，新加坡重新修订《新公民学》课程，突出了以下课程宗旨：社会利益高于个人利益；维护作为社会组成细胞的家庭；提倡种族和宗教间的宽宏大量与相互体谅，协商解决问题的美德。为实现这些宗旨，学生每天在升旗仪式上朗读如下誓言：我们是新加坡公民，誓言不分种族、语言、宗教的异同，团结一致地建设公正、平等的民主社会，并愿为国家的幸福、繁荣与进步而共同努力。[②]

在加拿大多元文化中，英裔和法裔文化居于主导地位，即长期以来，英、法文化带着强烈的民族优越感和民族独立情绪，表现着对自己优越历史的怀旧和繁盛现实的自豪。但随着少数民族要求平等的呼声高涨，为保护不同文化和不同种族出身的所有加拿大人在社会、经济、政治地位上的平等，加拿大在思想政治理论课程上增加了为保护和提高少数族裔文化和教育的内容，目的是促进民族融合和民族平等。加强民族平等的教育不仅强调尊重少数民族文化，同时也对促进加拿大社会的和谐起到了举足轻重的作用。在加拿大各种相关的法律、政策和措施的作用下，教育的平等逐渐实现，同时民族平等、文化平等的理念也成为其思想政治教育的主要内容。加拿大政府对印第安人的高等教育投资从每年的800万加元增至8100万加元，即十年增加了十倍。在教育发展的同时，政府也加强了印第安民族语言的教学，对于保留印第安人的文化具有重要意义。由于印第安人教育事业的发展，提高了其文化素质，使过去因缺乏技术找不到工作的人易于就业了，教育的发展也促进了经济的发展。由此可见，多元文化教育对相对落后的土著民族的经济发展乃至整个加拿大的经济发展都是极其重要的。

---

① 苏振芳：《思想道德教育比较研究》，社会科学文献出版社2011年版，第188页。
② 参见田国秀：《重视道德教育是各国教育发展的共同趋势》，《首都师范大学学报（社会科学版）》1996年第5期。

从这个意义上说，通过思想政治教育进行多元文化教育，不仅可以减少多元民族国家内部民族的隔阂，而且还能增强他们之间的团结，促进多元文化的融合，共同努力去建设自己的国家，带动经济的发展。

三、中外思想政治教育目标比较的启示

由于中外政治经济制度、意识形态的不同，国情、文化存在差别，中外思想政治教育在根本目标上有一定的差异。我们也要看到在中外经济、文化不断交流和发展的新时代，中外思想政治教育的目标，特别是在具体目标方面也有不少可以相互学习和借鉴之处。

（一）中外思想政治教育目标的差异

中国思想政治教育的目标与现代西方国家所称道德教育、公民教育或政治教育的目标在本质上是不同的，这是我们首先要明确的。

首先是理论依据不同。我国的思想政治教育根本目标和具体目标的确立依据是马克思主义理论，思想政治教育的目标具有统一性和指导性的特点，为各级学校和社会教育提供一致性的导向和指引。国外依据的理论则是多元的，呈现出思想政治教育目标多元化与个性化的特点。特别是在联邦制国家，由于教育行政实行地方分权制，联邦政府和教育行政部门提出的思想政治教育目标指向一般只具有引导性和示范性的取向，不具有强制性，地方不同层次的学校和社会各类教育机构在思想政治教育具体目标的设定上可以有不同的规划和选择。

其次是社会制度不同。我国是社会主义国家，思想政治教育的目标是培养社会主义事业的合格接班人，而国外特别是西方资本主义国家，思想政治教育的主要目标是培养符合资本主义制度需要的合格公民。社会政治经济背景的差异，使得中外思想政治教育的目标存在着根本区别。

最后是历史文化不同。由于不同国家有不同的地理环境和历史文化，中外在思想政治教育目标上差异明显。在中国，传统思想政治教育主要受儒家文化的影响，有着浓厚的爱国主义、集体主义的传统。在国外，思想政治教育不仅有文化的影响还往往会受宗教的影响，因此各个国家呈现出独特性和不同的民族性。

（二）中外思想政治教育目标的联系

随着社会的发展和交流的扩大，在中外思想政治教育的具体目标上，也日益呈现出相似和共同之处。

首先，是思想政治教育目标与社会需要的统一。也就是说，不论是中国还是外国，思想政治教育的目标都围绕着各自国家和社会的发展需要展开，教育目标与经济发展、政治制度和社会道德取向日益趋同。这也说明了马克思主义关于经济基础决定上层建筑的论断的科学性。

其次，在思想政治教育具体目标上都重视政治观念和道德素质的培养。虽然不同国家和地区在思想政治教育目标的具体表述上有差异，但把学生培养成为一个有爱国情、有责任感、有道德感的合格公民上是共通的。

最后，随着社会的进步，中外思想政治教育目标呈现出不断丰富的发展趋势。从历史发展的角度来看，不同国家和政府都会随着社会发展、经济需要和文化进步，来调整和丰富其思想政治教育的目标，使思想政治教育的目标能够为社会健康发展提供价值导向。在经济全球化的背景下，随着经济交往和文化交流的频繁，教育理念和教育目标也不断在碰撞中相互影响和相互借鉴。比如，中外在培养国家意识、种族民族平等、世界和平发展等方面的目标上也日渐趋同，对共同价值观的追求和教育也不断纳入思想政治教育的具体目标之中。因此，随着各个国家、社会、地区的联系不断紧密，在思想政治教育目标方面的共通之处也会越来越多。正如马克思所指出的："各个相互影响的活动范围在这个发展进程中越是扩大，各民族的原始封闭状态由于日益完善的生产方式、交往以及因交往而自然形成的不同民族之间的分工消灭得越是彻底，历史也就越是成为世界历史。"[①]

> ### 思考题

1. 如何理解中外思想政治教育目标确立的主要依据？
2. 中外思想政治教育的根本目标和具体目标有哪些？
3. 如何理解中外思想政治教育目标的异同？

[①]《马克思恩格斯选集》第1卷，人民出版社2012年版，第168页。

第三章　思想政治教育内容的比较

思想政治教育内容是根据一定的社会要求，针对教育对象的思想实际，经教育者选择设计后有目的、有计划地传递给教育对象的带有引导价值的思想政治知识、理论、观点等信息，具有政治性、科学性、系统性、时代性、针对性等鲜明特征。思想政治教育作为一种普遍性的社会实践活动，世界各国都在自觉进行思想教育、政治教育、道德教育、心理健康教育、法治教育等内容的教育引导，差异不过是基于不同的制度和历史文化背景，冠以"公民教育""品格教育""价值观教育""政治养成教育""思想政治教育"等不同名称。透过"名实之辩"，我们可以发现，价值观教育、意识形态安全教育、爱国主义教育等是今天各国思想政治教育普遍关注的重要内容。

第一节　价值观教育比较

价值观是社会成员自觉调节社会生活和社会行为的规范，是价值主体对于主客体之间价值关系的观念把握，是价值主体在认识和实践活动中所形成的关于客体对主体是否具有价值、具有什么样的价值以及具有多大价值的根本看法，反映并依赖于经济基础与社会存在，具有鲜明的主体性和阶级性。价值观具有核心价值观和一般价值观之分。其中，核心价值观是指在社会中居于统领地位、起着支配作用的根本价值理念和价值准则，承载着一个民族、一个国家的精神追求，体现着一个社会评判是非曲直的价值标准。"如果一个民族、一个国家没有共同的核心价值观，莫衷一是，行无依归，那这个民族、这个国家就无法前进。"[1]当前，加强价值观教育，发挥核心价值观在维护社会主流意识形态、规约社会成员的社会行为、坚定价值主体的价值理想与价值信念等方面的重要作用，已成为世界各国的一个基本共识。

一、我国的价值观教育

价值观不可能脱离具体的社会制度和历史文化而抽象存在。在当代中国，根植于中国大地、反映中国人民意愿、适应中国和时代发展进步要求的价值观是社会主义核心价值观。今天，我国的价值观教育的主要内容就是培育和践行社会主义核心价值观。

---

[1]　习近平：《青年要自觉践行社会主义核心价值观——在北京大学师生座谈会上的讲话》，《人民日报》2014年5月5日。

（一）社会主义核心价值观的基本内涵

党的十八大提出，要"倡导富强、民主、文明、和谐，倡导自由、平等、公正、法治，倡导爱国、敬业、诚信、友善，积极培育和践行社会主义核心价值观"[①]。这与中国特色社会主义发展要求相契合，与中华优秀传统文化和人类文明优秀成果相承接，是中国共产党凝聚全党全社会价值共识作出的重要论断。社会主义核心价值观是对我们要建设什么样的国家、建设什么样的社会、培育什么样的公民等重大问题的深刻解答。

首先，"富强、民主、文明、和谐"回答了我们要建设什么样的国家的重大问题，是坚持和发展中国特色社会主义，实现中华民族伟大复兴中国梦的价值追求，揭示了当代中国在经济发展、政治文明、文化繁荣、社会进步等方面的价值目标，从国家层面标注了社会主义核心价值观的时代刻度。"富强"即人民富裕和国家强盛，是社会主义国家在经济层面的价值目标。"民主"是人民当家作主，是社会主义国家在政治建设上的价值目标，要坚持党的领导、人民当家作主和依法治国的有机统一，完善我国基本政治制度，保障人民当家作主的地位。"文明"是社会主义文化建设的价值目标，其内涵是要促进社会主义文化大发展大繁荣，使整个民族的思想道德素质和科学文化素质得到不断提升。"和谐"是社会主义社会建设的价值目标，其内涵是要促进社会的有序发展，保证人民生活的幸福安宁。

其次，"自由、平等、公正、法治"反映了人们对美好社会的期望和憧憬，是衡量现代社会是否充满活力又和谐有序的重要标志，回答了我们要建设什么样的社会的重大问题，与实现国家治理体系和治理能力现代化的要求相契合，揭示了社会主义社会发展的价值取向。"自由"是指人的意志自由、存在和发展的自由，是人类社会的美好向往，也是马克思主义追求的社会价值目标。"平等"的内涵包括公民在法律面前一律平等，其价值取向是不断实现实质平等。它要求尊重和保障人权，人人依法享有平等参与、平等发展的权利。"公正"即社会公平和正义，它以人的解放、人的自由平等权利的获得为前提，是国家、社会应然的根本价值理念。"法治"是治国理政的基本方式，依法治国是社会主义民主政治的基本要求。它要求通过法制建设来维护和保障公民的根本利益，是实现自由平等、公平正义的制度保证。

最后，"爱国、敬业、诚信、友善"回答了我们要培育什么样的公民的重大问题，涵盖了社会公德、职业道德、家庭美德、个人品德等各个方面，是每一个公民都应当遵守的道德规范。有了这样的价值追求，人们才能更好地处理个人与国家、社会、他人的关系，不断提升自己的人生境界。"爱国"是调整公民个人和祖国关系的基本道德规范，体现了个人对祖国的归属感、认同感、荣誉感和尊严感，每个公民要自觉履行对祖国的义务，维护国家统一和民族团结，保证国家安全，做忠诚的爱国者。"敬业"是个人对

[①] 胡锦涛：《坚定不移沿着中国特色社会主义道路前进　为全面建成小康社会而奋斗——在中国共产党第十八次全国代表大会上的报告》，人民出版社2012年版，第31—32页。

待自己所从事职业的基本态度，是公民职业道德行为规范的主要内容，公民个人要做到爱岗敬业、办事公道、服务群众和奉献社会。"诚信"即诚实守信，是人类社会千百年传承下来的道德传统，也是社会主义道德建设的重点内容，它强调诚实劳动、信守承诺、诚恳待人。"友善"强调公民之间应互相尊重、互相关心、互相帮助、和睦友好，努力形成社会主义的新型人际关系。

社会主义核心价值观是社会主义核心价值体系的精神内核，它体现了社会主义核心价值体系的根本性质和基本特征，反映了社会主义核心价值体系的丰富内涵和实践要求，是社会主义核心价值体系的高度凝练和集中表达。

（二）培育和践行社会主义核心价值观

2013年12月，中共中央办公厅印发《关于培育和践行社会主义核心价值观的意见》，从国民教育、社会治理、宣传教育、社会实践和组织领导等领域布局社会主义核心价值观教育。此后，党和国家陆续出台文件，明确了社会主义核心价值观教育的重点任务，推动社会主义核心价值观入法入规、落细落小落实。2017年10月，党的十九大通过关于《中国共产党章程（修正案）》的决议，将"加强社会主义核心价值体系建设""培育和践行社会主义核心价值观"等内容写进总纲。2018年3月，《中华人民共和国宪法修正案》明确："国家倡导社会主义核心价值观"。这些文件从国家顶层设计的战略高度为社会主义核心价值观教育提供了根本遵循。

当前，我国大中小学各学段通过课程的方式进行了系统的社会主义核心价值观培育工作。例如，小学阶段以融入式、体验式的教学方式，对学生进行初步的启蒙性、常识性教育；中学阶段通过知识性、理论性教育，侧重对学生进行国家认同、政治修养、社会主义理想信念以及科学精神的培养；大学阶段则提升到探究性、研究性教育，从侧重学生的行为养成和知识积累，进阶到思维方式的训练，从整体上呈现出"循序渐进、螺旋上升"的衔接特征。与此同时，各学校根据实际情况积极开展涵养社会主义核心价值观的实践活动，将社会主义核心价值观融入校园文化建设和学校治理工作，引导学生扣好人生的扣子，坚定价值观自信。例如，以诚信建设为重点，开展道德实践活动；以志愿服务为重点，开展学雷锋志愿服务活动；以礼仪教育为重点，开展精神文明创建活动等。

二、国外的价值观教育

任何国家、任何民族、任何政党在其历史发展的过程中都需要一定价值观的坚强支撑和精神引领，并以核心价值观为指导原则和目标指向推进政治发展、经济建设与文化繁荣。各国也都基于特定的历史文化背景和现实政治语境采取了形式多样的路径方式对公民进行价值观教育，引导人们正确处理人与自然、人与人、人与社会、人与国家的关系，其内容涵盖真、善、美、自由、民主、平等、人权、包容等价值范畴和价值共识。

当前，国外价值观教育主要围绕政治价值观、道德价值观、文化价值观等展开。

（一）政治价值观教育

政治价值观是指社会成员对政治世界的根本看法，是政治主体在长期的政治生活、政治实践中形成的一系列关于政治现象、政治关系、政治行为的稳定认知、价值判断、心理倾向与行为选择。政治价值观具有鲜明的思想导引功能、情感激励功能和社会调节功能。因而，通过政治价值观教育能够传递政治知识、政治立场，培养公民政治参与的意识与能力，树立社会主导的政治价值体系，成为各国价值观教育的首要内容。

美国作为多元文化聚集的世界强国，以"美国信念"为核心的政治价值观在国家发展中发挥着重要作用。"美国信念"，即美国国民认同或"国民性"（national character），是对美国国民的基本政治价值和理念的高度概括。它形成于美国独特的建国历程和对国家认同的塑造与强化之中，以个人主义为价值取向，以维护国家利益为根本旨归，主要包含自由、平等、民主等核心价值。第一，自由的价值观。自由是美国人最响亮、最根深蒂固的价值观。美国的《独立宣言》《联邦宪法》《权利法案》等都把天赋人权当作重要原则，奠定了自由价值观的法律基础。美国前总统约翰·昆西·亚当斯在当年的就职演讲中提到，只要自由和独立的原则还在被奉行，就有美国的心脏在跳动。概括而言，美国的自由价值观主要包含言论自由、宗教信仰自由、学术自由等。第二，平等的价值观。《独立宣言》开明宗义地阐明了平等的价值观："我们认为这些真理是不言而喻的：人人生而平等，造物者赋予他们若干不可剥夺的权利，其中包括生命权、自由权和追求幸福的权利。"从理论上讲，人人平等，且人人具有平等的人性。英国牛津大学教授J.R.波尔在《美国平等的历程》中把平等的类型划分为政治平等、法律面前平等、宗教平等、机会平等、性别平等、受尊重的平等不同类型。第三，民主的价值观。"美式民主"常自我认证为民主的典范。对于何为民主的问题，美国政治学家罗伯特·达尔提出了"理想的民主"和"现实的民主"两种区分方式。从理想民主的角度出发，衡量民主具有五项主要标准：有效的参与；投票的平等；充分的知情；对议程的最终控制；成年人的公民资格。[①]从现实民主的角度来看，要真正实现民主需要一定的安排、惯例和制度，包括六项具体制度：即选举产生的官员；自由、公正和定期的选举；表达意见的自由；接触多种信息来源；社团的自治；包容广泛的公民身份。[②]美国社会所倡导的这些政治价值观，旨在建构一种共同的政治信念、共同的国家认同来弥合国民彼此的分歧，从而结成一种有序的共同体。

英国作为一个多元文化多族群的国家，进入21世纪后，反复强调进行英国共有的核心价值观教育。第一，英国核心价值观的教育。2005年伦敦发生地铁爆炸案，炸药的放置者居然都是在英国接受教育和长大的少数族裔青年。这些少数族裔虽然在英国接

---

① 参见［美］罗伯特·达尔：《论民主》，李柏光、林猛译，商务印书馆1999年版，第43—44页。

② 参见［美］罗伯特·达尔：《论民主》，李柏光、林猛译，商务印书馆1999年版，第93—95页。

受教育，但思想并未融入英国主流社会。英国政府和社会各界大为震惊、深刻反思，决心加强"英国核心价值观"的教育。第二，多元社会的共同价值。时任英国教育大臣的阿兰·约翰逊提出：中小学生在公民教育课程中应学习共享的价值观和英国的生活方式，"言论自由、宽容和对法治的尊重是英国非常受珍视的价值观，虽然它们不是英国所独有的，但却是地道的英国价值观"[1]。英国道德教科书《好好思考》提出，多元化社会中有许多不同的社区团体，如家庭、宗教组织等，每个团体都有自己的一套道德价值，但是，我们的多元民主社会的公民具有共同的价值，包括：社会公正、政治平等、尊重差别、人权、合作、礼貌、尊重法律法规、承诺沟通和辩论是解决公共政策纷争的恰当方式等。[2]第三，学校的传统价值观教育。2006年5月，英国高等教育事务官员比尔·拉米尔提出，所有学龄少年都应该接受"英国传统价值观"的教育，英国学校在促进多元文化的同时，应教导学生凝聚英国人的精神，加强学生对现代历史的学习，了解移民、英联邦、欧盟等对英国的影响，以及英国社会不同群体对英国社会发展的贡献等，从而增强学生的"国家认同感"。英国教育部门于2007年1月公布了全国中小学开展英国传统价值观教育的计划，并将其列入了义务教育阶段国家必修课程。

与西方国家不同，东方国家在政治价值观教育上更侧重以国家和社会为本的理念，主张个人对社会的奉献和社会对个体的关心与尊重。比如，新加坡作为一个以华人移民为主体的国家，政府倡导"技术上依赖西方，精神上固守东方"。新加坡提出"忠孝仁爱礼义廉耻"八德，并将其作为治国之纲。李光耀和其他领导人将八德内容具体化，并赋予其现代化和新加坡化的解释。1991年1月，新加坡国会正式批准公布了《共同价值观白皮书》，提出五大共同价值观，即国家至上，社会为先；家庭为根，社会为本；社会关怀，尊重个人；协商共识，避免冲突；种族和谐，宗教宽容。这为如何处理国家、社会、个人三者的利益关系，做到局部利益服从国家整体利益、个人利益服从国家和社会利益，以及理性界定个人与国家、社会的边界，重视个体的生存权与发展权提供了价值遵循。正如李光耀所说："许多亚洲国家不接受西方过分尊重个人而牺牲社会利益的价值观，这些价值观将导致社会混乱，我们宁可拥有纪律。"

（二）道德价值观教育

道德价值观是指社会成员依据主体的道德价值需求，形成的对道德目标的理解与排序、对道德尺度的把握与甄选、对道德行为的评判与选择等关于道德价值的全部观念性活动的总和。在社会价值体系中，道德价值观是最基本且最普遍的内容。"个体追求何种道德生活、崇尚何种道德信条、接受何种道德规范、作出何种道德判断和道德评价、欣赏何种道德行为、选择何种道德行为、如何实施其道德行为以及产生何种道德情感体

---

[1] 参见檀传宝主编：《当代东西方德育发展要览》，人民教育出版社2013年版，第72页。
[2] 参见檀传宝主编：《当代东西方德育发展要览》，人民教育出版社2013年版，第71页。

验等，这一切无不受到个体的道德价值观的支配、调节和控制。"[1]而个体对道德价值的理解与实践，更关涉社会文明精神的存续、传播与创造，需要通过一定教育手段，促进公民对道德观念与道德规范的主体内化与自觉践履。纵观各国道德价值观的教育实践，主要以公民道德教育、品格教育、宗教伦理教育的名义进行。

1. 公民道德教育

当代，多数国家的公民教育是具有高度组织性的政府行为，国家对其有着明晰且严格的规定，而对于公民道德意识的重视与培育，也是其中的重要内容。

在俄罗斯，公民道德教育是其公民教育的重要组成部分。俄罗斯的公民教育概念出现较晚，1993年俄罗斯出版的《教育学百科全书》首次对"公民教育"词条进行了解释。其中指出，俄罗斯公民教育的目标是培养人具有社会道德理想、热爱祖国的情感、对和平的追求、对增加社会财富的劳动的需要……培养学生的个性及其和谐发展；内容是伦理学知识、法律知识、政治知识、经济知识、生态学知识以及其他知识的整合。其中，伦理学教育从学前教育阶段开始，主要包括公民的行为规范、家庭伦理、人道主义伦理、生态伦理、基本的道德标准等，旨在教育引导公民在国家经济、政治、文化与社会生活中具备道德规范意识，正确处理个人与国家、个人与集体、个人与社会、个人与他人之间的关系。

在新加坡，政府在以国家白皮书形式提出共同价值观后，2007年教育部门重新组织编写了《公民与道德教育》教材，以五大共同价值和新加坡家庭价值观为基础，提出了六大公民道德价值，即尊重、责任感、正直、关怀、应变能力与和谐，认为这六大价值构成了良好品德的基础，要求帮助学生了解家庭的重要性和自己的角色，了解维持社会凝聚力的需要，认识到国家发展所需要的核心价值观，知道自己在社区、国家和世界中所扮演的角色。为配合六大价值的学习，2007年新加坡出台课程标准，还要求进行"社交技能与情绪管理"的学习，让学生学会控制情绪，关怀他人，作出负责的决定，建立良好的人际关系和应对生活的挑战。[2]遵守法律是新加坡公民道德教育的重要内容。新加坡自建国以来，为了根除恶习和稳定秩序，制定和完善了一系列约束公民社会行为的条例和法规，涉及日常生活的诸多细节，如对随地吐痰、乱扔废弃物、在公共场所吸烟等，都会依法处罚。完善的法律规范和严格严肃的执法为其公民法治观念的形成提供了重要保障。

2. 品格教育

品格教育是指以学校为基础并与社区机构合作进行的，通过直接、系统而非相对主义的价值影响培养学生良好行为的一种教育。

品格教育一直都是美国价值观培育的主要形式。其一，传统品格教育及其式微。传

---

[1] 李红：《道德价值观的结构及其教育模式》，《教育研究》1994年第10期。
[2] 参见檀传宝：《当代东西方德育发展要览》，人民教育出版社2013年版，第39页。

统品格教育主要依赖独立的道德课程，使用口号、誓言、信条准则等灌输诚实、仁慈、自律、容忍等美德。20世纪30年代后，随着学校开设独立的道德课程遭到批判，间接教育法在美国逐步占主导地位，学校道德教育黯然失色。随着个人主义、相对主义泛滥，美国出现了社会道德价值观失落、个体道德品格沉沦的问题。其二，新品格教育复归。20世纪80年代以来，新品格教育在美国复归，并在理论和实践层面实现了积极发展和突破。理论向度上，新品格教育针对"习惯与反思""权威与自由""个体与社群""宗教与世俗"四对矛盾关系进行了辩证性融通与调适；实践向度上，新品格教育积极开发道德典范引导、荣誉准则规范、亲社会活动实践等模式，旨在建构"合法性权威"，助推青少年自身价值体系生成，坚定道德信仰的力量，形成健全的道德人格。[①]新品格教育突破了传统品格教育的深层困局，以综合式、关怀性、情境化发展为趋向，在解决暴力犯罪、毒品泛滥、违法、滥交、社会歧视、青少年学业成绩下降等社会问题方面产生了积极效应。其三，新品格教育的代表作。1991年，发展心理学家和教育家，纽约大学教授，曾任美国道德教育协会主席的托马斯·里考纳，出版了著作《为品格而教：我们的学校怎样教育尊重与责任》(*Educating for Character: How Our School Can Teach Respect and Responsibility*)，该著作被认为是品格教育领域的权威性代表作。托马斯·里考纳认为，人类社会共享着生存所必需的基本价值观，所有成年人都应该以直接或非直接的方式将这些核心价值观教给儿童。价值观分为道德的和非道德的。道德价值观包括诚实、责任、公平等，与义务感有关。非道德价值观不承担义务，反映我们自己的兴趣和爱好。品格教育应当传授给学生普遍的道德价值观，其中尊重和责任是最为重要的两种价值观。尊重是对人或对物内在价值的尊敬，包括尊重自己、尊重他人、尊重所有形式的生命，以及滋养它们的环境。责任是尊重的延伸，强调我们关爱他人的肯定性义务。当然，学校还应该传授诸如诚实、公平、宽容、谨慎、乐于助人、同情、勇气等一系列的道德价值。

（三）文化价值观教育

所谓文化价值观，意指"关于文化的价值观"，是社会成员对社会文化现象、文化资源的认知、态度与评价的综合，是对本土文化与异质文化、一元文化与多元文化等文化关系的价值判断。在经济全球化时代，文化交流交融、碰撞冲突日趋激烈的当下，教育引导公民建立文化认同感与文化归属感，并寻求社会内部不同文化族群的理解、包容与和谐，共筑文化向心力与文化共同体，是价值观教育中不可或缺的重要内容。美国现代著名教育家之一，要素主义的先驱巴格莱认为："正规教育的一个最重要功能，特别在民主社会里，是尽可能使文化中共同性因素部分提高，使民主社会中绝大部分人群都有共同的思想、共同的理解、共同的准则、共同的精神，最终能使群体产生集体思维和

---

① 参见［美］威廉·戴蒙著：《品格教育新纪元》，刘晨、康秀云译，人民出版社2015年版。

集体决策，并且尽可能达到最高标准。"①

加拿大主张"包容多元"的文化价值观教育。多元文化并存是加拿大社会的显著特征。一直以来，加拿大在面对土著族群抗争、法裔公民对峙、移民群体冲击、美国文化入侵等现实挑战中，不断思考着如何在多元文化格局中建构有凝聚力的国家文化共同体，保持加拿大的国家特性和文化传统，并通过确立"包容多元"的文化价值观来巩固多元文化主义，调适文化冲突与对抗。1965年颁布的加拿大《皇家委员会关于双语主义与双文化主义的报告》中，首次使用了"多元文化"的概念。其后，"包容多元"价值观多次出现在加拿大教育委员会、联邦移民部、公共工程及联邦服务部等部门颁布的法规文件、政策制度与教育指南中，为保持加拿大文化的多样性、包容性与延续性，并在国家"文化共同体"的框架下满足不同群体的价值诉求，在多元文化中达成价值共识提供了价值指南。例如，2012年版的公民学习指南《发现加拿大：公民的权利与责任》中，多次强调"多元文化主义""包容""保护文化遗产"等基本价值观。加拿大"包容多元"的价值观包含两个核心要义：一是对族群差异的尊重和承认。"包容多元"首先以承认"所有公民的平等性"为前提，将"多样性"视为国家的重要文化财富，承认所有公民存在的价值和尊严。二是对文化多元的包容与接纳。不同族群的社会成员可以保留其独特的文化传统，并在更大的共同体中获得自信、安全感和归属感，如此一来，将在更广阔范围内给予多元文化更多、更高程度的包容与宽厚。在这种意义上，加拿大"包容多元"价值观的根本指向是"统一中的多样性"。正如加拿大著名族群问题专家威尔·金利卡所强调的："多样性只有在一定的共同规范和统一制度下才能真正实现其价值和效力。"②

俄罗斯主张民族宽容意识教育。作为多民族、多宗教并存的国家，俄罗斯注重公民对尊重、包容意识的培育，强调价值观教育的实施要考虑到俄联邦多民族构成以及与此相关的民族文化的多样性特色，支持各民族历史与文化的共同繁荣。近年来，有关"民族宽容意识"的教育在俄罗斯，特别是多民族聚居地区的社会关注度不断提升。例如，2011年，克拉斯诺亚尔斯克边疆区教育科学部编写了"宽容教育方法手册"，设置了以"宽容意识"为主题的学校课程，并出版了配套教材，用以推动本地区青少年的民族宽容意识教育。其内容主要包括民族政策教育、民族文化教育与宗教文化教育等，以引导人们形成对本民族的客观认识和对其他民族的宽容意识，构建各民族平等团结和睦的相处原则。

英国主张多元文化认同教育。英国是多宗教、多族群、多文化、多信仰的国家，学校里有1/5的学生是少数族裔。英国将多元文化列为学校教育的重要组成部分，以帮助学生提高对不同文化的理解和尊重，全面深刻认识种族和信仰多元化的国情，培养多元

① ［美］巴格莱：《教育与新人》，袁桂林译，人民教育出版社1996年版，第121页。
② Will Kymlicka, *Finding Our Way: Rethinking Ethnocultural Relations in Canada*, Toronto: Oxford University Press, 1998, p.16.

文化、言论自由、宽容、公正等价值观，引导学生正确面对和处理种族分歧问题，使学校成为维护社会和谐的关键力量。英国中小学还开展了有声有色的多元文化认同活动，如把了解和介绍各国历史文化等列为主要作业内容，中国在春节期间举办推广民间传统文化的活动等。英国学校的教育实践，体现了对充分发展跨文化理解能力的重视，为学生主动承担推动社会公正和文化整合的公民身份奠定了良好的基础。

美国主张文化多元主义教育。"文化多元主义"产生于20世纪初期，美国政府据此制定了各种教育实践举措。其一，"肯定性运动"。"肯定性运动"又称"平权运动"，核心要义是采取专门针对少数族群的招生和就业政策来增加他们接受高等教育的机会。各州根据联邦政府的要求，结合自身实际制订自己的实施方案。例如，高校在课程设置方面添加一些非西方文化的内容，删除一些西方经典；给少数族裔更多的读书和就业名额等。其二，双语教育。美国国会于1965年通过了《基础教育法》，又于1968年通过《双语教育法》作为对《基础教育法》的完善，借此鼓励双语教育。马萨诸塞州是第一个施行双语义务教学的州。该州于1971年通过了《过渡性双语教学法》，规定学区若有20名学生使用同一语种且英语水平有限，就必须实行双语教学。其后在少数族裔比重较高的州也陆续推行双语教学。"双语制"的适用范围逐渐由教育领域扩展到社会领域，包括各种公共设施都使用双语标志。"双语制"的推行有助于使少数族裔认识到自身文化的价值，促进跨文化交流，缩小族裔间的差异感。[①]但是在"多元文化主义"的实施过程中也出现了极端性问题。

价值观教育作为一定社会、阶级或政党对社会成员施加的有目的、有组织、有计划的教育实践活动，其目标在于使社会成员养成与社会要求相符的价值理想、价值目标和行为取向，其教育内容涵盖社会方方面面。除上文所介绍的政治价值观、道德价值观与文化价值观等内容外，在当前世界各国的价值观教育实践中，还有大量丰富的具有民族特征、时代特征的教育内容。如关于科学价值观的教育，贯穿自然科学学科与人文社会学科，引导社会成员形成对科学、真理的理想认识，养成求知、求真、求实的理性价值与科学精神。又如关于环境价值观的教育，教授公民与自然交往以及与保护资源相关的生态常识和国际生态问题等方面的知识，教育社会成员形成对自然环境的关怀态度和责任感，树立环境意识与环保意识，培养其理解和处理环境问题的能力。再如关于审美价值观的教育，陶冶人的性情、净化人的心灵、提升人的境界、塑造人的品格、充实人的精神生活、激发人的创造能力，等等。这些内容为各国塑造"好公民"，提升国家软实力，破解经济全球化背景下价值观培育的问题和挑战，起到了积极作用。

---

① 参见冯雪红：《美国"多元文化主义"的困境及理论重构》，《中南民族大学学报（人文社会科学版）》2017年第2期。

第二节　意识形态安全教育比较

维护意识形态安全，事关一个民族和国家发展的前途与命运，事关民族凝聚力和向心力，事关青年学生读书爱国、勇担道义和施展抱负的人生追求。因此，加强意识形态安全教育，是世界各国思想政治教育的重点内容。

一、我国的意识形态安全教育

高度重视意识形态工作是世界社会主义运动取得胜利的重要保障，也是共产党人的优良传统。列宁在谈及工人群众自己创立的意识形态时明确提出："对社会主义意识形态的任何轻视和任何脱离，都意味着资产阶级意识形态的加强。"[①]能否做好意识形态工作，事关党的前途命运、事关国家长治久安、事关民族凝聚力和向心力，党和国家必须牢牢掌握意识形态工作领导权。我国的意识形态安全教育是党和国家根据国家意识形态安全的总体战略，以马克思主义理论为指导开展的有目的、有计划、有组织的教育实践活动，旨在巩固和提升人民群众对国家主流意识形态的认同，牢固树立意识形态安全意识，自觉维护国家的政治安全与社会稳定。总体上看，当前我国的意识形态安全教育主要是通过抓好马克思主义理论教育、理想信念教育以及自觉批判错误社会思潮等开展的。

（一）马克思主义理论教育

我国的主流意识形态是以马克思主义为指导的社会主义意识形态。马克思主义是由马克思和恩格斯创立并为后继者所不断发展的科学理论体系，是关于自然、社会和人类思维发展一般规律的学说，是关于社会主义必然代替资本主义、最终实现共产主义的学说，是关于无产阶级解放、全人类解放和每个人自由而全面发展的学说，是指引人民创造美好生活的行动指南。它为人类指明了从必然王国向自由王国飞跃的途径，为人民指明了实现自由和解放的道路，更为无产阶级认识世界和改造世界提供了正确的立场、观点和方法，是中国共产党进行社会主义革命、建设和改革的行动指南，是党和全国各族人民团结一致的思想基础，也是反映无产阶级崇高理想和价值追求的科学信仰体系。"巩固马克思主义在意识形态领域的指导地位，巩固全党全国各族人民团结奋斗的共同思想基础，是意识形态工作的根本任务。"[②]

从内容上看，当前马克思主义理论教育主要从以下两个方面展开：一是马克思主义基本原理教育。马克思主义是由马克思主义哲学、马克思主义政治经济学、科学社会主

[①]　《列宁全集》第6卷，人民出版社2013年版，第38页。
[②]　中共中央宣传部：《习近平新时代中国特色社会主义思想三十讲》，学习出版社2018年版，第213页。

义组成的系统理论，全面系统开展关于马克思主义基本原理的教育，从总体上引导人们理解什么是马克思主义，了解马克思主义产生的历史过程和发展阶段，学习马克思主义的基本观点，掌握马克思主义的鲜明特征，认识马克思主义的当代价值，增强学习和运用马克思主义的自觉性，是开展马克思主义理论教育的重要内容。二是中国化的马克思主义理论教育。马克思主义具有与时俱进的理论品格，在马克思主义基本原理同中国具体实际相结合，同中华优秀传统文化相结合的过程中，形成了包括毛泽东思想、邓小平理论、"三个代表"重要思想、科学发展观、习近平新时代中国特色社会主义思想在内的中国化的马克思主义理论成果，对马克思主义做了创新性发展，开拓了科学社会主义理论的新境界，是当代中国最鲜活的马克思主义，是我国思想政治教育的主要内容。

从途径上看，我国马克思主义理论教育以学校思想政治理论课为主要载体。特别是党的十九大之后，中共中央对推动习近平新时代中国特色社会主义思想进教材、进课堂、进头脑提出了全面要求。大中小学思政课都重点通过回顾人类社会发展进程，阐释人类社会发展规律，阐述社会主义终将代替资本主义是不可抗拒的历史趋势，阐明只有社会主义才能救中国，只有中国特色社会主义才能发展中国，只有坚持和发展中国特色社会主义才能实现中华民族伟大复兴等主题内容，对马克思主义理论和马克思主义理论与中国实际相结合的理论创新成果进行了循序渐进式的教育，让学生理解为何、如何坚持和发展中国特色社会主义，深刻认识中国共产党为什么能、马克思主义为什么行、中国特色社会主义为什么好，为学生形成良好的世界观、人生观、价值观奠定思想基础。

（二）理想信念教育

理想信念是人类特有的精神现象。其中，理想是人们在实践中形成的具有现实可能性的对未来的向往和追求，是世界观、人生观和价值观在奋斗目标上的集中体现。信念是人们在一定的认识基础上确立的对某种思想或事物坚信不疑并身体力行的态度，是人的认识、情感、意志的统一体。

在我国，理想信念是指以马克思主义科学世界观为基础的共产主义远大理想和中国特色社会主义共同理想。它作为全国各族人民共同的价值追求，处于主导意识形态的核心地位。其中，共产主义远大理想是以实现共产主义为基本内容的奋斗目标，是共产党人的最高理想。中国特色社会主义共同理想是在中国革命、建设和改革中形成和确立起来的，是共产主义远大理想在中国社会的生动体现。这个共同理想按照"站起来""富起来""强起来"的历史逻辑展开，在新时代形象地体现为实现中华民族伟大复兴的中国梦。共产主义远大理想与中国特色社会主义共同理想紧密联系，辩证统一，不能割裂和对立。正如习近平总书记指出的那样："我们现在的努力以及将来多少代人的持续努力，都是朝着最终实现共产主义这个大目标前进的。同时，必须认识到，实现共产主义是一个非常漫长的历史过程，我们必须立足党在现阶段的奋斗目标，脚踏实地推进我们的事业。"①

共产主义远大理想和中国特色社会主义共同理想将国家、民族和个人紧紧联系在一起，能够在最大限度上凝心聚力、统一思想。培育担当民族复兴大任的时代新人，要帮助广大学生确立马克思主义的科学信仰，树立共产主义的远大理想和中国特色社会主义的共同理想。近年来我国学校不断加强理想信念教育，在大中小学各学段通过"梦想""理想""中国梦""中国特色社会主义共同理想""共产主义远大理想"的螺旋式上升的教学设计和教学活动，帮助广大学生正确认识理想信念的内涵，深刻理解信仰马克思主义、胸怀共产主义远大理想、坚定中国特色社会主义共同理想的深远意义。此外，各学校还立足学生的日常实际生活，坚持理论教育和实践活动相统一，引导广大学生处理好理想与现实的关系、个人理想与社会理想的关系，进而为实现中华民族伟大复兴注入自己的青春能量。

（三）批判错误社会思潮教育

伴随着我国社会领域的深刻变革、新媒体技术的迅猛发展以及经济全球化的深入演进，"意识形态领域多元思想文化相互交流交融交锋，已是一种客观存在，主流意识形态与多样化社会思潮长期并存、相互激荡趋势更加显著"②。新自由主义、历史虚无主义、民主社会主义、"普世价值"论等错误思潮此起彼伏、竞相发声，企图消弭主流意识形态在凝聚人心、鼓舞斗志方面的积极作用。如果在思想舆论领域按照是否为主流主导意识形态、是否对国家发展有利作为划分标准，可以划分出"红色地带""黑色地带""灰色地带"。这就要求思想政治教育以马克思主义为指导，坚守"红色地带"，及时发声，敢于亮剑，批判意识形态领域的错误思潮，同"黑色地带"作斗争，积极争取转化"灰色地带"。各级学校应坚持建设性和批判性相统一原则，在意识形态安全教育中，既强调马克思主义理论教育与理想信念教育，也结合历史教育和现实案例，通过思想政治理论课和专门的"社会思潮"课，帮助学生了解不同社会思潮产生的社会背景与精神实质，引导广大学生形成正确认识、辨析社会思潮的能力以及勇于、善于批判错误思潮的能力，抵御错误思潮侵蚀，增强社会凝聚力和价值共识。

二、国外的意识形态安全教育

意识形态作为统治阶级"制度化的思想体系"，是一种社会制度合法性确立的重要支撑。在国外著述中鲜有关于"意识形态安全教育"的直接论述，但意识形态安全教育在国外广泛存在，其实质是在不同意识形态的攻防博弈过程中，巩固本国主流意识形态在意识形态领域不受威胁的绝对主导地位，并谋求对他者意识形态的渗透、同化与兼并，从而维护国家政治稳定与安全。

---

① 中共中央文献研究室编：《十八大以来重要文献选编》（上），中央文献出版社2014年版，第115—116页。
② 中共中央宣传部：《习近平新时代中国特色社会主义思想三十讲》，学习出版社2018年版，第215页。

（一）传播主流意识形态

"意识形态不是自为的，它具有依附性。在现代政治共同体中，意识形态主要依附于三大主体，即政党、国家与社会。"[①]考察一国的主流意识形态，就要确证其在社会意识形态谱系中是否能够代表统治阶级的意志和利益，符合社会成员的普遍利益诉求，具有主导性地位和主导性效能。尽管世界各国政治制度和政党制度不完全相同，但维护意识形态安全特别是要确保主流意识形态无虞，并通过主流意识形态的有效传播发挥其强大的引领力、规约力和兼容力，形成对各种非主流意识形态的指导、主导与统治是各国相同的做法。

苏联解体后，主体国俄罗斯正式独立。独立后的俄罗斯主张意识形态多样性，并在宪法中明确规定"任何意识形态不得被确立为国家的或必须服从的意识形态"，这带来的后果则是俄罗斯国内出现意识形态"真空"，民众思想极度混乱、观点莫衷一是。历经近十年的动荡与起伏，俄罗斯领导人逐渐认识到意识形态安全教育的重要性。俄罗斯总统普京在《千年之交的俄罗斯》一文中明确表示"反对恢复任何形式的国家或官方的意识形态"，但"在目标、价值观、发展水平这样一些主要问题上意见一致是十分重要的"。2001年，统一俄罗斯党成立，逐渐成为俄罗斯境内最大的政党、俄罗斯杜马第一大党。统一俄罗斯党的指导思想、纲领政策及其政党领袖的政治主张，成为建构俄罗斯主流意识形态的重要内容。第一，俄罗斯新思想。俄罗斯新思想是普京继承俄罗斯传统的价值观并赋予其新的时代内涵而产生的，其内容包括爱国主义、强国意识、国家观念和社会团结四个方面。四者共同构成了俄罗斯意识形态领域与教育文化领域的理论基石。第二，"主权民主"思想。普京在2005年的国情咨文中明确指出，俄罗斯作为一个主权国家，要根据本国历史和国情自主选择民主的道路。这种思想被俄罗斯舆论界解读为"主权民主"。2006年统一俄罗斯党召开第七次代表大会，将普京的主权民主思想确立为党的意识形态基础，并进一步明确了主权民主思想的具体内涵：其一，俄罗斯国内已经确立了民主；其二，俄罗斯必须走符合本国国情的民主发展道路；其三，俄罗斯的民主发展道路应以国家利益为根本。主权民主思想教育在确立俄式民主发展道路，抵御西方"颜色革命"，维护国内意识形态安全方面发挥了重要作用。第三，"俄罗斯保守主义"。2009年11月，统一俄罗斯党第十一次代表大会确定俄罗斯保守主义为党的意识形态，强调在俄罗斯的传统和价值基础上保持稳定和发展，避免停滞和革命，进行社会革新，实行保守主义现代化。作为一种现代保守主义思想，俄罗斯保守主义既包含诸如爱国主义、家庭观念、集体主义等传统价值观念，同时也包含个体、自由等新的价值观念。以俄罗斯保守主义思想为基础的意识形态安全教育要求以"对祖国的热爱，稳固的

---

① 李冉：《谁之主流 何以主流：主流意识形态的问题研判与建设愿景》，《清华大学学报（哲学社会科学版）》2014年第5期。

家庭，健康的生活方式，高度的专业技能，公民的团结一致"①为基本价值，尊重并发扬传统价值观念中的优秀部分，又紧随时代发展增添了新的内容，是统一俄罗斯党借以团结力量治理国家、实现国家现代化的有力手段。

朝鲜作为第二次世界大战后，以苏联为首的社会主义阵营和以美国为首的资本主义阵营在东方对立的主要阵地，十分重视主流意识形态教育，认为"不以共产主义革命思想为基础的知识是毫无用处的"。当前，面对经济全球化浪潮中思想的多元化倾向，在金正恩领导下的朝鲜劳动党进一步加强了意识形态安全工作，要求全体党员、人民军官兵和全体人民保持团结在以金正恩为首的党中央周围，绝对且无条件服从金正恩的思想和路线。在教育领域也始终坚持以"金日成—金正日主义"为指导思想，用朝鲜劳动党的指导思想所制定的路线、方针和政策教育人民，使之成为忠于革命领袖和革命先烈用鲜血和生命开创的社会主义事业的可靠接班人。当前，朝鲜关于党的路线、方针、政策教育的内容主要包括"主体思想""先军政治"及金正恩提出的"金日成—金正日主义"等内容，旨在教育人民了解党的政策的实质，认同其正确性并将党的政策变成坚定不移的信念，成为用朝鲜劳动党的革命思想牢固地武装起来，坚决拥护、保卫、无限忠于朝鲜劳动党的革命战士。

（二）理想信念教育

在国家发展和民族进步的过程中，每个国家、每个民族都会形成相应的理想信念，成为引领个人幸福、国家发展和民族进步的重要精神力量。不同的理想信念根植于不同民族、不同国家的历史传统，来源于各自对现实生活和现实世界的反思，表达了各自对未来美好生活的憧憬，是一个民族、一个国家发展和进步的精神动力、精神支柱。国家梦教育和宗教信仰教育是西方国家理想信念教育的主要内容，而社会主义国家则坚持共产主义理想信念教育。

1. 国家梦教育

国家梦是一定时期内人们对国家发展的美好愿景，集中反映了人们奋斗的目标指向与前进方向。对一些人而言，在众多国家梦想中，美国梦是最具吸引力和影响力的梦想。17世纪20年代，一艘来自英国的名为"五月花"的大帆船搭载着一百多人向美洲陆地靠近。他们怀揣着在新大陆建立一座"山巅之城"的梦想，试图为全人类树立了一个梦。1931年5月，美国历史学家詹姆斯·特拉斯洛·亚当斯在他刚完成的《美国史诗》一书中正式提出了"美国梦"的概念，并使其在美国真正变得家喻户晓。在美国，从平民到总统都在不断证明美国梦的可行性和吸引力。美国民主党总统候选人奥巴马2008年竞选美国总统时，他的《无畏的希望：重申美国梦》成为畅销书，感召了众多美国人。美国共和党总统候选人特朗普在竞选美国总统时，也喊出了"重燃美国梦"的政治口号。

① 李兴耕：《统一俄罗斯党的意识形态——"俄罗斯保守主义"》，《当代世界与社会主义》2010年第1期。

2020年，美国民主党总统候选人拜登在竞选总统时喊出了"治愈美国""美国团结"等口号，仍然是对"山巅之城"梦想的维护和推崇。总之，美国梦已经深深扎根于美国社会，成为激励一代又一代美国人不断奋斗的精神动力。

2. 宗教信仰教育

宗教信仰是诸多信仰中的一类，特指信奉某种特定宗教的人群对其所信仰的神圣对象的坚定不移的崇拜、认同、追随及全身心的皈依，属于一种特殊的社会意识形态和文化现象。一些国家借助公民的宗教信仰实现公民对国家意志的认可、认同与信奉，进而维护国家意识形态安全。

绝大多数的美国缔造者是从欧洲漂洋过海的英国清教徒，他们重视宗教信仰，将宗教信仰自由列为美国人的首要自由。《独立宣言》的通过是美国建国的标志，在这份标志性文件中四次提到上帝。美国首任总统乔治·华盛顿在首任就职演说中宣称："没有人能比美国人更坚信和崇拜用看不见的手掌管人间事务的上帝。美国人在迈向国家独立的进程中，每前进一步似乎都得到某种天佑。""我相信大家与我怀有同感，即只有在上帝的恩佑下，一个新生的自由政府才能成功开始运转。"[1]美国虽然是政教分离的国家，但学校仍是宗教信仰教育的主要阵地。事实上，美国很多学校都是教会学校，教堂、宗教活动可以在校园合法、公开地存在和进行。实质上，美国宗教信仰教育已经实现了"宗教信仰"向"美式生活信仰"的过渡与转变。宗教信仰对大部分美国人来说，是作为一种精神象征而存在，是借助宗教感情表达社会信仰，体现着对美国民族精神和生活方式的信念。"美式生活信仰"把拥有多元宗教信仰的美国人转变为具有一个宗教灵魂的共同民族，使世俗政治与宗教社会相结合，宗教信仰与爱国精神互相补充和印证，服务于美国的民主政治。

以色列人信仰的主要宗教是犹太教，它除了具备社会教化的功能外，还与以色列世俗的功利主义政治目的紧密相关，承担着继承犹太传统、实现国家构建、维护意识形态安全等历史重任。犹太民族几千年来保持对"一个神、一本书、一种信仰"的忠诚，主张全世界犹太人的精神圣地永远在耶路撒冷。这种"一体观"最主要表现为"锡安主义"精神，即利用"锡安"这一宗教标志号召世界犹太人重回耶路撒冷，重建古代以色列国家的辉煌，推动了犹太民族几千年的发展延续。通过"犹太一体观"教育，建立对犹太教的宗教信仰，以色列实现了爱教与爱民族、爱国家相统一的意识形态建构过程。一方面，学校教育突出犹太复国的相关内容，要求务必将复国主义教育写入"宗教国家教育"的课程教材[2]，教师、校监均需依照宗教传统以及宗教犹太复国主义精神开展教育教学工作，借以强化国家意识；另一方面，接受正规国家教育的犹太人在尊重宗教传统的同时，必须认同国家的政治体制和发展道路，即资本主义议会民主制，防止外来移民中的

---

① 武军：《美国总统就职演说全编》，中国文史出版社2009年版，第15—16页。
② 参见陈腾华：《为了一个民族的中兴：以色列教育概览》，华东师范大学出版社2005年版，第46—47页。

异端势力和政治思潮干扰以色列的政治制度和意识形态，借以统一以色列的国家认同。

（三）批判对立的意识形态

意识形态安全教育不仅包括对内的主流意识形态宣传灌输，抵御对立意识形态的渗透，批判各种本国主流认为错误的理论和社会思潮，也包括主动对外的意识形态输出，以更好地巩固主流意识形态的主导地位。各国的意识形态斗争教育基于各自的社会制度，开展不同的意识形态批判，以掌握意识形态话语权，占领意识形态阵地。例如，朝鲜开展了阶级意识教育，以抵御帝国主义思想文化渗透；美国等西方国家不仅对内进行反共、反社会主义教育，还主动对外进行意识形态输出。

如美国的意识形态批判主要分为对内对外两个方面。第一，对内进行反共、反社会主义教育。在美国，反共、反社会主义教育是其意识形态安全教育的一项基本内容，也是美国维护和巩固自身主流意识形态的一个重要战略选择。美国历史上出现过两次反共、反社会主义高潮。第一次是在俄国十月革命前后，随着资产阶级对红色革命、劳资冲突和共产主义恐惧的不断加深，出现了第一次反共、反社会主义高潮。当时，反共产主义成为孤立工人组织、控制"难以教化的下层民众"的一种武器，成为使用暴力和扩大警察权利合法化的强力理由，成为有产阶级意识中的共同观点。[①]第二次反共、反社会主义高潮则以"麦卡锡主义"的诞生为主要标志。从1950年的"惠灵演讲"开始，麦卡锡在参议院掀起了揭露和清查美国政府中有关共产党活动的浪潮。此后，反共、反社会主义的意识形态不断渗透进美国的教育、文化、政治等多个领域，并成为美国意识形态安全教育的重要一维。美国大多数中小学开设了以反共为主要内容的课程，在其他课程以及课外和校外活动中，还夹杂着大量的相关内容。在美国军队中也会进行"反对共产主义意识形态""了解共产主义对美国自由世界的威胁"等内容的教育。美国还通过总统和政要演讲的方式来否定社会主义以及与他们利益相左的观点。例如，在很多美国总统的就职演说中赞扬美国制度的优越，以"民主利器"攻击共产主义、社会主义制度都是其必要组成部分。当前，国际格局发生深刻变化，中美战略竞争加剧，美国将中国视为重要战略对手，有意识地强化反共、反社会主义教育。如一些政要在公开讲话中公然将中国、中国企业和中国共产党描述为"掠夺者""侵略者""国际秩序破坏者"的形象，甚至将"科学问题政治化""病毒问题政治化""数字问题政治化"，借此污名化中国，鼓吹围堵打压中国，发动意识形态领域的"战争"。

第二，对外的意识形态输出。美国秉持其"普世价值观"，依循全面渗透、主动干涉、充分利用、适度克制的意识形态工作原则，持续向外进行意识形态输出，将之作为对内正向宣传的有效补充，进一步强化主流意识形态的统治与权威。美国意识形态输出的内容涵盖政治、经济、军事、思想、文化、宗教等多个领域，并通过高校学

---

① M. J. Heale, *American Anticommunism：Combating the Enemy Within, 1830—1970*, Baltimore：The Johns Hopkins University Press, 1990, p. 27.

术交流、智库项目合作、民间组织活动等隐蔽渠道进行意识形态渗透，从而巩固"美式价值观"在世界上的强劲势头，维护美国的霸权地位。美国的意识形态输出主要借助教育、媒体、宗教等多种方式展开。在此过程中，国会与政府各职能机构统筹规划，并为一些包括社会智库、基金会在内的非政府组织提供经费、制度与法律支持，有意识、有计划、有步骤地开展意识形态输出工作。例如，建立于1965年的美国公民教育中心（Center For Civic Education，简称CCE）作为美国公民教育领域智库的重要代表，其资金的86%以上来自美国政府的拨款。一方面，它"致力于在美国培养开放的、负责任的公民，提高公民对美国民主原则的认同"；另一方面，它在联邦政府的资助下实施了一系列国际公民教育项目，成为美国联邦政府有组织、有预谋进行意识形态输出的重要载体。

第三节　爱国主义教育比较

爱国主义是一个历史范畴，体现了人们对祖国的深厚感情，揭示了个人对祖国的依存关系，是人们对自己家园以及民族和文化的归属感、认同感、尊严感与荣誉感的统一。任何民族的繁荣、国家的富强，都离不开爱国主义的力量支撑。爱国主义教育是教育者通过多种方法手段与受教育者进行爱国情感、规范、精神的交流互动，引导和促进受教育者将朴素的爱国主义情感转化为系统、持续的爱国主义信念，外化为理性的爱国主义行为的过程。

一、我国的爱国主义教育

中国共产党高度重视爱国主义教育在国家建设、改革和发展中的重要地位和作用。毛泽东、邓小平、江泽民、胡锦涛、习近平等党和国家领导人都强调爱国主义教育的重要性，中共中央先后颁发《爱国主义教育实施纲要》《新时代爱国主义教育实施纲要》等指导性文件，倡导要在全国人民特别是青少年中广泛、深入、持久地加强爱国主义教育，用以爱国主义为核心的民族精神和以改革创新为核心的时代精神鼓舞斗志，巩固全党全国各族人民团结奋斗的共同思想基础。当前，我国爱国主义教育主要包括以下内容。

（一）国情教育和形势政策教育

国情是党和国家事业发展所处的现实坐标和时代方位。国情教育和形势政策教育主要帮助学生全面了解国际形势变化及我国的国际地位，了解我国政治、经济、文化、社会、军事、外交、人口、生态等方面现状，了解中国共产党的基本概况与党建形势，特别是在中国特色社会主义进入新时代的关键时期国家建设的目标步骤和宏伟前景。在我国学校，有专门的形势与政策报告制度，通过专家讲座、报告会、征文比赛、板报宣传栏、图片展示、专题网站等方式，开展形式多样的国情教育和形势政策教育。在高等院校，还开设专门的形势与政策课程。上述形式多样的国情教育和形势政策教育，目的是引导广大学生深刻认识我国仍处于并将长期处于社会主义初级阶段的基本国情，我国是世界上最大发展中国家的国际地位；引导广大学生明晰爱国与爱党、爱社会主义的本质一致性；引导广大学生正确认识中国与世界的关系，既不妄自尊大也不妄自菲薄，做到自尊自信、理性平和；引导广大学生在历史与现实、国际与国内的对比中，增强道路自信、理论自信、制度自信、文化自信。

（二）历史文化教育

历史是一个国家最好的教科书，文化是一个民族的灵魂。对祖国悠久历史、深厚文化的理解和接受，是爱国主义情感培育和发展的重要条件。我国的历史文化教育始终贯穿大中小学各个学段，史料翔实，内容生动。

1. "四史"教育

习近平总书记明确指出："知史爱党，知史爱国。要了解我们党和国家事业的来龙去脉，汲取我们党和国家的历史经验，正确了解党和国家历史上的重大事件和重要人物。这对正确认识党情、国情十分必要，对开创未来也十分必要。"[①]他还特别强调要把学习贯彻党的创新理论作为思想武装的重中之重，并同学习党史、新中国史、改革开放史、社会主义发展史结合起来。"四史"教育要求结合中华民族从站起来、富起来到强起来的伟大飞跃，引导人们深刻认识历史和人民选择中国共产党、选择马克思主义、选择社会主义道路、选择改革开放的历史必然性，深刻认识我们国家和民族从哪里来、到哪里去，坚决反对历史虚无主义。"四史"教育继承革命传统，弘扬革命精神，传承红色基因，结合新的时代特点赋予新的内涵，使之转化为激励人民群众进行伟大斗争的强大动力。加强"四史"教育，引导人们深刻认识改革开放是党和人民大踏步赶上时代的重要法宝，是坚持和发展中国特色社会主义的必由之路，是决定当代中国命运的关键一招，也是决定实现"两个一百年"奋斗目标、实现中华民族伟大复兴的关键一招，凝聚起将改革开放进行到底的强大力量。各学校党委要坚持把"四史"学习教育作为一项重要政治任务抓好抓实，丰富学习载体，创新教育形式，坚持用伟大成就激励学生、用优良传统教育学生、用成功经验启迪学生、用历史教训警示学生，通过专家讲解、阅读"四史"书籍、征文比赛、走访红色足迹、分享学习心得等方式，切实增强"四史"学习教育的针对性、参与性、灵活性，推动学生以史为镜、不忘初心、勇担使命。

① 习近平：《在中央党校建校80周年庆祝大会暨2013年春季学期开学典礼上的讲话》，《人民日报》2013年3月3日。

2. 文化自信教育

"文化自信，是更基础、更广泛、更深厚的自信"[1]，是爱国情怀的重要体现。文化自信教育旨在通过对本民族传统文化、革命文化、当代先进文化等的学习与把握，引导学生形成对国家文化的自信心、自豪感和对国家的认同感与归属感。我国文化自信教育着重从以下方面开展。其一，中华优秀传统文化教育。2014年教育部印发了《完善中华优秀传统文化教育指导纲要》，从爱国、处世、修身三个层次概括凝练了中华优秀传统文化教育的主要内容。各学校积极落实纲要精神，坚持课堂教育与实践教育相结合，坚持学校教育、家庭教育、社会教育相结合，坚持针对性与系统性相结合，积极开展了以天下兴亡、匹夫有责为重点的家国情怀教育，开展了以仁爱共济、立己达人为重点的社会关爱教育，开展了以正心笃志、崇德弘毅为重点的人格修养教育。其二，革命文化教育。革命文化继承了"民族精神""民本思想""思变精神"等传统文化精髓，是中国共产党领导中国人民在革命、建设和改革中所形成的优秀文化。开展革命文化教育，传承红色基因，是教育引导学生树立正确"三观"以及坚定文化自信的重要内容。其三，社会主义先进文化教育。社会主义先进文化是对中华优秀传统文化和革命文化的历史性继承和创造性转换，是马克思主义中国化、时代化、大众化的产物，反映了广大人民对于美好精神生活和文化生活的向往。各学校特别重视加强新时代社会主义先进文化教育，始终坚持马克思主义的指导地位，贯彻落实"双百方针"，用社会主义核心价值观凝聚共识、汇聚力量，广泛开展先进文化进校园活动，用优秀文化化人、育人，从而凝聚中国力量，弘扬中国精神，传播中国声音。

（三）中国精神教育

人无精神则不立，国无精神则不强。实现中华民族伟大复兴的中国梦，必须弘扬中国精神，这就是以爱国主义为核心的民族精神和以改革创新为核心的时代精神。民族精神赋予中国精神以民族特征，是中华民族的精神独立性得以保持的重要保证；时代精神赋予中国精神以时代内涵，是中国精神引领时代前行、拥有鲜明时代性和强大生命力的重要根源。

民族精神是一个民族赖以生存和发展的精神支撑，是一个民族生命力和凝聚力的重要体现。2018年3月，习近平总书记在十三届全国人大一次会议上发表重要讲话，从"伟大创造精神、伟大奋斗精神、伟大团结精神、伟大梦想精神"四个方面深情歌颂了中国人民的优秀禀赋和可贵品质，同时也深刻揭示了伟大民族精神的丰富内涵。伟大创造精神是中华民族最鲜明的禀赋，伟大奋斗精神是中华民族披荆斩棘、战胜困难、走向胜利的重要法宝，伟大团结精神是战胜一切困难的强大力量和凝聚人心、成就伟业的重要保证，伟大梦想精神是中华民族历经磨难而屹立不倒、克服险阻而坚毅前行的精神支撑和

---

[1]　《习近平谈治国理政》第2卷，外文出版社2017年版，第36页。

强大动力。在实现中华民族伟大复兴的征程上，必须高度重视培育弘扬伟大民族精神，把民族精神教育作为永恒主题，贯穿国民教育和精神文明建设全过程，将伟大民族精神融入新时代中国特色社会主义伟大事业之中，体现为全面建设社会主义现代化强国的精神力量。

时代精神是一个国家和民族在新的历史条件下形成和发展的，是体现民族特质并顺应时代潮流的思想观念、价值取向、精神风貌和社会风尚的总和，是一种对社会发展具有积极影响作用的集体意识。时代精神反映社会进步的发展方向，引领时代的进步潮流，是社会的主旋律和时代的最强音。改革开放以来，党带领人民在继承和弘扬伟大民族精神的基础上，立足新的时代条件，赋予中华民族精神以新的时代内涵，形成了以改革创新为核心的时代精神。"祖国至上、团结协作、顽强拼搏、永不言败"的女排精神，"生命至上、举国同心、舍生忘死、尊重科学、命运与共"的伟大抗疫精神，"上下同心、尽锐出战、精准务实、开拓创新、攻坚克难、不负人民"的脱贫攻坚精神，这些都是新时代中国时代精神的生动写照，是中国人民在改革开放的伟大实践中体现出来的崭新精神风貌和高尚精神品格，是建设新时代中国特色社会主义、实现中华民族伟大复兴中国梦的强大精神动力。

（四）祖国统一和民族团结进步教育

祖国统一和民族团结，是中华民族的不懈追求和根本利益所在。推进祖国统一、促进民族团结，是爱国主义教育的重要着力点和落脚点，有助于引导全国各族人民和港澳台同胞凝心聚力，实现国家统一，社会稳定。

祖国统一教育的内容包括党巩固和发展最广泛的爱国统一战线教育，对伟大祖国、中华民族、中华文化、中国共产党、中国特色社会主义的认同感教育，坚决维护国家主权、安全、发展利益教育，我国政府在祖国统一问题上的基本立场和方针政策教育，宣传港澳台同胞为祖国统一所做的贡献、海外侨胞和海外归来人员爱国爱乡的事迹等。祖国统一教育旨在增进广大同胞心灵契合、互信认同，与分裂国家的图谋和言行做坚决斗争，引导全体中华儿女为实现民族伟大复兴、推进祖国和平统一而共同奋斗。

民族团结进步教育是以"各民族共同团结奋斗、共同繁荣发展"为主题开展的民族团结理论阐释、政策宣传等，内容包括马克思主义民族理论，党和国家的民族政策与宗教政策，各民族的历史文化、风俗习惯等，进而深化铸牢中华民族共同体意识，巩固和发展平等团结互助和谐的社会主义民族关系，引导全国各族人民像爱护自己的眼睛一样珍惜民族团结，维护全国各族人民大团结的政治局面，旗帜鲜明地反对分裂国家图谋和破坏民族团结的言行。

（五）国家安全教育

国家安全问题事关一个国家的安危和民族的存亡，是一个国家安邦定国的重要基石。当今世界正处在百年未有之大变局，国际形势复杂多变，青年学生和全体人民更要自觉增强国家安全意识，切实履行维护国家安全的义务。新时代，我国国家安全教育主要有以下内容。其一，总体国家安全观教育。2014年，习近平总书记首次提出：坚持总体国家安全观，走出一条中国特色国家安全道路。总体国家安全观要求既重视传统安全，又重视非传统安全，并首次系统提出了"11种安全"，即构建集政治安全、国土安全、军事安全、经济安全、文化安全、社会安全、科技安全、信息安全、生态安全、资源安全、核安全等于一体的国家安全体系。其二，国家安全教育进学校。2020年9月，教育部印发了《大中小学国家安全教育指导纲要》，明确了当前大中小学学段的国家安全教育内容，包括政治、国土、军事、经济、文化、社会、科技、网络、生态、资源、核、海外利益等12个领域安全，以及太空、深海、极地、生物等4个不断拓展的新型领域安全。《纲要》要求我国大中小各学段的国家安全教育要突出启蒙、层次递进，结合学科（专业）特点有机融入，实现全领域、全学段覆盖。通过高校开设公共基础课、中小学相关学科课程有机融入，以及开展主题教育活动、加强校园文化宣传、充分利用社会资源支持等途径确保国家安全教育落实落地。其三，提高全民国家安全意识。为了增强全民国家安全意识，2015年通过的《国家安全法》规定，每年4月15日为全民国家安全教育日，开展主题教育活动。2020年全民国家安全教育日活动主题为"坚持总体国家安全观，统筹传统安全和非传统安全，为决胜全面建成小康社会提供坚强保障"。相关部门深入宣传有关《国家安全法》的法律法规，积极组织特色鲜明的基层宣传活动，突出非传统安全内容，努力在全社会形成维护国家安全的浓厚氛围。

二、国外的爱国主义教育

世界各国有着不同的历史传统、文化逻辑与发展道路，爱国主义教育的内容也各具特色。总体而言，国外的爱国主义教育涵盖民族精神教育、历史教育、国家安全教育等不同维度，遵循着由知识传递向意识构建、由情感培养向精神升华的逻辑脉络，以强化人们的家国情怀、文化归属与价值认同。

（一）民族精神教育

民族精神是指一个民族在长期历史发展过程中不断积淀所形成的、被本民族大多数社会成员所认可且具有本民族特色的集体意识，体现着一个民族的民族性格、民族文化、民族价值观念和价值追求，是爱国主义教育的核心内容。世界各国政府都十分重视其民族精神的培养和教育。

德国在普鲁士崛起时期就建立了以爱国主义为核心的特色鲜明的民族精神，理性严谨、务实奋进、讲求秩序、遵从法则、自强不息、开拓进取成为公认的德意志民族精神符号。第一，日耳曼精神是德国民族精神的重要来源。日耳曼精神在19世纪初被提出并不断完善充实，其基本内涵就是强调绝对的服从，具有高度的组织纪律性，不屈服的战斗精神，不断地深刻反省反思意识。这些精神始终是德意志民族精神的鲜明特质得到赓续传承。第二，在拿破仑战争中，哲学家费希特为宣传德国民族精神作出了重要贡献，他主动负起了宣扬民族独立和爱国主义思想的责任。在被法军占领的柏林，他发表了著名的《对德意志民族的演讲》（*Addresses to the German Nation*）。费希特认为德意志遭到拿破仑占领的根源在于德意志人民缺乏民族意识、民族精神和民族自觉性，呼吁德意志人自救：严肃生活，退回到本原的精神世界，用新教育为德意志的复苏做准备。其强烈的民族主义和爱国主义色彩，为德意志民族解放斗争提供了强大精神动力，推动了普鲁士的教育改革，其强权国家观成为之后德国种族主义和民族沙文主义的基础。第三，重要历史文化人物是德意志民族精神的重要载体。德意志民族产生了大量举世闻名的思想家、哲学家、科学家、文学家、音乐家，如康德、黑格尔、马克思、海德格尔、爱因斯坦、巴赫、歌德、海涅等，他们共同彰显的理性严谨、务实奋进、讲求秩序、遵从法则、自强不息、开拓进取的德国精神，影响着广大的德国民众，成为德国民族文化和民族精神的重要组成部分。

日本的民族精神教育，旨在强化大和民族在情感、意识、价值和精神层面的共识，以维系、协调、推动本民族的生存与发展。日本民族精神教育的内容主要包括：第一，"武士道"精神。它包括"忠""义""勇""诚"等精神特质，以培育民族责任感与使命感，但在某种程度上也造就了日本民族崇尚武力、野蛮残暴的精神基因。第二，集团主义精神。它强调个人对集体的归属、服从、服务甚至牺牲，以增强民族凝聚力、向心力和奉献精神。第三，忧患意识教育。忧患意识教育包括独特的地理特征、历史传统和先进文明的频繁冲击所造成的危机感、压迫感和使命感，以培养国民荣辱与共的民族意识和谨慎勤勉的奋斗精神。

韩国在历史上多次受到异族侵略，在斗争中形成了坚毅的民族精神品格和强烈的民族国家意识，后被凝结为"国民精神"。大韩民国在建立之初，便颁布教育课程编制方案，以"社会生活"科目取代了日本殖民时期的"修身课"和美国军政时期的"公民课"，开展了内容丰富的政治教育与道德教育，明确了"高扬民族精神"等教育目标。其内容主要包括：第一，民族独立意识。这与历史上韩国受压迫、受侵略、受殖民的惨痛经历相关，以增强国民的民族自尊心，自觉维护民族独立统一。第二，"身土不二"精神。"身土不二"意指在"生养自己的土地上生产的东西最适合自己"，是爱国主义与经济发展紧密相连而形成的经济爱国主义精神，并由此引申出热爱故土、捍卫祖国利益的爱国主义思想，内化为韩国国民的爱国精神。第三，"弘益人间"精神。"弘益人间"指让天下苍生广泛受益，取自韩国广为流传的开国神话故事。如今，这一精神仍渗透于韩国的民族基因和教育理念中，强调"国家爱"与"民族爱"的高度统一以及由此延伸的包容、开放、博爱等价值取向和民族精神。此外，忠于国家、英勇不屈的"花郎精神"、勤勉协同的"新村精神"、21世纪初以韩国足球为契机催生的"红魔精神"等具有时代特色的精神都丰富着韩国的民族精神，是韩国现代化进程中不可忽视的精神动力。

（二）历史教育

"古往今来，任何一个有作为的民族，都以自己的独特精神著称于世。"[1]历史教育始终是各国思想政治教育的基本内容，是凝聚人心的巨大力量。

1. 美国的历史教育

美国虽历史短暂，却特别重视历史教育，并以此作为维系国家和人民的思想上的纽带。美国历史教育的主要内容有：第一，美国发展史或成就史教育。在美国二百多年的历史中，取得了举世公认的经济和科技巨大成就，是美国人引以为豪的资本，也是进行历史教育最鲜活有力的材料；在成就史教育中，还同时灌输美国取得的成就是美国民主政治制度使然，并着力进行民族优越感的教育，使人们确信"我为是一个美国人而骄傲和自豪"。第二，美国历史人物的研究和宣传。通过研究和宣传美国建国历史中重要人物的个人经历、历史作用、思想观念、代表作品等，为学生树立做人楷模和偶像。美国独立后，其教育界自觉加强历史教育，提出人们张嘴说的第一句话，就应该练习叙说美国历史；应该在口齿不清的时候就知道赞美自由，赞美那些为国家独立而奋斗的民族英雄和国家领袖。[2]美国还编写了历史教科书，出版大量史学作品，赞美国家历史和英雄人物。第三，西方文明史教育。这种教育注重研究美国历史、文化的渊源与欧洲文明历史的关系。

2. 俄罗斯的历史教育

俄罗斯以历史教育作为重要载体进行爱国主义教育。第一，定期发布国家战略文件，强化历史教育的重大意义。2001年2月，俄罗斯联邦政府颁布了《2001—2005年俄罗斯联邦公民爱国主义教育国家纲要》，从国家战略的高度强势推进爱国主义教育实践。此后，俄联邦政府每五年颁布一部新的《俄罗斯联邦公民爱国主义教育国家纲要》，规定各阶段的爱国主义教育目标、任务、内容与原则。《纲要》强调了历史教育的重要价值，明确提出国家历史进程中涌现的英雄事迹，国家在政治、经济、科学、文化和体育领域取得的伟大成就，蕴含着深刻而丰富的道德理想，为规划公民爱国主义教育系列活动提供了现实前提，要求改进教育监管、组织和管理机制，完善历史教育的科学内容和手段。第二，编写新版历史教材。2015年，俄罗斯新版历史教科书经教育部正式批准，被纳入国家基本教育系列教材体系，在全国范围内的中小学校投入使用。新版教材的内容重点为基本史实教育，包括俄罗斯不同历史阶段的发展成就和惨痛经历，以及俄罗斯在世界历史发展过程的地位与角色等内容，以反映俄罗斯民族的道德观念、民族文化和精神传统。俄罗斯在爱国主义教育中还特别强调重大历史问题教育。主要针对苏联解体

---

① 习近平：《在纪念中国人民抗日战争暨世界反法西斯战争胜利69周年座谈会上的讲话》，《人民日报》2014年9月4日。

② 参见［美］艾伦·布林克利：《美国史》（上），邵旭东译，海南出版社2014年版，第184页。

后出现的丑化、歪曲民族历史的现象，对重要历史事件和关键人物，尤其是涉及苏联模式、卫国战争、战后经济建设和斯大林个人形象等内容进行了统一且权威的概念界定和客观评价，重新认识苏联历史重大疑难问题，重新评价国家领袖和英雄人物。第三，学校、社会协同开展历史教育。当前，俄罗斯历史教育一方面以学校作为重要场所，依托小学阶段的"周围世界"课程，中学阶段的"社会知识"课程和大学阶段的历史、人文、社会和经济类课程展开，另一方面依靠社会团体、宗教组织等社会力量，开展多样化的社会教育活动，促进公民了解历史，形成崇高的爱国意识、忠于祖国的高尚情感，自觉履行公民职责和宪法义务。

3. 德国的历史教育

"二战"后，为防止新法西斯组织的活动和战争悲剧的重演，德国政府及主要政党进行了大量历史教育，认为只有认清历史、重视历史，才能正确面向未来，防止历史悲剧重演。第一，深刻反思历史经验教训。1970年12月7日，联邦德国总理维利·勃兰特在华沙犹太隔离区起义纪念碑前的下跪，代表了德国政治家对于"二战"纳粹德国所犯战争罪行和种族灭绝行为的深刻反省和忏悔，成为德国"二战"史观教育的经典教材。第二，"二战"史观教育。德国的历史教育从不回避第二次世界大战，出版了许多关于纳粹历史的教材，真实地描述了纳粹的暴行和纳粹德国反人类的罪行。纳粹史尤其是大屠杀历史已经成为德国历史课的重点内容，尽管德国各州的历史教科书不尽相同，但都有相当分量的关于纳粹历史的内容。与此同时，德国学校的历史课、时事课、宗教和品德课、德语课等均有涉及"二战"史观的内容。此外，学校还组织学生参观集中营旧址、大屠杀展览、第二次世界大战纪念馆等，或者组织学生为年老的犹太人提供家庭服务，旨在通过这些活动全面系统地开展"二战"史观教育。

4. 日本的历史教育

日本的历史教育有着鲜明的民族特色，主要内容包括：第一，基于乡土教育的历史文化教育。即进行热爱家乡的教育，介绍国家历史和文化，培育教育对象对国家和民族之爱。乡土教育内容广泛，包括各地区的自然风光、文化风俗、文学艺术等，主要通过学校"道德科"课程开展，并渗透在乡土地理、乡土历史、乡土政治、乡土经济等各类科目中。[①]第二，以天皇制度为核心的国体发展教育。天皇制在日本国体中具有重要地位，关于天皇的权力、责任、义务、地位与作用等内容始终是日本历史教育中具有争议但无法回避的重要方面。"二战"后，天皇不再享有任何政治、经济、军事权力，实现了从专制天皇制向象征天皇制的转变，但其作为日本国家的精神象征，始终是维系国民精神的重要支柱。直至当前，日本学校"社会科""道德科"教材中也保留着相关内容，

---

① 例如，在2013年修订的道德科教材《我们的道德》中，小学3—4年级的教材以时间顺序对传统节日及相应风俗进行了梳理；5—6年级的教材详细介绍了日本传统打击乐器太谷、歌舞伎、剑道、茶道等文艺形式以及传统偶人、烧物、浮世绘等工艺作品。

以强调天皇作为国家的精神象征和政治象征的特殊地位，将对天皇的崇敬和爱戴转化为对国家的认同与忠诚。第三，历史观教育。日本的历史观教育集中反映在历史教科书的修订上。日本在"二战"前和战争中推行"皇国史观"教育，实施"国定教科书"制度。战后"国定教科书"逐渐向"审定教科书"转变。日本社会围绕教科书如何反映侵略战争历史的问题一直存在斗争。日本大部分教科书逐渐吸收了进步学者的观点，在一定程度上正视了日本发动侵略战争的责任。而右倾和保守势力则猛烈攻击现行的历史教科书，支持出版竭力回避和掩盖战争责任甚至歪曲历史事实的中学历史教科书。这种错误的历史观无疑会误导日本下一代的成长。

（三）国家安全教育

当前，世界各国都十分重视国家安全教育，并视其为国家的"存亡之道"。由于在政治、经济、历史和地理环境等方面存在差异，各国的国家安全教育方式多样，也各有特点。总体看，国家安全教育往往都会得到政府各部门、社会各阶层、各民间组织的广泛参与，国防知识普及和军事技能学习，越来越成为一种持续性活动。

1. 俄罗斯的军事国防教育

俄罗斯法律规定：20至70岁的公民，均需接受法定的国防教育，同时还规定，16至60岁的男性和16至55岁的女性，均需接受民防义务训练。对大中学校的学生，则把国家安全教育和训练列为正式课程，并把军训成绩记入学分。[①] 今天，俄罗斯的国家安全教育主要通过军事国防教育进行，旨在增强全民国家安全意识与现代国防理念，掌握必要的军事知识甚至技能，营造关心国防、支持国防、参与国防的社会氛围，培育公民对祖国的忠诚与热爱之情，维护国家安全。在《2016—2020年俄罗斯联邦公民爱国主义教育国家纲要》中，军事爱国主义教育作为一个独立的内容模块出现，并进行了更为细致、具体和务实的规定。当前俄罗斯军事国防教育主要从以下方面展开：第一，军事知识教育。国家杜马修改教育法，在俄罗斯学校中普遍开设军事相关课程，军事基础知识被列为各学校的必修课，以推进对青少年学生的系统化军事知识教育。第二，军事技能教育。俄罗斯利用军事俱乐部和社会团体进行军事技能教育，有效地丰富了军事国防教育的内容和形式。围绕"广泛吸收社会团体（联合会）"和"提高社会团体的教育作用"的相关政策要求，俄罗斯各级政府都对军事俱乐部的发展提供了相应的物质和制度支持。在军事俱乐部中，青少年能够在专业人士和退伍军人的帮助下，进行包括野营、耐力行军、徒手格斗、武器使用等军事训练，从青少年时期习得必备的军事技能，养成良好的团队协作精神，保持和发扬俄罗斯人勇敢战斗和辛勤劳动的光荣传统，为国家储备优秀的军事力量。第三，国防义务教育。近年来，俄罗斯出现适龄青年逃脱兵役现象，青年人保卫祖国的责任与热情减退。为此，俄罗斯政府提出要提高年轻人在军队中服务

---

① 参见肖凤城：《以法治方式为增进国家安全做实事》，《光明日报》2016年4月21日。

的热情，做好保卫祖国的准备。俄罗斯国防部加强军事爱国联合体与部队和退伍军人组织的合作，明确青年的入伍动机并做好捍卫祖国的准备；通过定期组织开放日，邀请青年学生和家长到营地参观武器装备，了解军队和军人的日常生活，以改善军队形象，提升军队威信，号召年轻人响应号召履行国防义务。

2. 瑞典的国家安全教育

瑞典实施全民参与的国家安全教育。瑞典虽然是奉行中立政策的国家，但也是当今世界战备程度最高、战备设施最完善、战争动员体系最健全的国家之一。[①] 这既有赖于强大的军事实力，也源自其全民参与的军事国防教育。第一，18岁到42岁的瑞典公民均为法定预备役人员。不仅包括一般军民，还包括移民、政府官员、贵族及皇室成员。只要在预备役范围内，无论王公大臣还是平民百姓，都必须了解军事知识、掌握军事技能。第二，国家安全教育的网络以学校为重点覆盖全社会。在瑞典，国家是当仁不让的教育主体，同时，国家有效联合各民间组织、准军事组织和社会各阶层，在全国铺设了一个组织严密的国家安全教育网络，其中学校是重要依托点。瑞典小学一二年级的学生常常在老师带领下进行各种形式的参观访问，学习如何成为一个有知识、有才能、体魄健壮，能为捍卫瑞典、发展瑞典作贡献的好公民。

3. 以色列的国家安全教育

以色列将国防和国家安全教育放在事关国家和民族生存的战略位置。第一，开展各种形式的爱国主义教育活动。为调动民众保家卫国、参与国家安全教育活动的积极性，以色列政府鼓励各种形式的爱国主义教育活动。其中，马萨达城堡宣誓最为典型。历史上，这里是犹太人起义反抗罗马帝国的最后一个阵地，现在，已成为犹太民族不屈精神的象征。每年，以色列国防军新入伍的士兵都会到这里宣誓："马萨达永不再陷落！"以此强化他们为国而战的信念。第二，强化民众为国服役意识。国小人少的以色列战事频繁，所以青年应征入伍的比例较高。为保证兵源，以色列政府一方面加强国防宣传力度，增强民众的服役意识；另一方面，提高军人的地位和待遇，增强对青年的吸引力。第三，军事训练被列为学生必修课，由国防部下属专门机构和人员负责实施，经费由国防部承担。

4. 美国的全方位国家安全教育

美国开展全方位国家安全教育。第一，法律教育。美国政府立法强调国防教育是"政府的首要职责"，强调每个公民都要有献身国家、服务国家的观念。1947年，美国颁布世界上第一部《国家安全法》，该法案授权国家安全部门与高等教育机构建立"伙伴关系"，并为高等院校提供"国家安全计划资金"。1958年美国出台《国防教育法》，作为"二战"后的一项重要立法，该法案是美国联邦政府督促、协助有关部门加强全民

---

① 参见周立星：《外国国防教育的N种打开方式》，《中国国防报》2019年9月23日。

和高校国防教育的基本法律。1991年，美国国会正式通过《国家安全教育法》，这是美国冷战后颁布的第一部高等教育法案，对冷战后美国高等教育发展"国家安全化"产生了重大影响。第二，多种形式的青少年军事训练。美国依托童子军、后备役军官训练团、民办军事训练机构等平台，在青少年学生中开展军事训练和国防教育活动。通过举办各种军事夏令营，让青少年体验军事生活，学习军事科技知识。第三，广泛采用影视娱乐、网络宣传、氛围营造等宣传教育渠道。美国擅长开展隐形和渗透式教育，在国防教育中也经常采用包括好莱坞大片等影视作品、建立各类国防宣传网站等形式，展示军队形象，吸引年轻人参军。据报道，五角大楼每年放映的军事题材影视剧达3500余部。[①]同时，通过各类国家纪念日、以英雄名字命名公共设施等方式，营造"英雄至上"氛围，强化民众的责任感和国防意识。第四，价值观输出。前文也提到，"二战"后，美国政府逐渐把向世界传播、输出美国价值观作为维护国家安全的重要手段。美国政府提供大量资金，支持设立各种对外教育交流、人才培养、学术交流项目，通过支持成立各种民间基金会等方式，积极开展文化外交，竭力向全世界推销美国的文化价值观。

第四节　思想政治教育内容比较的启示

习近平总书记指出："观察当代中国哲学社会科学，需要有一个宽广的视角，需要放到世界和我国发展大历史中去看"，"对一切有益的知识体系和研究方法，我们都要研究借鉴，不能采取不加分析、一概排斥的态度。"[②]站在世界和中国历史文化发展的交汇处，认识和研判不同时空背景下不同国家思想政治教育内容的样态、特点和规律，有助于我们提高我国思想政治工作的实效，也有助于正确客观认识中国和世界，实现文化交流互鉴。

一、客观认识各国思想政治教育的内容

作为人类社会普遍存在的社会实践活动，思想政治教育在当代世界各国展开了丰富实践，基于不同国家政治制度、历史传统、文化特质与现实国情的制约与影响，各国进行了各具特色的探索。我们要客观研判各国思想政治教育内容的特点，探寻思想政治教育的客观规律。

（一）各国思想政治教育内容都具有明确的问题指向

世界各国思想政治教育都是从社会进步与人的发展诉求出发，聚焦解决现实问题。

---

① 参见周立星：《外国国防教育的N种打开方式》，《中国国防报》2019年9月23日。

② 习近平：《在哲学社会科学工作座谈会上的讲话》，《人民日报》2016年5月19日。

其中对共性问题的解决有助于探索归纳思想政治教育的一般规律。

一些国家面对文化、族群、宗教、信仰多元化的国情，提出文化多元主义，强调培养公民的宽容和包容意识。而当文化多元主义极端化倾向导致社会撕裂问题时，则在坚持文化多元主义背景下强调进行传统价值观教育，培养公民共同的核心价值观。这在美国、英国、加拿大、新加坡的价值观教育发展历程中都有典型体现。如何在价值多元和价值共识中达到平衡，实现社会和谐稳定发展，是今天许多国家价值观教育亟待解决的重大课题。再如，关于学校是否应该开设独立的思想政治教育类课程？学校思想政治教育应该采取直接教育法还是间接教育法？成年人是否应该向年轻一代直接灌输价值观？这些问题一直是思想政治教育理论和实践常读常新的难题。关于这些问题，美国从传统品格教育式微到新品格教育强势回归的历程，则提供了一个重要经验和教训。正如里考纳所指出的：人类社会共享着生存必需的基本价值观，所有成年人都应该以直接或非直接的方式将这些核心价值观教给儿童。学校则要主动担当进行价值观教育的责任。可见，不同的教育目标，不同的时空环境，不同的对象决定了思想政治教育问题的历史性和针对性。面对新时代的新问题和新挑战，思想政治教育内容要以思想政治教育的目的任务为客观依据，以教育对象思想品德状况为现实依据，与时俱进，不断发展丰富。

（二）思想政治教育内容都具有政治性和意识形态性

思想政治教育的本质是一定社会居于主流地位的思想观念、政治观点、道德规范的主导和灌输，其内容关涉到国家、社会、个人发展最根本的问题，具有鲜明的政治性和意识形态性。

"只要思想政治教育存在，它的任务就是以不同的方式传播灌输本阶级、本集团的意识形态，削弱乃至肃清敌对意识形态的影响。"[①]中国共产党明确强调思想政治教育内容的意识形态性，而有些国家则不愿意正视这个实质，或是采用较为隐蔽的概念和表达方式证明自己的非意识形态性，或是以所谓"普世价值"的名义向世界推广其价值观。这就要求我们能够透过"名"，看到"实"，能够客观认识和评价不同国家思想政治教育内容设计和选择的本质，判断其适用范围。例如，美国梦曾经深深扎根于美国社会，激励一代又一代美国人不断奋斗，创造了前所未有的巨大财富，是最有影响力和吸引力的国家梦。而今天，美国国内种族矛盾、阶级矛盾日益尖锐，美国梦的梦想力量正在大大削减，遭受着前所未有的危机。从本质上说，美国梦不是一个为世界准备的梦，而是一个为美国自己谋利益、谋霸权的梦，一个把自己从世界分离出去的梦，并不具有普世性。再如，"二战"后，日本社会围绕教科书如何反映侵略战争历史问题展开了激烈的斗争，特别是右倾和保守势力猛烈攻击现行的历史教科书，支持出版竭力回避

---

① 陈立思：《比较思想政治教育》，中国人民大学出版社2010年版，第41—42页。

和掩盖战争责任甚至歪曲历史事实的中学历史教科书。从本质上看，日本历史教科书问题，反映着日本右翼势力不愿意正视历史事实，不尊重被侵略国家和民族情感的错误历史观。这种错误的历史教育无疑会误导日本下一代成长，影响他们的历史观、国家观、世界观的养成，需要引起足够重视。因此，我们要避免在比较研究中出现"诸如'政治性淡化'、意识形态领域斗争'迟缓、被动、缺失'、'非政治化'等倾向"①，更要警惕在比较思想政治教育研究中出现马克思主义指导思想的失语、失踪和失声问题。

（三）确证了思想政治教育实践的普遍性

自从人类社会形成阶级和产生国家以来，思想政治教育就是一种客观存在的社会活动，具有普遍性。不过在不同的阶级社会，不同的历史时期，其名称不一样，具体内容和表现形式也不同。

思想政治教育本身是对人和社会需要的满足，阶级社会既要进行"物质的统治"，也要进行"思想的统治"，因而统治阶级必须进行"思想的生产与分配"，思想的生产就是发展主导意识形态；"思想的分配"就是开展宣传思想教育。尽管在国外专门进行思想政治教育研究的学科比较罕见，但是来自心理学、教育学、政治学、社会学领域的学者从教育社会学、政治社会学、社会生态学等多学科交叉视角来审视公民与道德教育的相关问题，形成了丰富的思想政治教育理论和实践。当下，世界各国思想政治教育的一个共同目标是从社会进步与人的发展诉求出发，瞄准现实问题，开启多学科交叉融合视角，着力找到回应和破解思想政治教育重大理论与现实问题的办法。总的说来，目前各国思想政治教育内容主要集中于核心价值观的培育、爱国主义教育以及意识形态安全教育等领域。其实践路径主要是家庭、学校和社会教育，而学校则是主要阵地。在不同历史时期、不同国家，思想政治教育有其独特个性，也有共性，这就为比较思想政治教育研究提供了可能性。我们可以在系统了解不同国家思想政治教育理论和实践的过程中，发现思想政治教育的一般规律，也可以通过研究加强国际理解与交流互鉴，提高人类命运共同体成员的共识与包容。

二、批判借鉴国外思想政治教育的内容

今天，人类正处于一个大发展大变革大调整时期，各国相互联系，相互依存，全球命运与共，休戚相关，不同政治文明与政治文化之间的相互镜照、交流互鉴，存在可能也确有必要。我们要正确认识中国特色和国际比较，全面客观认识当代中国、看待外部世界。

---

① 曾文、张耀灿：《论思想政治教育政治价值的生态建设》，《马克思主义研究》2016年第1期。

（一）可借鉴、非移植

思想政治教育本身是具有鲜明实践性的工作，是直面人和社会发展遭遇的挑战和问题所进行的理论创新和实践探索，人类社会在一定的发展过程中常常会面临需要回应的共同问题，不同的教育对类似问题的应答无疑是本国解决同类问题的思想资源，不妨选择性借鉴他国在教育内容选择设计上的成功经验和失败教训。美国公立学校教育运动的创始人贺拉斯·曼则将借鉴他国经验视为避免自身问题的举措。他说："如果我们理智一些，学习别人的经验，而不是坐等因我们的错误而致的糟糕结果，我们就有可能逃避其他一些社会正在遭受的巨大灾难。"[1]法国比较教育学者黎成魁也认为，"比较教育可以为不同国家试图解决这样那样的问题而采取的方法提供一些有益的线索，而另一些国家可以利用这些线索来改进自己的制度，以便不犯同样的错误"[2]。

不同国家的思想政治教育内容不能简单移植。思想政治教育深深植根于一个国家和民族的历史和文化之中，并受到社会制度和国家权力的直接控制，其独特性和复杂性决定了任何国家的成功经验都不可能被简单移植使用。我们在借鉴国外经验时，有时会出现邯郸学步、东施效颦、四不像等现象，甚至还会出现应用他国成功经验于本国时水土不服导致革命或改革遭受巨大挫折甚至失败等后果，究其原因，就是他者之成熟经验是一个完整结构或系统，是其构成诸要素协同联动，共同作用的结果。他者经验做法的表象只不过是冰山一角，是"鱼"，是"术"，我们必须要探究其背后强大的协同机制，找到其冰山基础，学会"渔"，发现"道"，才能灵活应用他者的先进理论和成功经验。

（二）独立自主、交流互鉴

各国思想政治教育内容有一致的规律，也有各自的矛盾，彰显出鲜明的独特性与复杂性。我们一方面应当秉持兼收并蓄的态度，坚持独立自主的立场，在了解、考察、评介国外思想政治教育具体内容的过程中，确证他者文化视域下思想政治教育何以实现其目标的深层规律，并回溯自身，才能实现我国思想政治教育的内源性长足发展。另一方面，要突破本土视野局限，推进交流互鉴。长期以来，作为发展中国家，我们在与西方发达国家的文化教育交流中并不能平等对话，对发达国家常常是崇拜、仰视甚至是依附心态，缺乏基本自信。在对外交往实践中则是热衷于西方理论、经验的"引进来"，而忽视了本国理论、经验的"走出去"。事实上，新时代的中国人完全有充分的理由建立我们的道路自信、理论自信、制度自信、文化自信。特别是在思想政治教育领域，中国有长期的实践经验和科学化、学科化建设成果，在促进现代化建设，维护社会和谐稳定，培养社会建设者和接班人方面取得了毋庸置疑的成绩，我们完全能够以客观自信的态度，开放包容的意识，与国外交流互鉴，共赢共享，为解决当下各国的民族国家认同

---

[1]　王承绪主编：《比较教育学史》，人民教育出版社1999年版，第53页。
[2]　黎成魁：《比较教育》，周晓霞译，参见王涛：《比较教育认识论》，科学出版社2015年版，第75页。

问题，公民思想政治素质的提高问题，通过科学有效的思想政治教育工作聚同化异、凝心聚力，为化解人与人、人与自然的矛盾，促进现代化建设，维护世界和平等问题提供中国智慧和中国方案。

> **思考题**

1. 简要评述中外价值观教育内容的异同。
2. 如何理解中外意识形态安全教育的主要内容？
3. 如何理解中外爱国主义教育内容的异同？
4. 国外思想政治教育内容的特点是什么，如何批判借鉴？

第四章　思想政治教育方式的比较

　　所谓方式是指说话做事所采用的方法和形式。思想政治教育方式是思想政治教育的途径和方法的总称。思想政治教育方法体系包含途径、具体实施方法、艺术手段等。思想政治教育作为人类的社会实践活动之一，古今中外都十分重视教育的方式。由于经济基础、社会阶层、文化传统、社会环境和发展现状的不同，不同国家形成了不同的思想政治教育途径和方法，产生了不同的效果。本章从方法论的角度，从实践的层面具体分析中国和国外思想政治教育途径与方法的异同，以期为实现我国思想政治教育工作因事而化、因时而进、因势而新提供一些有益经验。

第一节　思想政治教育途径的比较

　　思想政治教育的途径是指思想政治教育工作者对思想政治教育对象发挥作用、产生影响的路径、方式。思想政治教育途径是思想政治教育实施运用的基本方式。按不同划分标准，思想政治教育途径可以分为不同的类型。如按区域空间划分，可分为家庭、学校、社会等教育途径；按形式划分，可分为显性途径、隐性途径；按对象划分，可分为他教途径、自我教育途径；按教育活动性质划分，可分为理论教育、实践教育；等等。本节主要是从家庭、学校、社会三个方面进行比较，不同的国家有不同的文化，因而中外学校、家庭、社会对思想政治教育的影响也各有不同。

一、我国思想政治教育的途径

　　在学校出现之前，家庭教育是中国历史上最早的教育途径，在现代意义上的学校产生之后，学校教育成为培养青少年思想品德的重要途径，而社会教育在我国不同的历史时期对人的影响方式也是不同的。

（一）家庭教育

　　家庭是社会的基本单元，重视家庭教育是中华民族的优良传统。家庭教育是指父母或者其他监护人为促进未成年人全面健康成长，对其道德品质、身体素质、生活技能、文化修养、行为习惯等方面的培育、引导和影响。

　　1. 我国传统的家庭教育

　　中华民族有着优秀的家庭教育传统。由于我国长期处于以小农经济为基础的自给自足的社会，家庭教育的好坏，关系国家和社会的稳定和发展。所谓"天下之本在家"（《申鉴·政体》），从我国古代开始，上至帝王官宦，下至平民百姓都十分重视家庭教育，把家庭作为教育子女、勉励家人的重要场所，把家庭教育作为保家扩业、安邦定国的重要途径。我国传统的家庭教育以"修身、齐家、治国、平天下"为教育目标，以孝悌之德、廉洁勤政、克勤克俭、勤奋好学、立志成才、诚实守信为教育内容，通过识文默化、礼制规化、风俗感化、以身作则、严慈相济、循循善诱、潜移默化等方式，使子女在学习基本道德、礼仪的过程中，获得一定的文化知识和生活经验，以提高道德品质修养，培养子女的家国情怀。父辈把训教子女视为父母长辈不可推卸的责任，在家庭教育中形成的尊老爱幼、妻贤夫安、父慈子孝、耕读传家、家和万事兴等中华民族传统家庭美德，是支撑中华民族生生不息、薪火相传的重要精神力量。

首先，通过家训、格言开展道德教育。家训、格言，如《颜氏家训》《朱子家训》《弟子规》等，还有各种家书、家诫，都包含着丰富的家庭道德教育经验。《颜氏家训》是颜之推专为教育子女而作的，主要是结合历史、社会现实及自身经历评论时政、文教、风俗得失，教后人如何立身、治家、处世。《朱子家训》是以家庭道德为主线、以治理家庭和教育子女为内容的家教名篇，讲述了中国几千年形成的道德教育思想，意在劝导人们要勤俭持家、安分守己等。该书自问世以来就广为流传，在清代及民国一度成为童蒙必读的课本之一，并被历代士大夫尊为"治家之经"。其中的许多内容继承了中华优秀传统文化，比如尊敬师长、勤俭节约、邻里和睦等，在现代社会仍有重大意义。"见贤思齐，见不贤而内自省"则是父母告诫子女的格言，勉励子女要不断反思自己，做一个正直的人。传统的家庭教育往往通过给孩子们学习这些家训、格言来影响子女。

其次，通过身教与引导教育子女。家喻户晓的"孟母断织""曾子杀猪"等故事，都是因势利导，教导子女勤学向善。孟子的母亲通过剪断自己正在纺织的布，训诫孟子要抓紧时间进行学习，不可把学习当儿戏，树立了家庭教育严格教子的典型；曾子用自己的行动教育孩子要言而有信，做一个诚实的、不欺骗他人的人，展现出一位严父给孩子作出的榜样。而叔术见旰与夏父两个孩子吃饭争食，便立即意识到"小争食，长必争国"，于是及早采取了措施。田稷的母亲则不但拒绝儿子的非法收入，而且还借机对为官的儿子进行廉洁奉公的教育，更可谓是身教与引导相结合的良好范例。这些中国传统的家庭教育方式依然影响至今。

再次，通过礼仪规范约束子女行为。"礼者，所以正身也""无礼，何以正身"（《荀子·修身》），传统的家庭教育强调通过礼制规范人们的具体行为，改变人们的思想态度。现代的家庭教育也把礼仪规范作为培养子女行为规范的主要途径。礼仪是人们在长期的共同生活和相互交往中逐渐形成，并且以风俗、习惯和传统等方式固定下来的一种规范。对一个人来说，礼仪是一个人的思想道德水平、文化修养、交际能力的外在表现，对一个社会来说，礼仪是一个国家社会文明程度、道德风尚和生活习惯的反映。开展礼仪教育已成为道德实践的一个重要内容。

最后，重视为子女的成长创造良好的环境。"孟母三迁"的故事，就反映了环境对孩子成长的重要性，要接近好的人、事、物，才能学习到好的习惯。这一故事也让人们了解到要搞好家庭教育，首先要治好家，使孩子有一个良好的成长环境。"燕朋逆其师，燕辟废其学"（《礼记·学记》），"近朱者赤，近墨者黑"（《太子少傅箴》）等格言，就强调了环境对人的成长的重要性。当今影响孩子成长的环境更加广泛、丰富和复杂，中国的家庭教育也更加注重为子女创造良好的教育环境，以促进孩子们的身心健康成长。

2. 新时代中国的家庭教育

党的十八大以来，党中央高度重视家庭教育对青少年成长的影响。习近平站在培养担当民族复兴大任的时代新人、确保党和国家事业后继有人的高度就家庭教育作出一系列重要论述。习近平指出，"国家富强，民族复兴，人民幸福，不是抽象的，最终要体现在千千万万个家庭都幸福美满上"，要通过努力"使千千万万个家庭成为国家发展、民族进步、社会和谐的重要基点，成为人们梦想启航的地方"。[①]党和国家对家庭教育工作提出了明确要求，通过立法引导全社会注重家庭、家教、家风。2021年10月23日，第十三届全国人民代表大会常务委员会第三十一次会议通过的《中华人民共和国家庭教育促进法》，明确了由未成年人的父母或者其他监护人负责实施家庭教育，国家和社会为家庭教育提供指导、支持和服务，这为新时代我国的家庭教育提供了重要指针。

第一，建设良好家风，以优秀家风影响子女的成长。俗话说，"三岁看大，七岁看老"，家庭教育作为人之初的启蒙教育，不仅担负着开启智力蒙昧的任务，更重要的是还担负着开启道德蒙昧的任务。良好家风包括尊老爱幼、妻贤夫安、母慈子孝、兄友弟恭、耕读传家、勤俭持家、知书达理、遵纪守法、家庭和睦等。一个人品德的形成与从小接受的家风有重要关系，育德是家庭教育的正道，以育人为本，重视子女的思想品德教育，这不仅事关家庭教育和孩子成长的价值取向，更重要的是事关国家和民族的未来。中国的文化传统非常注重对"家庭"的情感，孩子对家有强烈的依赖感，因而，通过建设良好家风，使孩子从小接受的基本道德规范就是尊重长辈、孝顺父母、友爱兄弟姐妹，有益于孩子的成长。

第二，发扬民主，保护孩子合法权益。在当今社会，人的个性得到彰显，人的主体性受到高度重视，而传统意义上的"家长权威"逐渐被弱化。这要求家长在认真承担起家庭教育第一责任人的职责的同时，也要努力提升自身知识素养，学习教育心理学基本知识，科学教育子女。家庭是实现和保障儿童权益的第一责任主体，父母要有保护儿童的意识和能力，防止各种可能给儿童带来的伤害，更不能践踏和剥夺孩子们应有的权益。国家也注重将家庭教育指导服务纳入城乡公共服务体系和政府购买服务目录，帮助青少年健康成长，并专门制定了相关的法律及文件，如《新时代公民道德建设实施纲

---

① 习近平：《论党的宣传思想工作》，中央文献出版社2020年版，第281页。

要》《中华人民共和国未成年人保护法》《中华人民共和国家庭教育促进法》等，同时也通过未成年人保护法律监督专项行动等，强化家庭教育，督促家长承担起教育子女的责任义务。此外，很多学校还建立"家长学校""家长学校联谊会"等，帮助家长正确认识家庭教育的重要性，提升家长开展教育的能力，增强家庭教育的有效性。

第三，以身作则，做好子女的榜样。孔子认为道德教育的真谛在于："其身正，不令而行；其身不正，虽令不从。"（《论语·子路》）孩子从小在父母身边长大，父母的一言一行会在孩子心中烙下烙印，深刻地影响着孩子。家长要胜任对子女教育的责任，就要不断丰富自身人文和科学素养，还要学习必要的家庭教育知识与技能，掌握家庭教育的基本规律和基本方法，更要明确自我角色意识，完善自身的道德人格，做好孩子们的榜样。如要让孩子懂得"孝顺父母"这一品行，父母就要在日常生活中做好典范，通过自己孝顺自己的父母，让子女从小通过模仿父母的行为，进而逐渐养成良好的行为习惯，懂得什么是孝顺和如何孝顺父母。

第四，家庭教育与学校教育、社会教育协同发力。家庭是孩子最初接受教育的场所，学校是孩子进行系统学习的场所，社会是孩子生活的环境。当今的信息时代，学生获得知识的途径越来越广泛，为了适应社会对创新型人才的迫切需求，需要合理运用家庭教育的灵活随机、生活化和个性化，学校教育的模式化、系统性和通识性，社会教育的体验性、广泛性和多样性，把三种途径紧密结合起来，密切协作，培养适应中国特色社会主义现代化建设的时代新人。习近平在2018年全国教育大会上指出，要在"坚定理想信念""厚植爱国主义情怀""加强品德修养""增长知识见识""培养奋斗精神""增强综合素质"等方面下功夫，要加强德育、美育和劳动教育，这不仅是对学校教育的要求，也是对家庭教育的要求，其目的就是坚持立德树人、全面发展的基本方向，防止和反对各种形式的片面发展和异化发展。因此，家庭教育应配合学校教育、加强沟通，并充分利用社会中的各种教育资源对孩子开展教育，与学校教育、社会教育形成合力，协同做好育人的工作。

（二）学校教育

学校是人才培养的主要阵地，是对受教育者开展德智体美劳全面发展的教育的重要场所。2017年发布的《高校思想政治工作质量提升工程实施纲要》提出，充分发挥课程、科研、实践、文化、网络、心理、管理、服务、资助、组织等方面工作的育人功能，完善育人机制，切实构建"十大"育人体系。2020年发布的《教育部等八部门关于加快构建高校思想政治工作体系的意见》又进一步强调，健全立德树人体制机制，把立德树人融入思想道德、文化知识、社会实践教育各环节，贯通学科体系、教学体系、教材体系、管理体系，加快构建高校思想政治工作体系。可见，我国的学校教育不仅强调思想政治理论课建设、实践教育、校园文化熏陶等方式，而且重视将思想政治教育融入学校教育教学、管理等各个环节当中，形成了较为成熟的德育体系。相对于国外而言，我国学校的德育课程、实践教育以及校园文化建设等都具有非常鲜明的本国特色。这里，主要介绍德育课程和校园文化建设，实践教育将在社会教育当中一并进行介绍，这里不再赘述。

1. 思想政治理论课与课程思政协同育人

开设思想政治理论课是中国学校思想政治教育的突出特色，同时中国也重视将思想政治教育融入专业课程等非思政课当中，大力推进课程思政建设，构建课程育人体系。

首先，开设思想政治理论课。思想政治理论课是大学生思想政治教育的主渠道。充分发挥思想政治理论课的作用，用马克思主义理论武装大学生，是党的教育方针的具体体现，是社会主义大学的本质特征，是党和国家事业长远发展的根本保证。党和国家一直以来都十分重视学校的思想政治理论课，把思想政治理论课建设放在十分突出的地位。2019年，习近平主持召开学校思想政治理论课教师座谈会，强调思想政治理论课是落实立德树人根本任务的关键课程，在大中小学循序渐进、螺旋上升地开设思想政治理论课非常必要，是培养一代又一代社会主义建设者和接班人的重要保障。其一，以马克思主义中国化的理论成果为中心，系统设置大中小学思想政治理论课课程，明确开设课程的学龄段、学分、学时，课程要求等，构建完备的思想政治理论课课程体系。其二，思想政治理论课的课程建设应以马克思主义理论一级学科为学科支撑，由国家统编教材，并加强教材编写的领导和管理。其三，重视改进思想政治理论课教育教学方式和方法，强调提高马克思主义理论的说服力和感染力，精心设计和组织教学，加强实践教学，改进考试方法，加强教师队伍建设等。

其次，重视课程思政。课程思政是指以构建全员、全程、全课程育人格局的形式将各类课程与思想政治理论课同向同行，形成协同效应，把"立德树人"作为教育的根本任务的一种综合教育理念。它是在思想政治理论课之外的其他课程的教育教学中挖掘和渗透思想政治教育元素的一种教育理念。"教书育人"是学校的基本职能，而教书只是手段，育人才是目的。一直以来，我国学校教育十分重视各级各类教师的育人责任、各门课程的育人功能。课程思政建设的目的就在于抓住课程建设"主战场"和课堂教学"主渠道"，让各级各类教师承担好育人责任，使各类课程与思政课程同向同行，将显性教育和隐性教育相统一，构建全员全程全方位育人大格局。2020年发布的《高等学校课程思政建设指导纲要》明确提出要科学设计课程思政教学体系，包括公共基础课程、专业教育课程、实践类课程，并就结合专业特点分类推进课程思政建设提出了要求。总之，统筹推进思政课程与课程思政建设是落实立德树人根本任务，培养德智体美劳全面发展的社会主义建设者和接班人的重要抓手，是把思想政治教育贯穿学校教育教学全过程，实现全程育人、全方位育人的重要举措。

2. 校园文化的陶冶熏陶

文化是社会意识的重要组成部分。"文以载道，以文化人"。文化一经产生，就具有独立性和能动性，对人的生存与发展起到"预制"作用。通过文化熏陶，人们获得某种思维模式、价值观念、行为习惯和生活方式。人的社会化过程，就是接受文化培育和熏陶的过程。简言之，文化具有"化人"的作用。我国思想政治教育的文化熏陶就是以中国特色社会主义文化涵养社会主义建设者和接班人。相较于西方国家，我国思想政治教育能够依托社会主义制度，通过建设社会主义意识形态、广泛践行社会主义核心价值观、实施公民道德建设工程、繁荣发展文化事业和文化产业、传播中华文明等有组织、有目的、长效地进行文化熏陶，以塑造人们的思想观念和行为习惯。从实践途径来看，思想政治教育的文化熏陶最终要以学校、企业、社区等基层组织为依托。其中，学校的文化熏陶集中地体现了我国思想政治教育运用文化进行育人的特点，以下就围绕学校校园文化、学生社团来进一步阐释文化熏陶这一途径。

首先，校风、教风和学风的熏陶。学校校风、教风和学风是学校精神文化的集中体现，也是制度文化、物质文化的综合体现。其一，利用学校历史文化资源开展教育。通过利用学校具有历史和文化意义的建筑、名人等开展教育，不仅有助于学校传统文化与精神的传承，而且有利于培养师生的文化认同感与自豪感。其二，利用校训开展教育。我国校园文化建设主张结合学校发展战略和规划，根据学校办学思想和理念，大力营造崇尚科学、严谨求实、善于创造、具有时代特征和学校特色的良好校园风气。其中，学校的校训是学校办学思想、人才培养理念的直接体现，其内涵和精神是学校的育人之纲与师生行为的价值尺度，起着精神导向的作用，因而也是校园文化建设的重要平台和抓手。其三，教风是校风在教师及其教学方面的体现，学风是校风在学生及其学习方面的体现，两者都是校风的构成部分。要通过完善师德规范、严格师德管理和师德教育，以及培养教师能胜任其职责的教学能力、管理能力等，建设学校优良教风；要通过完善大学生行为规范，特别是奖、惩、助、勤、贷等制度对学生学风进行引导与规范，通过合理开展专业教育和加强人文素质教育、科学精神教育，营造良好的学风。

其次，校园文化活动的熏陶。校园文化活动是由学校教育工作者计划、组织、管理、实施的育人活动。校园文化活动与学生社会实践活动有所区别：前者主要是在校内开展，以学校资源为支撑，以教师为主导的实践活动；后者主要是在校外开展，以校外资源为支撑，以教师、校外实践场所的工作人员为主导，其他群体参与的实践活动。校园文化活动内容丰富多彩，从活动的育人导向来看，通过校园文化活动开展思想政治教育就是要把德育、智育、体育、美育、劳动教育渗透到校园文化活动之中，使学生在活动参与中受到潜移默化的影响，思想感情得到熏陶、精神生活得到充实、道德境界得到升华。从活动内容来看，有思想政治性、学术科研性、文娱体育性等文化活动。其一，开展思想政治性活动。这类活动主要有马克思主义理论学习活动、重大节庆日和纪念日活动、文明评比等，这些活动的目的主要在于培养学生的马克思主义理论水平和爱国主义、集体主义精神，提升学生的政治认知、辨别能力与政治认同感，培养学生良好的道德品质。其二，开展学术科研性活动。这类活动主要包括学术活动和科研活动。学术活动如学习竞赛、学术讲座、学术报告、学术研讨、论文写作等，是专业学习在课堂之外的运用与深化，有助于学生拓展理论视野，提高专业素养和科学文化素质。科研活动往往是在教师的指导之下，通过大学生创新创业项目、挑战杯、毕业论文写作等活动进行理论研究，以及通过技术培训、技术咨询服务、科普创作等活动进行实践研究，这些活动不仅有助于培养学生的创新思维与实践能力，而且有助于团队合作、责任奉献等精神的形成。其三，开展文娱体育性活动。这类活动是学生喜闻乐见又常态化的活动形式，主要包括传承中华传统文化、弘扬革命文化、发展先进文化的文化活动，以文艺晚会、舞蹈戏曲表演等为代表的娱乐活动，以及校运会、球类比赛、电子竞技等体育活动。这些活动能从德、智、体、美、劳等多方面涵养学生的品格，陶冶身心，提升学生综合素质，促进学生全面发展。随着信息技术的高速发展和多媒体的普及，网络已经成为大学生不可或缺的生活、学习和娱乐方式。校园文化活动除了线下进行，也发展出了线上以及线上线下相结合的新形式。运用网络开展校园文化活动，一方面是校园文化活动在网络上的新拓展，另一方面还要注意进行舆论引领，营造风清气正的网络空间。

最后，校园文化环境氛围的营造。校园文化环境建设的主要内容包括校园人文环境、校园文化设施、校园景观的建设以及校园治安治理。校园人文环境建设主要在于通过学校的历史、校训、校歌、校徽、校标的呈现，校友参与以及各种活动仪式中体现出学校的人文氛围、人文关怀、人文精神等。校园文化设施建设主要在于通过学校教学场所、教学设施和学习环境的优化，为校园文化活动提供必要的物质与条件支撑。校园景观建设主要是校园的山、水、园、林、路的美化绿化，以及公共场所的人文景观布置等，通过打造使用功能、审美功能和教育功能相协调的校园景观，有助于潜移默化地熏陶学生的品德，提升学生的审美和情操。校园治安治理包括对学校周边环境的整治，以维护学校正常教学、工作和生活秩序，还包括对校内的突发事件、安全事件和舆论事件的治安综合治理，以维护校园良好的秩序和健康的舆论氛围。

3. 劳动教育

劳动教育是在生产劳动过程中，帮助教育对象树立正确劳动观念、职业道德与奉献精神的教育活动。新中国成立以来，我国一直强调"教育与生产劳动相结合"的重要性。1958年，根据毛泽东的讲话精神，"教育与生产劳动相结合"被列入党的教育方针。党的十八大以来，习近平立足新时代的历史方位，对劳动和劳动教育作出了重要论述。2018年，习近平在全国教育大会上，提出要把劳动教育纳入培养社会主义建设者和接班人的总体要求之中，明确提出构建德智体美劳全面培养的教育体系。2020年3月20日，中共中央、国务院印发的《关于全面加强新时代大中小学劳动教育的意见》强调，"全党全社会必须高度重视，采取有效措施切实加强劳动教育"。因此，思想政治教育同生产劳动相结合，是新时代促进人的全面发展，培养"时代新人"必不可少的基本方式。

　　劳动教育与一般性劳动的区别在于教育者在劳动过程中要发挥组织、计划和引导的作用，让教育对象在劳动过程中受到自觉的影响。实施劳动教育，首先要积极对劳动教育的目标、任务、强度、保障等进行有组织、有计划地指导。其次，要寻找适合教育对象的劳动教育方式，如通过日常家务、手工制作、非遗传承、学工学农、社会实践、志愿服务等多种方式加强对教育对象的劳动教育。最后，还要注意防止劳动教育中的娱乐化、形式化、惩戒化等问题，要让教育对象在劳动过程中体会到劳动光荣、奉献伟大，养成热爱劳动和珍惜劳动成果的优秀品质。目前，我国各级各类学校都开始在人才培养方案中设置劳动教育的相关内容，对劳动教育的内容、要求、学分等做了明确的规定，通过劳动教育实现树德、增智、强体、育美目的，进而实现劳动教育的综合育人价值。中共中央、国务院印发的《关于全面加强新时代大中小学劳动教育的意见》对劳动教育提出了明确的目标和课程设置要求。《意见》强调：根据各学段特点，在大中小学设立劳动教育必修课程，系统加强劳动教育。中小学劳动教育课每周不少于1课时，学校要对学生每天课外校外劳动时间作出规定。职业院校以实习实训课为主要载体开展劳动教育，其中劳动精神、劳模精神、工匠精神专题教育不少于16学时。普通高等学校要明确劳动教育主要依托课程，其中本科阶段不少于32学时。除劳动教育必修课程外，其他课程结合学科、专业特点，有机融入劳动教育内容。大中小学每学年设立劳动周，可在学年内或寒暑假自主安排，以集体劳动为主。高等学校也可安排劳动月，集中落实各学年劳动周要求。同时，《意见》还明确要求学校要切实承担劳动教育主体责任，明确实施机构和人员，开齐开足劳动教育课程，不得挤占、挪用劳动实践时间。明确学校劳动教育要求，着重引导学生形成马克思主义劳动观，系统学习掌握必要的劳动技能。根据学生身体发育情况，科学设计课内外劳动项目，采取灵活多样形式，激发学生劳动的内在需求和动力。统筹安排课内外时间，可采用集中与分散相结合的方式。组织实施好劳动周，小学低中年级以校园劳动为主，小学高年级和中学可适当走向社会、参与集中劳动，高等学校要组织学生走向社会、以校外劳动锻炼为主。此外，家庭要发挥其在劳动教育中的基础作用，社会要发挥其在劳动教育中的主导作用。

　　4. 学生社团的作用

　　学生社团是学生根据兴趣爱好自愿组成，按照其章程自主开展活动的学生组织。学生社团的直接作用是发挥学生的自主性，拓展学生的综合素质，促进学生全面发展，此外学生社团还在活跃校园文化、加强和改进学校思想政治教育和服务学校改革发展稳定等方面发挥作用。

　　学生社团是学生培养自我交际能力、实践能力的载体，是学生实现自我价值和展示自我的重要舞台。学生社团可分为理论学习、学术科技、文化娱乐、社会实践、志愿服务、体育竞技等类型，学生根据自身的兴趣、爱好和特长自愿选择加入某一社团。学生社团在学校团委的指导下，甚至还可以聘请专业教师担任顾问，帮助学生开展活动，提升学生的技能。同时，学生通过学生社团活动，有助于实现自我教育、自我管理和自我服务。因此，学生社团不仅是校园文化建设的重要组成部分，更是学校丰富思想政治教育方式，对学生进行组织动员、引领教育的载体与形式。

（三）社会教育

在我国，社会教育是指教育者在社会层面，通过理论学习、实践学习等方式开展的思想政治教育。社会教育是我国思想政治教育的重要途径之一。理论教育主要包括宣传教育、理论培训等，实践教育主要包括劳动教育、服务教育、调查考察等。

1. 宣传教育

宣传教育是教育者通过运用各种传播符号、媒介传播马克思主义理论，宣传党的路线、方针、政策等，以影响人们的思想和行为的教育活动。由于大众传媒对人们的思想行为会产生广泛、深刻的影响，因而宣传教育是思想政治教育经常使用的方式。宣传教育要注意宣传的形式。既要看到传统媒介如广播、电视、报刊等仍然具有不可替代的作用，也要拓展使用新媒体与网络媒介，通过多样的形式，有效、及时地将宣传教育内容传递给教育对象。此外，要坚持以正面宣传为主，围绕中心任务开展宣传教育。宣传是手段，教育是目的。宣传教育必须围绕党的中心工作、结合群众的思想实际进行，动员群众、组织群众为完成中心任务而共同努力。

在新时代，要正面宣传中国特色社会主义，巩固马克思主义在意识形态领域的指导地位，巩固全党全国人民团结奋斗的共同思想基础，自觉树立中国特色社会主义道路自信、理论自信、制度自信、文化自信。宣传教育主要是围绕党的政策方针进行的大众教育，其特点是受众面广、传播广泛灵活等。2015年发布的《关于进一步加强和改进新形势下高校宣传思想工作的意见》指出，要切实做好高校新闻宣传工作，完善新闻信息发布和新闻发言人制度，进一步改进高校新闻宣传的文风作风，建立高校、宣传部门、新闻媒体三方联动宣传机制，为高校改革发展营造良好舆论氛围。要创新网络思想政治教育，开展高校校园网络文化建设专项试点工作，大力推进校报校刊数字化建设，探索建立优秀网络文章在科研成果统计、职务职称评聘方面的认定机制，着力培育一批导向正确、影响力广的网络名师，立足校园网站建设开办一批贴近师生学习生活的网络名站名栏，建设一支由学生和青年教师骨干组成的网络宣传员队伍，打造示范性思想理论教育资源网站、学生主题教育网站和网络互动社区，推进辅导员博客、思想政治理论课教师博客、校务微博、校园微信公众账号等网络新媒体建设。强调要加强校园网络安全管理，加强高校校园网站联盟建设，加强高校网络信息管理系统建设。要强化高校课堂教学纪律，制定加强高校课堂教学管理办法，健全课堂教学管理体系。要完善宣传思想阵地管理制度，加强高校哲学社会科学成果发布管理，建立高校出版质量监督检查体系，制定大学生社团的成立和年度检查制度，加强宗教学学科专业教学科研机构管理，加强校园反邪教宣传教育工作。这些都体现了对高校宣传教育工作的重视和要求。

2. 理论培训

理论培训是指通过培训班、研讨班、讲习班等方式来开展系统的理论学习。理论培训的特点在于与时俱进，能在较短时间内系统地提升教育对象的理论水平和理论创新能力。思想政治教育的理论培训法遵循一般理论培训程序，即确定培训主题，围绕主题选择理论学习内容，通过理论辅导、自主学习、讨论交流等形式，达到提高和统一思想认识、有效指导实践的目的。

理论培训的主要表现为：针对某一群体、围绕某一专题，确定理论学习内容，加深对该理论的理解和深入研究，最后达到提升教育对象的马克思主义理论水平，并增强其解决实际问题的能力。其中，理论研讨是采用研究、探讨的方式来进行理论学习和理论教育的方法。理论研讨的方法是：确定某一理论主题，召开研讨会，与会人员就这一主题提出不同的见解，最后强化理论共识、深化理论成果，使与会人员通过研讨获得理论认识的提升。理论研讨属于较高层次的理论教育方法，适用于较高层次的理论研究群体。

党的十八大以来，以习近平同志为核心的党中央高度重视哲学社会科学的繁荣发展，为相关的理论发展和创新提供了重要指导，也为理论培训和研讨提供了科学内容。2016年5月，习近平在哲学社会科学工作座谈会上的讲话中指出，"高校哲学社会科学有重要的育人功能，要面向全体学生，帮助学生形成正确的世界观、人生观、价值观，提高道德修养和精神境界，养成科学思维习惯，促进身心和人格健康发展"[①]。习近平还强调，当代中国的伟大社会变革，不是简单延续我国历史文化的母版，不是简单套用马克思主义经典作家设想的模板，不是其他国家社会主义实践的再版，也不是国外现代化发展的翻版，不可能找到现成的教科书。我国哲学社会科学应该以我们正在做的事情为中心，从我国改革发展的实践中挖掘新材料、发现新问题、提出新观点、构建新理论，加强对改革开放和社会主义现代化建设实践经验的系统总结，加强对发展社会主义市场经济、民主政治、先进文化、和谐社会、生态文明以及党的执政能力建设等领域的分析研究，加强对党中央治国理政新理念新思想新战略的研究阐释，提炼出有学理性的新理论，概括出有规律性的新实践。唯有这样，理论教育和研讨才能真正有现实意义和价值。

随着新媒体的发展，特别是人工智能时代的到来，如何运用新媒体进行移动阅读、掌上学习也已经成为理论教育常用的新方式。理论教育不仅要继承一般方法的优点，同时要通过开发和运用新软件、新平台，综合化地开展理论教育。

3. 服务教育

服务教育是通过志愿服务、公益活动等方式开展的教育活动。服务教育的特点在于其服务性。服务教育通过鼓励教育对象自觉运用力所能及的知识、技术、体力以及财力

---

① 《习近平谈治国理政》第2卷，外文出版社2017年版，第345页。

为社会、为群众做实事、做好事、做贡献，培养教育对象的集体主义精神、奉献精神，使其获得价值与意义感，进而提高思想品德。

在开展服务教育时，要注意教育引导教育对象积极参与社会服务，指导他们提升对社会服务意义的认识。学校要重视拓展社会服务的新领域、新载体和新形式，特别是鼓励青年学生积极参加志愿服务西部计划、贫困地区支教计划、青春红丝带志愿行动等活动，积极通过大型经济、体育、文化活动及社会公共活动开展志愿服务，经常性地通过图书馆、博物馆、爱国主义教育基地等场所，开展面向广大群众的社会服务。目前，我国多数高校把大学生参与社会服务作为毕业的基本条件，目的也是帮助大学生形成服务人民、奉献社会的精神品质。

2016年7月，中宣部、中央文明办、民政部、教育部、财政部、全国总工会、共青团中央、全国妇联印发的《关于支持和发展志愿服务组织的意见》指出，要充分发挥志愿服务成本低、效率高，志愿服务组织灵活度高、创新性强的特点，积极支持志愿服务组织承接扶贫、济困、扶老、救孤、恤病、助残、救灾、助医、助学等领域的志愿服务，加大财政资金对志愿服务运营管理的支持力度。充分利用志愿服务信息平台等载体，及时发布政府安排由社会力量承担的服务项目，为志愿服务组织获取相关信息提供便利。《意见》还强调，要积极探索通过志愿服务交流会、志愿服务项目大赛等有效举措，指导志愿服务组织牢固树立项目意识、品牌意识，不断提升战略谋划、项目运作和宣传推广能力，通过优秀的服务项目和服务品牌争取各方资源，吸引资助者。支持志愿服务组织通过承接公共服务项目、积极参加公益创业和公益创投、争取政府补贴与社会捐赠等多种途径，妥善解决志愿服务运营成本问题，为组织持续发展提供动力。积极推广"社会工作者＋志愿者"协作机制。鼓励志愿服务组织招募使用社会工作者，鼓励社会工作服务机构等社会组织在开展公益活动时招募志愿者。建立志愿服务组织与社会工作服务机构等社会组织常态化合作机制，充分发挥社会工作者在组织策划、项目运作、资源链接等方面的专业优势，发挥志愿者热情高、来源广、肯奉献的人力资源优势，形成社会工作者和志愿者协调配合、共同开展服务的格局，促进志愿服务专业化规范化。《意见》对推动服务教育和志愿服务的常态化和制度化有积极的作用。

4. 调查考察

调查考察指通过社会调查与社会考察的方式，分析社会现象，研究社会问题，进而提升教育对象的思想认识与实践能力的方式。没有调查，就没有发言权。毛泽东曾经对调查方法做过生动的说明："调查就像'十月怀胎'，解决问题就像'一朝分娩'。调查就是解决问题。"[①]思想政治教育通过调查发挥作用，根本在于通过解决思想问题与困惑，使主观认识符合客观实际，从而提高教育对象的思想认识和社会实践能力。社会调

---

① 《毛泽东选集》第1卷，人民出版社1991年版，第110—111页。

查的方式是否科学，关系到结论是否正确，进而会影响调查者的思想认识。因而，应当以辩证唯物主义的思想路线为指导，坚持实事求是的原则，反对弄虚作假，不要脱离群众，不应偏听偏信等。

调查考察的主要调查方式有问卷调查、访谈、座谈、文献调查等。社会考察方式包括走访革命英雄、劳动模范、知名学校或企业，到展览馆、博物馆参观学习，到先进单位与团体开展学习走访等形式。调查考察有助于教育对象在观察、参与、体验的过程中验证已有的思想认识，并且将感性认识提升为理性认识，了解国情社情民情，提高认识，增长才干，达到思想政治教育的目的。调查考察尽管是以教育对象的体验和感悟为主，但却离不开教育者有计划、有目的、有组织的指导。教育者应通过明确调查考察目的、布置任务等方式有效促进教育对象思想认识的提升。

2020年10月，习近平在中共中央党校（国家行政学院）中青年干部培训班开班式上发表重要讲话指出，年轻干部要提高调查研究能力。调查研究是做好工作的基本功。一定要学会调查研究，在调查研究中提高工作本领。调查研究要经常化。要坚持到群众中去、到实践中去，倾听基层干部群众所想所急所盼，了解和掌握真实情况，不能走马观花、蜻蜓点水、一得自矜、以偏概全。对调研得来的大量材料和情况，要认真研究分析，由此及彼、由表及里。对经过充分研究、比较成熟的调研成果，要及时上升为决策部署，转化为具体措施；对尚未研究透彻的调研成果，要更深入地听取意见，完善后再付诸实施；对已经形成举措、落实落地的，要及时跟踪评估，视情况调整优化。习近平对调研考察工作的重视也说明调研工作的重要性。

2020年4月，教育部等八部门印发的《关于加快构建高校思想政治工作体系的意见》指出，要"深化实践教育"，把思想政治教育融入社会实践、志愿服务、实习实训等活动中，创办形式多样的"行走课堂"。健全志愿服务体系，深入开展"青年红色筑梦之旅""'小我融入大我，青春献给祖国'主题社会实践"等活动。推动构建政府、社会、学校协同联动的"实践育人共同体"，挖掘和编制"资源图谱"，加强劳动教育。《意见》为深化实践教育的途径提供了指针。

（四）自我教育

自我教育是教育对象发挥自我意识，自觉地通过自我的学习、管理、调控，不断完善自我，促进自身思想品德发展的方式。辩证唯物主义认为，内因是变化的根据，外因是变化的条件，外因通过内因而起作用。人的思想品德的形成发展过程是外在因素影响与个体内在因素转化的辩证统一过程。理论教育、实践教育构成了思想政治教育外在影响教育对象的过程，而要实现教育效果，必须通过人们自己的思想转换来实现。这两个过程是教育者的教育与自我教育的关系，即外因与内因、手段与目的的关系，正如叶圣陶先生所说的"教育的目的就是为了不教育"。自我教育中的"自我"包含个体的自我与群体的自我，即"小我"与"大我"。广义上的自我教育包括个体的自我教育与群体教育，狭义上的自我教育主要指个体的自我教育。我国的思想政治教育历来重视发挥群体自我教育与个体自我教育相结合。群体自我教育在当代的新发展，主要体现在积极利用群众集体、朋辈群体的影响，达到思想政治教育的目的。如营造良好的群体教育氛围、树立群体典型、制定群体活动道德规范等都属于思想政治教育的群体自我教育方式。而个体自我教育主要包括自我学习、自我修养、自我反省等方式。

1. 自我学习

自我学习即个体通过自学提高理论素养和思想认识的方式。一个人的成长离不开学习，同样人的思想政治觉悟也不是自发产生和提升的，需要不断地学习、感悟和体验。人的思想政治品德形成的构成要素"知、情、意、信、行"中，"知"起着基础性的作用。而要了解一种行为规范的要求就必须通过学习，包括他人指导学习和自我学习，而他人指导学习最终还要回归到自我学习，没有自我学习，他人指导学习是难有效果的。

随着现代信息技术发展以及对美好生活需要的日益多样化，人们的自我学习亦呈现出多样化、广泛性和自主化的特点。现代多媒体技术的发展，移动网络的普及，给人们的自我学习提供了丰富、多样的渠道与资源。教育者为教育对象创造便利条件的同时，还要注意对教育对象接触的海量信息和鱼龙混杂的内容进行辨析与引导，倡导教育对象系统学习经典著作、科学理论，避免个体在自学过程受到信息压迫、价值观冲突、浅思考和碎片学习的负面影响。

自我教育要求教育者根据教育对象的身心发展阶段特点，充分发挥教育对象的积极性、主动性和创造性，推动教育对象把教育要求转变为自己努力追求的目标。自我教育的目的是要帮助教育对象树立明确的是非观念，善于区别是非、真伪、善恶和美丑。要注重对教育对象的自我认识、自我监督和自我评价能力的培养。同时，在我国，自我教育不是个人孤立地闭门修养，而是强调要结合实践和集体活动来进行。如学校中的少先队、共青团和学生会都是学生进行集体自我教育的组织，学校应充分发挥这些组织的作用，让教育对象自己教育自己，自己管理自己，使自我教育收到更好的效果。

2. 自我修养

自我修养是古代中国"修身养性"的当代转换与创新发展。古人提倡"格物、致知、诚意、正心"，以激发、培养人的善性，去除恶性，达到修身的目的。而修身方法主要有学思并重、反省内求、积善成德、慎独自律等。

中国共产党非常重视自我修养对党员及领导干部的作用。刘少奇在《论共产党员的修养》中强调："革命者要改造和提高自己，必须参加革命的实践，绝不能离开革命的实践；同时，也离不开自己在实践中的主观努力，离不开在实践中的自我修养和学习。"[①] 2019年6月24日，习近平总书记在主持十九届中央政治局第十五次集体学习时讲

---

① 《刘少奇选集》上卷，人民出版社1981年版，第99页。

话指出："无论什么时候，问题总是客观存在的，我们要以'君子检身，常若有过'的态度来检视发现自身不足，做到知耻而后勇。"[1]在新时代，面对纷繁复杂的国际国内环境，充分利用自我修养途径进行思想政治教育更加显出其重要性。

增强学生的自我修养，首先要加强政治理论学习。提高理论修养，不断提高自己的政治觉悟，树立崇高的理想与信念，把全心全意为人民服务作为自己的行动指南，树立起正确的世界观、人生观、价值观。其次，要加强思想品德修养。努力使自己具有高尚的道德情操，做社会主义精神文明的积极践行者。最后，要在志愿服务的实践中修炼自我。要积极参加社会实践，参与志愿服务，通过实践增强自身的社会责任感和使命感，进一步提高自身觉悟意识，在实践中实现自我管理、自我规范、自我完善。

3. 自我反省

自我反省即自我省察，"是个人对自己的思想和行为进行检查对照，寻找差距和不足的道德修养方法"[2]。自我反省的过程是主体对自身思想与行为进行查漏补缺、更改修正的过程，能促进个人道德水平的有效提高。《论语·里仁》有言："见贤思齐焉，见不贤而内自省也"，即要求个人对照他人进行自我剖析，不断改正和完善自我。

中国共产党所具有的"批评与自我批评"的优良传统是自我反省的重要形式，毛泽东指出："党内批评是坚强党的组织，增强党的战斗力的武器。"[3]党的十八大以来，党中央先后开展了党的群众路线教育实践活动、"三严三实"专题教育活动和"两学一做"学习教育活动等党内集中学习教育，要求党员经常"照镜子、正衣冠、洗洗澡、治治病"，不断进行自我净化、自我完善、自我革新、自我提高，在反省的过程中保持初心，砥砺前行。

改革开放带来的社会转型和快速发展，特别是社会价值多元化的出现与社会信息化的高速发展，促进了人们自我意识的觉醒，形成了强调独立、自主的思想行为特点。思想政治教育在坚持教育主导性的同时，愈加重视发挥教育对象的主体性作用，创新自我教育的方式，提升教育的时代性、实效性。新时代思想政治教育的自我教育实施，应在尊重和满足教育对象独立性、自主性、创造性的基础上，创新自我教育方法。在创新的过程中，一方面，要注重教育对象的实践体验，激发与利用其参与教育的需求，在参与体验当中感知自我、认识他人、了解社会，进而自主建构自身的思想品德；另一方面，要积极介入，进行价值引导与价值澄清，提升教育对象进行正确价值选择的能力。

二、国外思想政治教育的途径

欧洲奴隶社会时期，古希腊等国家通过学校的博雅教育、日常军事训练和城邦政治

---

① 《习近平谈治国理政》第3卷，外文出版社2020年版，第532—533页。
② 郑永廷主编：《思想政治教育方法论》(修订版)，高等教育出版社2010年版，第156页。
③ 《毛泽东选集》第1卷，人民出版社1991年版，第90页。

生活等途径培养公民美德。进入封建时期，思想政治教育与宗教神权相互结合，利用宗教进行欺骗性、隐藏性的意识形态教育。随着资本主义政治意识形态的建立和巩固，以欧美国家为代表的现代思想政治教育逐渐形成。国外虽然没有"思想政治教育"这一表述，却以宗教教育、道德教育、品德教育、价值教育、政治社会化、民主教育、通识教育等名义开展了思想政治教育活动。特别是以杜威为代表的资本主义进步教育运动批判了以往的品格教育，采用"在做中学"、通识课程、家庭与社区教育等间接德育途径，隐性教育成为欧美思想政治教育的重要方式。

（一）家庭教育

法国教育家卢梭的《爱弥儿》、德国教育家卡尔·威特的《卡尔·威特的教育》、意大利教育家蒙台梭利的《发现孩子》与《童年的秘密》等都阐述了家庭教育在孩子道德情操、理想追求、人格塑造等方面的重要作用。国外的家庭教育强调尊重孩子的本性和独特性、注重挖掘人的潜能、重视习惯的养成。由于各国的文化不同，它们在家庭教育途径上也各自有其特点，我们可以把国外的家庭教育途径按照西方国家和东方资本主义国家两种类型进行介绍分析。

1. 西方国家的家庭教育

西方国家的家庭教育崇尚个人本位，强调家庭教育的平等性、民主性。这主要表现在：其一，强调孩子的适应能力、生存能力和竞争意识，力求培养一个独立于家庭之外的理性、独立、自由的个体。其二，注重德、智、体、美、劳的协调发展，注重让孩子参与社会实践，在社会实践中锻炼品德、才能，提高个人身体素质。西方国家的儿童在父母的引导下，有些很小就开始从事送报、打工等劳动或开展志愿服务。其三，注重家庭教育与宗教教育、公民教育、学校教育的结合。在一些家庭中，宗教生活是家庭生活的重要组成部分，父母在日常生活中对孩子进行宗教教育，通过讲解《圣经》故事来教育和引导孩子思想品德的形成，带领子女参加各类宗教仪式活动，等等。父母在尊重孩子权利的同时，培养孩子的公民意识，积极引导子女为自己的行为负责，并培养他们遵守社会道德、履行法律义务。在孩子进入校园之后，父母也注重家庭与学校的联系，联合学校开设家长学校等。

以美国的家庭教育为例，在20世纪50—70年代，美国就开设了"学前儿童父母教育机构""启智计划""初学工程""早期儿童家庭教育计划"等家庭教育指导机构。但由于西方家庭教育过分追求个人主义和自由主义，导致青少年容易与他人、与社会出现矛盾，出现"道德滑坡"现象，青少年犯罪率不断上升，酗酒、吸毒、暴力行为等现象时有发生。

2. 东方资本主义国家的家庭教育

以日本、韩国等为代表的东方资本主义国家，由于其文化在一定程度上受中国传统文化的影响，因此其家庭教育与中国的家庭教育有许多相似之处，如注重孝道、规矩意识和责任意识的培养等，但同时，这些国家也注重培养孩子独立自主的能力，尊重孩子的个性发展。东方资本主义国家的家庭教育介于权威型家庭教育与民主型家庭教育中间。

日本教育界普遍认为，父母是孩子最好的老师，强调父母要用行动去教育儿童，提倡体验式学习。受"男主外、女主内"思想的影响，许多妇女在结婚之后就离开工作岗位，全身心投入相夫教子中，因此日本对孩子的家庭教育主要由母亲来执行。这些母亲大多受过高等教育，具有较高的文化素质。同时，大学课程中也设置了专门针对女生的家政课。此外，日本有自发形成的"母亲读书会"，母亲通过读书、交流，提高自己教育培养孩子的能力，还有"家长教师协会"（Parents Teachers Association，简称PTA），这是由学生家长按照地区自愿组织起来、学校教师自愿参加的组织，这一组织发挥着促进家庭与学校之间相互沟通理解、行动上通力合作的桥梁作用。另外，还要求家长要营造清新、欢乐、明朗的家庭氛围，使之成为青少年休息和生活的良好场所。

韩国家庭教育十分注重伦理道德、文明礼仪和独立自律的教育。在伦理道德方面，由于韩国受到儒家文化的影响，韩国家庭会引导孩子满怀感恩之心、尊敬长辈、诚实守信、勤俭节约等；在文明礼仪方面，韩国家长身体力行地教导孩子遵循餐桌礼仪、接人待客礼仪、公共场所礼仪等；在独立自律方面，新时期的韩国家庭主张尊重孩子的选择，挖掘孩子的潜能，让孩子学会自律、自控、自信，等等。

（二）学校教育

任何社会的教育都是由其统治阶级的阶级性质所决定的，统治阶级为了维护自己的统治，必然通过道德教育使人们接受符合统治阶级利益需要的道德行为标准。因此，国外学校教育同样承担着开展思想政治教育的重要任务。但是国外思想政治教育由于受到实用主义、人本主义思想的影响，其在学校思想政治教育中更重视隐性教育，把统治阶级的思想渗透到各门学科和实践活动之中。

1. 显性课程

西方国家开设的政治教育类和公民教育类的课程并不是统一的，不仅不同国家和地区的课程设置不尽相同，即使是同一国家，不同州、不同省、不同学校之间的差异也很大。但其也具有一些共同点，即十分重视通过公民科、社会科对受教育者开展显性的思想政治教育，它们涵盖了政治、经济、历史、地理、哲学等多方面的内容。

一是公民科课程。公民科课程主要介绍本国的政治制度、宪法和公民的基本权利。让学生了解行政、司法、立法机关之间相互制约和平衡的关系，了解宪法是国家的根本大法，任何组织和个人必须以它为行动准则，不得违反。公民科课程除了帮助学生了解"民主政体"的基本原则外，还要培养个体必要的道德品质。进入20世纪90年代以后，由于政府的高度重视，美国的公民教育进入快速发展时期，并启动了课程标准化改革，制订颁布了《公民学与政府课程国家标准》。良好的公民教育成为美国在21世纪所追求的主要教育目标之一。美国教育行政部门明确指出：公民教育就是要培养青年具有合乎社会政治制度所要求的态度和信仰，明确公民权利和责任，目标是把青年学生培养成责任公民。英国在2002年9月修订的国家课程把公民教育确定为独立的和指令性的。从公民教育的形式上看，主要分为三种，即分科、综合和跨学科。"分科"和"综合"式的公民教育主要在初、中等教育阶段进行，通常与社会科学和社会研究及其他学科联系在一起。

二是社会科课程。这类课程主要涉及哲学、历史、经济、政治、社会学、宗教、人类学等方面的内容。其中历史、社会学、哲学的相关内容相对比较重要，甚至被许多国家和学校列为普通教育课程的重要领域。如美国社会科从诞生之日起，就以培养好公民的知识、能力、态度为目的，亦即非常重视社会有效性。培养好的家庭成员、好的社区一员、好的本州公民、好的本国公民、好的世界公民，就是社会科的开设目的。其基本的认识论是实用主义，教育哲学是进步主义，教学论的基本概念是"经验"。从社会学的角度看，社会科的教育功能就是引导和帮助学生实现"社会化"。与政治、法律有关的社会科课程的开设目的就是教育学生从社会背景中去认识国家的法律和社会制度，做一个遵守法律和国家政治制度的公民。此外，各国政府都重视历史传统教育，在不少国家，历史教育课也可以被视为爱国主义教育课。如美国历史课的内容就十分丰富。以大学为例，美国历史课教育主要有三个方面：其一是成就教育。他们认为，美国在短短两百年的时间内，取得了世界超级大国的地位，这是美国人最引以为傲的资本，成就教育使美国人认为，美国是世界上最好的国家，不论是政治还是经济制度，都具有其他国家无可比拟的优越性，这进一步加强了爱国主义教育。其二是对历史人物的学习。即让学生了解美国历史上的伟人天才的思想，不凡的经历，高尚的精神，卓越的贡献。其三是对西方文明史的学习。历史课教育在强调美国文化的独特性的同时，也强调它与西欧的渊源，从而使美国能与西欧一直保持比较好的同盟关系。再如法国，学校的历史课包括古代史、中世纪史、近代史、现代史四个部分。古代史追溯罗马人、凯尔特人、法兰克人的发展历程；中世纪史围绕王朝的更迭和兴衰，介绍十字军东征的影响、英法百年战争等；近代史重点介绍辉煌的文艺复兴、宗教战争、启蒙运动等；现代史则围绕法国大革命、法兰西殖民帝国的瓦解等重大历史事件展开。法国历史教育善于以史为镜，通过探寻法国深邃的历史脉络，展望未来发展，其目的是增强学生的民族自豪感、历史使命感。

2. 隐性课程

除了设置专门的思想政治教育课程外，西方国家还有很多其他的课程也渗透着思想政治教育，这类课程可被称为隐性课程。渗透式教育是西方国家思想政治教育的主要特色，主要是以人文修养课程和专业课程的价值观的渗透为主要形式。

第一，人文修养课程。人文修养课程主要集中于以下几个方面：一是文学与艺术课，这类课程并不致力于把学生培养成作家、艺术家，其主要目的是使学生学会用审美的方式认识世界。二是道德伦理课，道德教育是思想政治教育必不可少的部分，其目的主要是帮助学生形成正确的价值判断。由于多数大学生毕业后将直接走向社会，从事专业工作，很多国家的高校还十分重视职业道德教育。例如美国一些高校在行政管理学院设置行政伦理学课程，讨论政治界的丑闻及其涉及的道德价值观；在商学院设置商业伦理学课程，讨论商业活动中的欺诈问题等；在医学院设置医学伦理学课程，讨论诸如安乐死、堕胎、克隆人等道德问题；在新闻学院设置新闻伦理学课程，讨论有偿新闻、虚假新闻等新闻道德问题。美国律师协会和法学会还达成协议，规定法学院所有毕业生必须经过职业道德课程的考试，才能进入律师行业工作。商业协会也规定，商学院必须开设职业道德课程，着重讲解企业和公司经理经常面临的职业道德问题。为提高授课质量，学校还会组织一系列的道德教育活动。如英国高校普遍开设伦理道德课等专门的德育课程。教学对象主要是全校各个年级、各个院系的本科生，学生自愿选修，以正式授课和研讨会的方式进行。学期结束前还要提交课程论文或参加课程考试，不同内容的课程由不同的教师采用自行编写的教材或讲义进行教授、宣讲。三是文化或文明课程，这类课程不仅重视本国的文化与文明，对其他国家的文化与文明也给予了足够的重视，其目的是使学生形成广阔的人类文化视野。此外，国外某些高校还开设全校本科生在基础学年中必修的综合课程，即各学科的基础理论教育课，内容包含人文学科、社会科学的基础理论及研究方法。

第二，专业课程。专业课程对于学生的教育非常重要，也容易引起学生的重视，因此在专业课上加强思想政治教育和价值观的渗透就十分必要。如美国大学就非常注重在专业教学中渗透思想政治教育。卡耐基基金会前主席博耶指出了通过专业课实现价值观教育的方法，那就是任何一门充实的专业课程的学习都要对三个问题作出回答：这个领域的历史和传统是什么？它所涉及的社会和经济的问题是什么？要面对哪些伦理和道德问题？例如计算机科学系的学生要学习技术史和信息革命的社会影响等课程；建筑学、遗传学、工业化学专业的学生，要求考虑其工作的社会与伦理影响；学工程技术专业的学生，必须学会如何适应和改革社会环境和自然环境；学物理学的学生，应讨论物理学在历史上的影响、它对现实社会的影响以及物理学与伦理学的关系等。这样可以激发学生去关心和思考与专业有关的社会伦理问题，通过这种主动的探索去积极地接受社会的价值观念。显然，通过这种方式进行专业教育，更有利于思想政治教育目标的实现。再如英国在教育基本法中明确要求任何课堂教学都必须贯穿教育性原则，即把思想道德教育、公民素质教育有机渗透到各科教学之中。教师在教学中要有意识地进行精神、道德、社会责任感、公民素质的培养，传授相关知识，使学生在行动中体现出自我意识和社会意识。英国高校通常在历史、哲学、地理、文学、艺术、体育、健康教育等课程中，对学生施以不同形式的价值观的影响。

3. 校园文化

国外学校注重思想政治教育途径的隐蔽性，将思想政治教育渗透到校园景观、管理工作、校园活动的各个方面。在校园景观方面，道路的命名、建筑的风格、校园的布局上都蕴含着深厚的历史气息和国家的价值理念。在管理服务方面，一些国家设置了学生心理咨询中心、学生事务管理中心等各类以服务为目标的机构，使学生在接受管理和服务的同时，了解并认同其价值目标和道德观。在校园活动方面，一些国家为学生丰富的课余生活提供良好的硬件和软件环境。如美国教育界人士历来都认为环境是一个非常重要的教育要素，一定要做到环境与教育目标相一致。因此，他们在环境建设上十分下功夫，重视学校教育的物质环境和精神环境，为学生的发展创造有利的条件。美国的学校一般条件较好，学校环境优美，除有较大的运动场外，还设立了一些多功能的运动馆。美国学校的教室空间较大，桌椅可调节，便于学生的活动，教室环境也注重营造轻松、活泼的气氛。在美国的学校内，随处可见各校的校训、校旗、历任校长的照片等。一些高校的宿舍配备有电视房、健身房和棋类室，学校配备有学生活动中心，每个学生社团都有专属的活动室，从而营造出良好的氛围，使学生在丰富有趣的校园文化生活中不知不觉受到教育。

学生社团是西方国家高校校园文化和隐性教育的重要组织载体。社团活动是高校人才培养的有效手段，是实现教育目标的重要途径。学生的社团活动是一种生活教育，它丰富学生的大学生活，培养学生的个性和特长，提高学生创造能力，使学生更好地服务社会，获得道德和艺术发展，学会与人交往的技巧，追求快乐的人生观等。社团活动突破了课堂教学限制，拓展了学生的成长空间，使学校教育实现与社会生活的无缝衔接。同时，社团活动又是公民教育的最好实践，学生从中体验自由的含义和限度，了解权与责的关系，熟悉辩论技巧、组织竞选班子与争取选票策略，有助于使其逐步成长为领袖人物。许多美国大学积极鼓励与支持学生社团。美国众多的政界、商界、科技界、文艺界领军人物中很多都曾是学生社团活动的积极分子，如尼克松、卡特、肯尼迪等都曾是学校社团活动的风云人物。

4. 社会实践

杜威认为，使儿童认识到他的社会遗产的唯一方法是使他去实践。[①] 社会实践是学生道德认识的基础，也是学生思想品德形成、发展的源泉，因此国外学校注重德育与社会实践结合。教育者在社会实践中对学生进行行为规范的指导和训练，并引导学生履行道德规范，使其对道德规范的认识从感性上升到理性。

社会服务是社会实践的一种重要方式，它具体指让学生走向社会，进行多种形式的义务服务，以培养大学生的社会责任感。社会服务活动有时也被称为社区服务、志愿服务活动。美国大学生参与社会服务的范围非常广泛，经常参加的社会服务活动有募集资金、竞选宣传、环境治理、为老年人和残疾人服务、慈善工作等。大学生参与社会服

---

① 参见［美］杜威：《杜威教育论著选》，华东师范大学出版社1981年版，第72页。

务，不仅所服务的对象愿意接受或配合这种教育活动，而且政府也采取措施积极支持和推进这种教育活动。有的州专门通过法案支持甚至规定学生必须参加这类活动才能毕业，有的州拨出专款支持这类计划，同时一些大学或跨地区的全国联盟还进行合作，以指导、协调学校或全国的社会服务活动。因此，美国大学生普遍愿意参加社会服务。通过课外活动和社会服务，可以培养学生自我管理、自我教育以及社会生存的基本能力，培养其意志力、探索性和自主、自重、公平竞争、爱校爱国的精神，使其树立尊重他人、为他人服务、与他人合作、平衡人际的协作态度。这些实践活动也不断地将道德原则内化为学生自己的道德信念，弥补了课堂教育的不足，成为美国大学思想政治教育又一行之有效的途径。

在英国，学校比较重视通过公益活动、社会服务活动、志愿者行动等社会实践方式，对学生进行社会责任感的培养和仁爱、互助、奉献、无私等道德素质的养成教育。大多数学校都规定学生必须参加社区服务工作，定期组织学生或由学生自发参与社区义务劳动、公益劳动等，如老弱病残服务活动、教堂义务劳动、社会环境治理活动、募捐活动、竞选宣传活动等。部分学校还要求学生在毕业时必须完成一定量的社会服务活动或志愿者行动。法国学校也要求学生经常参加社会实践和服务活动，从参与形式上来看，可以分为有组织的和自发的两类。具体内容包括筹集基金、竞选宣传、教堂服务、慈善机构项目、为老年人和残疾人服务、义务为学生辅导功课、环境保护、宣传预防艾滋病知识、校外工作计划和参与学校管理等。几乎每一所大学都有"个人帮助实践"活动，学生可以与学习和生活困难的同学，如残疾学生或存在语言障碍的外国学生结成互助伙伴，提供多方面的帮助，培养爱心和互助精神。

在东方国家，如新加坡的学校也会积极组织学生参与政府或民间团体的活动，开展礼貌周、孝顺周、国民意识周等活动，鼓励和组织学生参加清洁运动、植树运动、禁止吸烟运动、遵守社会公共秩序运动等社区服务工作。在社区服务方面，"学生指导计划"是新加坡国立大学（简称"国大"）颇有特色的社区服务活动。它是由国大、国大协会、西南地区发展委员会学生事务服务处共同发起的，该计划促成了国大本科生参与指导中学生的成长，帮助有不良倾向的少年改过自新。大学生志愿者每周服务2次，他们以家教、家访、户外活动、谈心等多种形式向青少年提供青春期的各种指引。韩国中小学的课外活动形式多样，有结合传统节日开展的活动，关于领导能力、生存能力等各种技能的训练活动，各种礼仪训练活动等，这些活动都起到了良好的育人效果。

（三）社会教育

国外思想政治教育之所以具有隐蔽性和渗透性的特点，在很大程度上在于其积极运用社会教育的途径开展相关工作，包括利用政党活动、宗教活动、大众传播等途径开展教育。

1. 政党活动

政党是一定阶级的政治组织，代表了这个阶级的利益，对群众开展思想政治教育是一切政党的重要工作。西方资本主义国家大多是多党制国家，如美国有共和党和民主党，德国有基民盟、绿党、自由民主党、社会民主党，英国有保守党、工党、自由民主党，等等。这些政党都通过一定的途径对公众进行思想政治教育，其中以竞选活动最为集中和突出。

以美国为例，总统、国会议员、州长等政治人物一般要通过共和党和民主党两党之间的竞选产生，竞选的过程是政党提高公众对它们的认可度、支持率的最佳机会，是其对民众集中进行思想政治教育的良好契机。在美国总统竞选期间，两大政党耗费巨资，通过广告宣传、竞选演讲、选民代表会议、记者招待会、公开辩论会等方式，集中阐述本党的政治主张、国内惠民政策、外交方针等，以赢得选票，这一过程也是在对民众进行思想政治教育。纵观美国历届总统竞选，这种思想政治教育虽然具有很强的煽动性和感染力，但也存在着表演性和欺骗性，竞选者在当选之后，许多竞选时承诺的主张与政策都无法真正得以贯彻落实，最终导致民众的失望与反抗。

2. 宗教活动

当代不少国家是通过宗教活动传播宗教信仰和精神进行思想影响的，这也成为思想政治教育的一个主要途径。事实上，国外开展的宗教活动通常包含两个方面：一个是所谓"另一个世界"的宗教，即信奉所谓的"上帝"；另一个是"公民"宗教，即信奉自己的国家。

美国虽然在1947年禁止在公立学校进行宗教教育，1961年又禁止在学校做祈祷，但这并非表明学校思想政治教育与宗教毫无关系。事实上，在美国，宗教履行着思想政治教育的职能，许多人生观、价值观和道德规范均出自宗教（主要是基督教）。公民普遍信教，即使是大学生也会在特定时间到教堂接受宗教教育。不同宗教派别（主要是基督教内部各种派别）的教堂散落在大学校园里，宗教组织非常活跃，活动连续不断，且形式多样。有的大学还设有教士、牧师办公室，随时接待学生，还有专门向外国留学生传教的专职牧师。

英国学校的宗教教育不采用强制手段，除了宗教课程教学，主要通过各类宗教活动向学生传递宗教价值观、内化宗教精神，培养学生的自我约束力。例如，牛津大学学生会和学生基督教社团组织的隔周一次的祷告与《圣经》学习、有关基督教信仰的学生论坛、各种俱乐部和学生会活动等，既鼓励学生积极与人接触，承担社会责任，参与社区活动，又使得学生在实践中体验到公民的权利和义务，强化其民族精神和社会信仰，促进其道德意识和社会责任感的形成。

对于有宗教信仰的民族而言，宗教活动已渗透到其生活的方方面面，宗教组织开展的活动已经成为信教民族思想政治教育的有效途径。佛教、基督教、伊斯兰教、犹太教、印度教等世界上主要的宗教都有其相对固定的宗教活动，如诵经、受戒、礼拜、讲经、布道、祷告、追思、过宗教节日等，这些活动集中体现了该宗教推崇的道德要求、行为标准和价值体系。印度作为世界上受宗教影响最深的国家之一，宗教活动对于统治阶级和普通民众意义非凡，宗教活动起到齐心聚力、约束行为、提供精神动力等作用，印度官方认可的节假日每年有120多个，其中多数节日与宗教有关，包括印度排灯节、十胜节、除十节等。在美国，宗教活动已经成为很多人的生活方式，许多美国人每星期都参加一次宗教活动，大量的宗教内容和活动渗透到学校和家庭生活中，《圣经》等宗教内容也穿插在学校教学中，同时，美国还存在大量教会开办的私立学校。由此可见，国外许多宗教活动注重环境的熏陶和情感的介入，从而引起参与者的共鸣，激发他们的主观能动性。

　　3. 大众传媒

　　大众传播媒介是政治社会化、思想政治教育大众化的有效途径。伴随着网络技术的发展，人们的生活方式、社交方式、话语方式都出现了变化，大众传播媒介已经成为人们日常生活中不可或缺的部分。

　　美国政治学者进行的调查研究证明，大众媒体对公民政治行为的影响经历了充实政治知识、培养政治兴趣、形成或改变政治态度、巩固政治信念、参与政治活动五个阶段。[①]在美国，大众传媒对公众的影响可以说是全方位的，其在国家推行对外政策中起着政治动员的作用，在民主政治生活中则起着传播民主思想、维护民主制度的作用，此外还在总统竞选中起着引导公众选举投票的作用等。传媒与政治的互动作为一个重要因素直接影响着美国的政治生活，也直接影响公众的政治认知和政治倾向。如在对外交往方面，大众传媒除了为外交决策提供信息、预测外交政策走向以外，还在某种程度上影响着外交政策的舆论导向。美国一些主流媒体通过对国际信息的主动选择和主观编排，会影响美国公众对国际问题的关注，引导公众对国际事务的看法和倾向，进而在一定程度上通过公众舆论对政府处理和决策外交事务施加压力。大众传媒对总统竞选也起到了极为重要的作用，因为人们关于竞选的消息大部分来自媒体，这就需要候选人通过媒体进行竞争。2020年美国第46任总统大选，不论是特朗普还是拜登都在利用大众媒体和自媒体为自己拉票竞选，在宣传本政党政治主张的同时，也不断披露竞选对手的各类丑闻，挑拨民众情绪，形成政治压力，以图最终赢得民众的选票。不仅如此，大众媒体在选民形成对候选人的印象上也有着巨大的影响力，因为通过电视媒体等大众传媒，候选人的辩论和竞选演讲的形象会传遍千家万户，有助于塑造电视观众对总统候选人的认知。另外，大众传媒还会利用议程设置表达一些利益集团的竞选倾向，从而影响公众对候选人的偏向。大众媒体对投票民意测验数据的持续公布，也会对选民的选票有一定的

---

①　参见国家教委思想政治工作司组编：《比较思想政治教育学》，高等教育出版社1995年版，第42页。

影响。

日本的大众传媒在道德教育中也发挥着重要作用。例如，日本媒体经常运用各种方式对南京大屠杀等历史事件进行歪曲报道，试图掩盖罪行、篡改历史，一些日本民众受大众传媒的影响，对真相知之甚少。同时，日本的一些大众传媒也起到监督政府的作用，它们常常运用大众传媒将政府官员的违法乱纪行为公之于众，引导群众进行讨论，形成舆论压力。

西方一些资本主义国家还充分运用各类传播媒体，打着文化产品的旗号，对我国民众进行意识形态渗透，应引起我们的充分重视。如何把握大众媒体的传播规律，掌握大众传播的主动权，占领意识形态阵地，是新时期我国思想政治教育工作的新课题。

（四）自我教育

自我教育是国外教育研究的重点，操作主义学派、人本主义心理学派、社会认知学派、言语自我指导学派都对自我教育进行了探讨。相较于我国的自我教育，国外的自我教育更强调自我意识的觉醒和个人的自我践行。

1. 自我意识教育

自我意识是从教育心理学的角度进行的阐释，指的是个体对"我之所以为我"的综合把握与客观判断，即对自我生理状况、心理特征、人际关系等方面的认知与觉醒，包括自我认知、自我评价、自我提升和自我成长。很多国家强调充分尊重个体的独特性和自主性，相信受教育者有挖掘自我潜能、发展自我的能力，要帮助受教育者树立自尊心。因此，在一些西方资本主义国家中，自尊、自信、自立、自强被认为是道德品质的关键。这些国家的教育者在教育过程中，对受教育者鼓励多于保护，他们告诉孩子自己是最棒的，鼓励孩子勇敢去尝试，让孩子发现自己的特长和兴趣，唤醒自我意识。

国外的自我意识教育主要体现在教育学生自主动机、自主抉择、自力更生、个性自由、尊重隐私、反对外来干涉等方面，强调个人的力量。但是，西方资本主义国家的自我教育带有强烈的个人主义色彩，过分强调自我意识，把个人利益看得高于一切，容易导致损人利己、自由散漫、狭隘自私等现象的发生。

2. 自我践行教育

自我践行即个体在社会实践过程中，不断提高自身思想觉悟和个人能力的过程。国外思想政治教育在强调自我意识的基础上，鼓励人们多参与社会实践，在学中做、在做中学，并要求个体对自己的行为与选择负责，培养其自我教育能力与责任意识。

法国为培养青少年的自我践行能力，建立了公民教育的社会参与机制，强调自治和参与，鼓励青少年树立政治参与意识，提高政治参与能力。韩国在幼儿教育中，设有"我和我的家人""我和我的邻居"等专题，旨在引导幼儿在与家人和邻居的接触过程中，培养对自我和周围环境的认知能力，增强对家人和邻居的感情。日本的教育强调学生的实践活动，假期组织学生开展爬山、野外生存、社会调查等实践活动，使学生在亲近自然、体验社会的过程中提高道德水平与行为能力。

第二节　思想政治教育方法的比较

思想政治教育方法，"就是教育者和受教育者在思想政治教育过程中所采用的思想方法和工作方法，或者说，是教育者和受教育者为了达到一定的教育目的所采用的手段和方式"[①]。本节选择国内外思想政治教育常用、通用的一般方法进行介绍。

一、我国思想政治教育的方法

从思想政治教育方法论对方法划分的层次来看，我国的思想政治教育方法包括基本原则、一般途径、具体方法、特殊方法与方法艺术。这里主要介绍思想政治教育常用的具体方法。

（一）常用的教育方法

我国思想政治教育常用的具体方法有疏导教育法、典型教育法和激励教育法。

1. 疏导教育法

疏导即疏通引导，疏是导的基础，导是疏的目的。疏导教育法就是教育者既广开言路让教育对象表达自己的看法，又从教育对象的具体问题出发，帮助他们分析和解开思想认识困惑，引导其形成符合一定社会所要求的思想品德和行为习惯的方法。这一方法符合人的思想行为发展规律，是马克思主义矛盾分析法的具体运用。在革命战争时期，中国共产党就善于运用疏导教育法来解决人民内部矛盾，通过民主的方法进行讨论以及说服教育，在人民群众畅所欲言的基础上加以引导。

新时期，疏导教育法被广泛运用于处理人民群众遇到的各类问题中，如在学校学生管理过程中，帮助学生解决问题或困惑，首先要让学生表达自己的真实想法，找出困惑和问题所在，再根据学生的问题进行启发和有效引导。再如，社区党组织、社区居委会和社区服务站等专职从事社区管理和服务的工作人员，会根据个人、家庭、群众中出现的问题，采用疏导教育法，耐心倾听、实地调研、悉心引导，从而协调社会关系、预防和解决社会问题、促进社会和谐发展。

2. 典型教育法

典型教育法是指通过树立典型的人或事物，影响带动人民群众提高思想认识，远离负面典型，积极向正面典型学习与靠近的方法。抓典型、树榜样是中国共产党传统的思想政治教育方法，如宣传黄继光、董存瑞等革命先辈的事迹，激励无数中华儿女为了

[①]　郑永廷主编：《思想政治教育方法论》（修订版），高等教育出版社2010年版，第3页。

民族解放、国家发展抛头颅、洒热血；树立雷锋这一先进典型，倡导全心全意为人民服务、无私奉献的精神；等等。

如今，我国每年都会在各行业开展各级评优树先活动，如感动中国年度人物评选、中国十大杰出青年评选等，展现中国特色社会主义精神文明建设成果，在全社会起到示范作用，引导人们形成正确的价值观念。如"感动中国2019年度人物"黄文秀，她不仅是青年学生学习的榜样，也是全国人民学习的榜样。2020年8月23日，以时代楷模黄文秀为原型的电影《秀美人生》与观众见面，引起了强烈的反响。除了正面典型的塑造与宣传，我国也善于利用负面典型对人民群众进行警示教育。如大型反腐专题片《永远在路上》集中展示了党的十八大以来的多个领导干部违纪违法典型案例，既给全党全国人民敲响了防腐败的警钟，也体现了中国共产党从严治党的决心与成果。

此外，运用典型教育法，要善于从人们身边的小事入手，寻找人们身边的榜样，使典型人物或事件更加立体形象，更富有感染力。

3. 激励教育法

激励教育法是指结合人们的实际情况，采用物质或精神激励，激发人们的内在动力，调动人们的积极性和创造性，鼓励人们朝着正确目标奋斗的方法。激励教育法必须深入人民群众，准确把握人们的内在需求、动机与目标，才能做到有的放矢，有效激励。

激励教育的内容可分为物质激励和精神激励。在具体运用过程中，激励教育法要注重物质激励和精神激励的充分结合。例如教育者对各类先进个人和集体进行奖励时，多采取同时颁发奖金与授予荣誉称号的方式，以调动人们的积极性。激励教育的方式，主要包括目标激励、奖罚激励和竞争激励。目标激励要切合教育对象的实际情况，目标既要高于他们的现状又要切实可行。在使用奖罚激励时，教育者应当注重以表扬、奖励为主，以批评、惩罚为辅。在使用竞争激励时，要注意处理集体和个人的关系，杜绝为了追求个人进步损害集体利益的现象。

（二）网络教育方法

网络思想政治教育方法是指在网络思想政治教育活动中逐步形成的，为网络思想政治教育的目的和任务所服务的手段、方式体系。网络思想政治教育方法在运用过程中应遵循网络的发展规律，坚持虚实结合、主体性和主导性结合、主动传播和积极引导相结合的原则，推动思想政治教育工作传统优势与信息技术高度融合，实现有效引领、传播和疏导。

1. 网络引领法

网络引领法即教育者通过平台建设、网络议题建设等方式，吸引教育对象广泛参与，引领教育对象思想动态的网络教育方法。网络思想阵地，我们不去占领，敌对势力就会去占领，正如列宁所强调的："对社会主义意识形态的任何轻视和任何脱离，都意味着资产阶级意识形态的加强。"①我国从20世纪90年代开始，便充分意识到网络思想政治教育的重要性，从被动接受转为主动出击，不断提高网络思想政治教育的引领能力，牢牢掌握网络舆论的主导权。新时期，党和国家不断引导教育者深入研究人们的网络行为特点，分析各类网络行为背后的现实矛盾和人们的需求，把握时机、统筹力量、系统构建，通过有的放矢地建设网络思想政治教育主题网站等方式筑牢意识形态阵地。

2. 网络传播法

网络传播法是指教育者在遵循网络传播规律的基础上，为促进思想政治教育内容在网络上有效传播而采取的具体方法。对比传统媒介，网络传播具有"三多"（多主体、多样化、多变性）、"三化"（数字化、精简化、趣味化）和即时性、移动性、互动性等特点。我国网络思想政治教育在此基础上进行方法创新，拓宽传播主体，促进多元参与，丰富传播内容，提高网络思想政治教育的科学性、时效性和说服力，创新表达方式，推动网络思想政治教育深入人心。

3. 网络疏导法

网络疏导法是指教育者积极参与到教育对象的网络行为中，深刻把握教育对象的所思所想，并通过线上线下的结合，有针对性地对教育对象在网络上的思想和行为开展有效疏导的方法。现阶段，网络社会信息多元、多样、多变，同时也出现了一些网络谣言、网络诈骗、网络道德绑架等现象，因此，充分运用网络疏导法，帮助教育对象透过现象看本质，选择符合中国特色社会主义事业发展方向的网络信息与行为，具有重大的意义。

二、国外思想政治教育的方法

国外思想政治教育方法的划分标准不一，其具体表现形式也千差万别，丰富多样，既有方法的理论也有方法的实践。

（一）方法的理论

国外应用比较广泛的三种思想政治教育方法的理论主要有道德认知发展理论、价值澄清理论、体谅式模式理论。

1. 道德认知发展理论

道德认知发展理论的主要代表人物是美国发展心理学家劳伦斯·科尔伯格。科尔伯格认为，道德发展是认知发展的一部分，认知发展的阶段性决定道德发展的阶段性。他采用"道德两难故事法"，如"海因茨偷药"的故事，给儿童创设道德困境的情境，通过讨论等方式，分析儿童道德发展阶段和促进其水平提升的方法。

"道德两难故事法"包含四个步骤：一是创设情境；二是让教育对象陈述其立场及

---

① 《列宁选集》第1卷，人民出版社2012年版，第327页。

解释理由；三是检验推理，通过讨论、交流、分享以及教育者的引导，来检验教育对象的立场与理由；四是讨论结束后，促进学生进一步反思个人的立场与见解。这一方法通过两难故事引发教育对象产生道德认知冲突，并通过讨论引导来促进其道德水平的发展。科尔伯格将道德认知发展分为三水平六阶段。

第一水平：前习俗水平（0—9岁）。儿童能够区别规则和好坏，懂得是非的名称，或是根据行为对身体上的或快感上的后果来解释好坏，或是根据宣布这些规则和好坏的人们的体力来区别好坏。这个水平的特征是，着眼于行为的具体后果与自身利害关系。这一水平包括两个阶段：阶段一是惩罚与服从的定向阶段；阶段二是工具性的相对主义的定向阶段。

第二水平：习俗水平（10—15岁）。教育对象在这一阶段能按照他人、社会的期望去行事，而不管它所产生的直接和明显的后果如何。这个阶段教育对象的特征是，有了满足社会的愿望，比较关心别人的需要。这一水平也包括两个阶段：阶段三是人与人之间的定向阶段（亦即好孩子的定向）；阶段四是维护权威或秩序的道德定向阶段。

第三水平：后习俗水平（16岁之后）。教育对象在这一阶段努力脱离掌握原则的集团或个人的权威，并不把自己和这种集团视为一体，从而去确定有效的和可用的道德价值和原则。这个水平亦包括两个阶段：阶段五是社会契约的定向阶段；阶段六是普遍的道德原则的定向阶段。

道德认知发展理论认为，道德认知发展的阶段性规律是普遍的，即先他律后自律，发展水平与阶段应当循序渐进、不能跳跃，道德教育应当促进道德判断与思维能力的发展。在科尔伯格看来，道德认知是道德教育的核心，道德教育的目的是促进道德判断和道德思维能力的发展，而道德发展具有阶段性和个体差异性，可以通过教育，特别是"道德两难故事法"来促进儿童道德向更高的阶段发展。"道德两难故事法"在培养与判断学生的道德水平方面，具有显著效果，在20世纪70年代的美国和其他一些西方国家得到广泛的推广和应用，讨论内容也由虚构的两难故事发展为现实生活中的各种道德问题。但是，由于此方法过于注重促进个体道德的阶段发展，相对忽视了道德判断的内容和团体道德氛围的作用；而且因为组织和操作复杂而很难被广大教师长期使用。

2. 价值澄清理论

价值澄清理论是20世纪60年代在美国社会文化与价值多元背景下兴起的最有影响力的教育理论之一，其代表人物为美国学者路易斯·拉思斯、悉尼·西蒙等人。其理论假设认为，社会文化与价值多元化带来了挑战，人们面对纷繁复杂的社会，难以把握明确的价值观，无法独自发现有意义和令人满意的生活方式，所以教育者要通过鼓励人们审慎地思索自己的价值观，帮助人们澄清价值观，减少困惑、冷漠和矛盾。

价值澄清一般可分为三个步骤：即选择、珍视、行动。一是选择（choosing），即要求学生自由选择，给学生提供多种可能的选项，帮助学生作出经过深思熟虑的选择；二是珍视（prizing），即鼓励学生珍惜自己的选择，并乐意公开与别人分享这一选择；三是行动（acting），即鼓励学生把选择付诸行动，使之成为生活方式或行为模式。

拉思斯在《价值与教学》中，引用了一个案例"一名学生关于校园事件的报告"，以帮助学生进行价值澄清[①]：

"有人在高级生物课考试作弊时被当场抓住。教师试图拿走试卷，但是这名男生紧抓不放。当教师最终掌握考试的主动权时，从书本里掉落几张索引卡片。男孩拼命叫喊说，这些索引卡片不是他的。说得简单些，教师告诉这名学生，他必须向学校当局汇报这件事。男孩威胁说要杀死教师，他们扭打成一团，直到其他教师过来带走这名男生为止。男孩已被一所医科学校录取，这一事件意味着他无缘于医科学校。屈服于这种教育制度的有缺陷的个性对他的行为作出了解释。但是令我大为惊异的是其他医学预科学生的反应。他们难以掩饰其幸灾乐祸。多么可怕的虐待狂者！他们的快乐是否暗示着他们为没有被当场抓住而如释重负？"

思考：（1）你最初作出的非常直接的反应是什么？（利用自由联想。不必写成句子；就把单词写出来）（2）你在哪些方面支持这个男孩？（3）你在哪些方面支持教师？（4）这一件事的作者提出了关于班上其他同学的观点。请评论。（5）作弊或不作弊。每种立场各有何合理之处？（6）这名学生还可以考虑哪些可能选择？教师还可以考虑哪些可能选择？其他学生还可以考虑哪些可能选择？

以上问题可以帮助学生思考自身的态度、情感、活动、信仰、目标、抱负、兴趣或烦恼等方面的"价值指示"。可见，价值澄清理论的优点是能够肯定每个人的价值观的自主性、个性，注重通过发挥个体的主体性，达到澄清价值观的目的，具有积极意义。但其容易阻碍正确价值观的传递，片面否定他教对于个体价值观形成的影响，具有价值相对主义的缺陷，最终难免会让个体产生价值观混乱。

3. 体谅式模式理论

体谅式模式理论强调情感在道德教育中的作用，其代表人物是英国著名学校道德教育家麦克菲尔。该模式理论认为：与人友好相处是人类的基本需要，帮助学生满足这一需要是教育的首要职责。因此，该模式以一系列的人际与社会情境问题启发学生的人际意识与社会意识，引导学生学会关心，学会体谅。

麦克菲尔等人根据《英国学校道德教育课程的方案》，编写了《起始线》《生命线》丛书，集中体现了体谅式模式理论的主要观点。《起始线》是小学生的德育教材，《生命线》为中学生的德育教材，同时还配套有教师用书和家长用书。其中《生命线》丛书的教师指南书名为《学会关心》。通过学习这套丛书，麦克菲尔等人希望实现道德教育的目的：一是提高个体对他人的需要、兴趣、态度和情感的感知能力；二是鼓励基本技能特别是

---

① 参见［美］路易斯·拉思斯：《价值与教学》，谭松贤译，浙江教育出版社2003年版，第388页。

非言语沟通技能的发展；三是为更完善的私人关系打基础；四是掌握体谅行为的各种可能的变通方式，增加个体作道德决定的能力；五是通过探究创造性活动中沟通风格与表达手段之间的关系，促进人际沟通。

《生命线》教材分为三个部分：《设身处地为别人着想》《证明规则吗？》《你会怎么做？》，每一部分都包含多个单元，通过这些部分与单元循序渐进地创设更复杂的社会情境，可以帮助学生提高道德认识，培养道德情感与能力。《设身处地为别人着想》，包括《敏感性》《后果》《观点》三个单元，围绕发生在家庭、学校及邻里中的人与人之间的问题而设计情境，主要是让学生从真实情境中体验人际关系问题，提出面临情境的问题。《证明规则吗？》，包括《规则与个性》《你期望什么？》《你认为我是谁？》《为了谁的利益着想？》《为什么我应该做？》五个单元，从比较简单的有关个人的压力和冲突的实例到比较复杂的群体利益的冲突和权威的情境中，提出具体问题。《你会怎么做？》，包括《生日——1904年南非》《单独的监禁——1917年英国林肯郡》《逮捕！——1944年阿姆斯特丹》《街景——1965年洛杉矶》《悲剧——1966年南越》《盖尔住院——1969年伦敦》六个单元，把历史上真实的事件作为道德思考的出发点，目的在于培养学生的社会道德观念，促使学生形成更深刻、更广泛的判断结构。

麦克菲尔等人对《生命线》教材在学校教育的应用还提出了建议。他们不赞同开设独立的道德教育课程，而是把《生命线》教材融汇于各种教材之中，渗透到各科教学之中。《生命线》教材可以灵活变通创造性地使用，鼓励教师根据各自学校和所接触的学生的需求，不断发展出他们自己的材料，灵活运用这套教材。教师在使用《生命线》教材时应当把激发学生动机放在首要位置，鼓励学生把道德价值观、态度等付诸实践。

道德认知发展理论、价值澄清理论、体谅式模式理论等主张的教育方法在不少国家的中小学和公民教育中被运用。

（二）方法的实践

在教育实践中，中外思想政治教育采用的方法有不少相同的地方，也有各自国家和地区的独特之处。在国外的思想政治教育方法的实践中常常采用的有小组讨论法、角色体验法和心理咨询法等。

1. 小组讨论法

小组讨论法就是把一个班的学生分成若干组，教师向小组提出话题或问题，要求小组成员通过讨论来解决或发现问题的一种方式，是国外学校普遍采用的一种教育方法。

在美国，小组讨论法是仅次于讲授法的主要教学方法。教师通常将一个教学班分为3—4个小组，一般情况下就按这些小组开展课堂讨论等活动，当然也可以根据具体情况临时分组。教师针对具体教学内容，或提出问题供小组讨论，或布置案例由小组研究，或由小组汇报课前布置的课外小组工作成果，学生成为课堂的主角，他们解答老师、其他同学提出的问题，介绍自己的看法和相关经验，提出自己的疑惑，学生的参与通常都非常积极踊跃。

在法国大学的课程教学中，教师对课程的内容和体系有很大的选择权，主干课程是由教师在阶梯教室主讲，课后分发自编讲义以利于学生复习和备考，同时还给学生推荐大量相关的阅读书目。与主干课程相关的选修课或辅助课则由讲师或博士生负责，以小组讨论的形式完成，小组人数一般不超过20名，讲师或博士生主要是进行具体学习方法的传授和组织热点焦点问题的研讨。学生在教师的指导下对论题进行讨论，讨论课规定学生不得缺席，考勤都记录在案。教师和学生都非常重视小组讨论，每次主讲的学生都要精心准备，其他学生在报告结束后进行提问，其间往往会对一些问题提出相当尖锐的观点进而引发争论，在辩论过程中，一些观点得到澄清，另一些观点可能遭到批驳。教师在学生讨论过程中，一般不表明自己的立场观点，而只是调节气氛避免冷场或出现过于激烈的对峙，控制进程、把握节奏。在讨论结束后，教师才开始点评，对不同的观点进行梳理，拾遗补阙，点评注重把握分寸，很少武断地下结论，而是给学生指出方向，留下进一步思考的空间。

日本的大学也常常采用小组讨论的形式来补充教学任务。如早稻田大学的水岛讨论小组，是教师水岛朝穗主持的关于"宪法的动态"研究小组，小组一般是在晚上开课，学生人数为40人左右，学生来自不同的专业和学科。小组讨论内容不是对宪法知识的简单讲授，而是以社会问题为视角探讨宪法问题。每次的讨论都是围绕一个主题进行，从判例的调查，到对事件的时代背景、社会背景、诉讼过程等方面进行分析，即注重宪法的社会层面的研究。学生可以发表不同的观点和意见，这极大地提高了学生的兴趣，学生学习热情很高，不仅在课堂上踊跃发言，甚至课后在宿舍或自发性的小组内也会进行频繁的交流和讨论。再如，东京大学教养学部开设的国际政治与经济方面的小组讨论课程，其主题也与思想政治教育密切相关。东京大学规定学生必须修得2个学分的讨论课程，每周一个主题，指定学生做主题发言，发言之后开始讨论，学生可以自由发表意见和想法，也可以对发言人进行提问和质疑，最后由老师进行点评、总结并加以引导。小组讨论课使不同学科的学生学会从专业视角来探索日本社会的问题，乃至东亚和平和国际问题，涉及的内容十分广泛。围绕一个中心主题，探索不同的子课题，不仅使问题的研究视野进一步广阔，也使问题研究更加深入和细致。

小组讨论法有助于调动学生学习的积极性和主动性，提升自己思考问题和解决问题的能力，是国外思想政治教育方法实践的有效方式。

2. 角色体验法

角色体验法是一种由学生扮演某一特定的角色，以体验不同类型人物的活动，使自己和其他学习者从表演中和自身体验中受到启示从而实现教学目标的教学方法。

为了激发学生的参与意识，加拿大高校在思想政治教育的过程中，积极尝试角色体验法。例如，约克大学在向学生讲解加拿大的政治体制特点时，便让学生们自己分配角色演绎加拿大总理竞选的景象，在课堂上再现总理竞选电视辩论、竞选演讲、就职演说和接受国会质询等场景。通过角色扮演，学生可以更深切地理解加拿大政治体制的运作方式，厘清总理竞选与民主政治之间的关系，增强政治参与的自觉性。同时，在角色扮演的过程中，老师也可以引导学生就国家政治体制中存在的问题和缺陷进行讨论，提出自己的改革建议，提升他们的政治敏锐性，为学生更好地融入社会，参与政治活动奠定基础。加拿大的教育专家认为，课堂教学并非简单的知识传授，而是一个师生之间加深理解的过程。基于这种教学理念，教师在进行道德教育时，一般会向学生陈述一些带有争议性的道德行为或价值判断，但不发表自己的意见，让学生自由发表自己的看法。比如，在与学生讨论什么是"正义"时，教师会陈述这样的案例："杰克的母亲深夜突发心脏病，来不及叫救护车。在他家楼下有一家药店，但已经关门。杰克有两个选择，如果他打碎楼下药店的玻璃门，抢出心脏病急救药品，可以拯救母亲的生命，但这样做他将被捕甚至面临监禁；如果他不去药店抢药品，母亲就有生命危险。如果你是杰克会怎么做？"学生可以根据自己对"正义"的理解自由发表看法，老师也可以阐明自己的观点，但不会对学生的观点作正确或错误的评判。在讨论结束后，老师会对学生的观点进行总结，比较不同观点的视角差异和论证逻辑，帮助学生理解"公德"与"私德"的不同，"道德"与"法律"在约束力上的差异，进而引导学生正确认识社会倡导的"正义"价值。

实习是角色体验法的另一种实践运用，国外学校也非常注重实践教学与专业实习相结合。如法国高校提倡一种"三明治"式的交叉实习体验模式，每个学期都安排学生到企业或社区去实习，体验各种身份对社会工作的参与。如马赛工程师学校规定，学生在第一学年至少实习1个月，在第二学年至少实习3个月，在第三学年至少实习6个月。巴黎综合理工学院规定学生实习期为4个月，50%的学生去国外实习体验，最后会有20%的毕业生在国外开始职业生涯。巴黎中央学院规定实习期为6个月，100%的学生去国外作实地体验，16%的学生毕业后会在国外找到第一份工作。巴黎矿业学院100%的学生会去外国实习体验或到高校交流，这些学校都是法国与欧洲企业界十分看好的。一些高等商业学院，还保留着类似"学徒制"的实践培养体验模式，在学生自愿的前提下，学生在大学二、三年级到公司企业里实习一至两年，在实践中一方面提高了自己的专业能力，同时在与企业、不同社团的实际接触中，锻炼了社会交际能力，开阔了视野，也在实践体验中完成自己的角色转换。[1]

3. 心理咨询法

心理咨询法是通过心理健康辅导、帮助和教育，解决学生在学习、生活及人际关系等方面的心理问题，保持其身心健康的一种教育方法，被广泛地运用于学校教育中。随

---

[1] 参见上官莉娜：《法国高校思想政治理论课程的实施及评价》，《思想政治教育研究》2011年第3期。

着社会竞争的日益激烈，青少年在学习、生活、择业、交友、恋爱等方面的心理问题层出不穷，心理咨询在国外学校教育中发展尤其迅猛，其主要职能是进行生活指导、学习指导、心理辅导和就业指导，具有思想政治教育的功能。

在美国，几乎所有大学都设有心理卫生、心理咨询类的机构。这类咨询机构有固定的编制、行政划拨的经费和正规的工作制度与规划，集中了一批受过专门训练的心理咨询专家，全面为学生提供发展咨询、适应咨询和障碍咨询。心理咨询类机构除了开展日常的心理咨询和心理教育外，还十分注重开展各种形式的团体心理训练活动，如交朋友小组、敏感性训练小组、心理剧疗法等。心理咨询法可以通过课堂教学，也可以通过座谈、个别谈话、个别咨询，还可以辅之以电影、电视教育等形式来进行。为了培养心理咨询方面的专门人才，美国各州都有一所大学开设高等教育行政管理专业，专业所设的课程中有很大一部分与大学生心理咨询工作有关，如精神卫生、咨询工作技术、大学生人格发展等。

加拿大高校也在校园内大力实施"快乐沟通，健康心灵"的心理咨询活动。加拿大高校的心理咨询活动严格依照加拿大心理咨询师协会的要求，由拥有心理学硕士及以上学历和两年以上心理咨询工作经历的心理医生或者心理咨询师牵头，组建起了一支专业知识精、业务水平高的心理咨询队伍，保证了高校心理咨询的科学性和权威性。加拿大高校的心理咨询活动几乎渗透到大学生学习、工作和生活等各个方面。大学生的学业压力、就业困惑、人际交往障碍、交友和婚恋危机以及大学新生难以适应新的学习生活环境等，都可以在大学生心理咨询与干预中心得到专家的建议和帮助。加拿大部分高校的心理咨询机构还设立了"大学新生适应"项目，以期帮助大学新生尽快适应大学生活。在这个项目中，组织者安排了丰富的活动，通过讲座、与心理咨询师面对面交流、共进午餐或集体旅游等活动，让大学新生接受新的生活环境。同时，心理咨询专家在帮助他们解决学习和生活中的困难的同时，也通过各种形式引导他们遵守学校对大学生的要求，帮助他们树立的正确的思想观念和价值取向，进而养成符合社会要求的行为习惯。可见，加拿大高校的心理咨询机构，在帮助学生克服心理矛盾，积极面对学习和生活方面发挥了不可忽视的作用，但更重要的是，它对大学生的思想塑造和价值取向同样起到了积极的导向作用。从这个意义上说，加拿大高校心理咨询活动的开展在一定程度上促进了高校思想政治理论教育功效的发挥。

当前，随着社会竞争的日益激烈，青少年学生在学习、生活、择业、交友、恋爱等方面的心理问题层出不穷。英国高校也普遍设有心理咨询机构，集中了一批受过专门训练的心理咨询专家为学生提供咨询，帮助学生减轻心理矛盾及冲突、增强抗挫折能力、开发潜能、促进人格成熟、诊断及治疗心理疾病，旨在促进学生的人格完善、精神独立和心理健康。伴随着许多新大学的出现和新生代大学生数量的增加，学校将心理咨询作为提供给学生的一种福利，学生可以免费得到心理咨询，其价值日益得到学生、学校和社会的认可。

第三节 中外思想政治教育方式的特点

通过对中外思想政治教育途径和方法的比较，我们可以看出二者之间有着不少共同之处，如都重视家庭、学校和社会的教育，都重视对思想政治教育具体方法的探索和应用。但同时，中外思想政治教育的方式也有各自的特点。

一、我国思想政治教育方式的特点

中国有着悠久的历史文化和经实践检验有效的思想政治教育方法和途径，这些途径和方法随着时代的发展而变化发展，持续发挥着重要的育人作用。

1. 注重显性教育

显性思想政治教育是通过直接的、有计划、有步骤的显性方式，来达到思想政治教育目的，在教育过程中教育者与受教育者关系明确，有明确的教育目的、教育计划，教育比较规范。[①]

我国的思想政治教育注重显性教育，这鲜明地体现在坚持社会主流意识形态的灌输和传播上，即通过系统的理论教育，旗帜鲜明、理直气壮地，以公开、直接的方式进行马克思主义理论教育，坚持以党的理论创新成果武装人民。显性的思想政治教育要达到什么目标，完成什么任务，实现什么效果都十分明确，其方法主要是批评与自我批评、讲授讲解、理论学习、宣传教育、理论培训等，教育对象能较为直接地感受到这些方式施加的影响以及承载的教育内容，具有简单直接、清晰明了和见效明显的特点。在进行思想政治教育时，中国坚持并不断加强改进显性思想政治教育方式，并注重显性教育与隐性教育的统一，以提高思想政治教育方式运用的针对性、亲和力与有效性。

2. 注重正面教育

正面教育是指在进行宣传教育时要坚持团结稳定鼓劲，以正面宣传为主，坚持巩固壮大主流思想，弘扬主旋律，传播正能量，激发全社会团结奋进的强大力量。榜样示范、创先争优、正面激励教育、典型宣传等是较为常见的正面教育方式。这些方式侧重主动地传递立场价值正确的观点和标准，侧重传递符合主流价值观、激励人们团结向上的正能量信息，注重运用具有吸引力、感染力和贴近群众、贴近生活的方式开展思想政治教育，产生正面鼓舞人、激励人的作用。比如，每年在全国范围内评比的"全国道德模范""感动中国十大人物""时代楷模"，以及各行各业的标兵、先进人物等都属于正

---

① 参见郑永廷主编：《思想政治教育方法论》，高等教育出版社2010年版，第169页。

面教育的范畴。

二、国外思想政治教育方式的特点

由于经济基础、社会阶层、文化因素、历史环境和发展现状的不同，国外思想政治教育方式也有其自身的特点。

1. 注重隐性教育

国外普遍受到以杜威为代表的"教育即生活""学校即社会"和"以儿童为中心"的教育理念的影响，重视以道德认知发展理论、价值澄清理论、体谅式模式理论等为指导开展教育引导，反对权威、灌输的教育方式。因而，国外思想政治教育强调教育目的的隐蔽性、教育方式的间接性、教育过程的渐进式、教育形式的柔和式，将思想政治教育融入社会生活与文化之中，关注教育对象的感受、情感，以潜移默化地影响与塑造教育对象的思想品德。比如，在各门课程中渗透思想政治教育的内容，通过政党活动、总统竞选等方式大肆宣传其施政纲领，通过宗教教育开展道德教育，通过文化环境来培养和塑造人，等等。

2. 注重服务育人

国外思想政治教育注重建立完善的服务体系，设置社会服务课程、操作流程，特别是通过社区服务、志愿服务，培养学生的国家归属感、社会责任感以及道德思维与践行能力，同时制定相应的法律法规进行保障。比如，许多国家规定，高中生进入高等学校继续学习，必须要完成一定的社会服务活动，并且对服务的时间、方式均有具体的要求。

3. 注重启发诱导

启发诱导指通过积极的引导和启发，发挥个体的积极性、自主性、创造性进行主动学习、独立思考和自主探究，达成教育目的。国外的思想政治教育多反映资产阶级的主流思想，培养教育对象形成符合资产阶级利益的思想观念、政治观点、道德规范，强调个人主义的价值追求，具有鲜明的个人主义色彩。国外思想政治教育多提倡教育者扮演"辅助者""助产仕""守望者"的角色，其主要职责是帮助个体澄清价值观、引导个体形成适合生活的思想政治素质。这些思想体现在思想政治教育方式运用上，表现为格外地注重启发诱导，强调以个体道德认知与思维为遵循，教育者通过引导和促进教育对象思想品德的矛盾运动，使其形成符合个体实际情况的道德观点和行为能力。无论是宗教课程、咨询辅导还是服务学习、社群环境的营造等，都强调以个体为中心，以个体内在的思想品德构成为依据进行启发诱导，然后养成社会所要求的思想品德。

综上，中外在社会制度、文化传统、思维方式等方面存在差异，因此在思想政治教育的方式上存在各自的特点。我国从古到今，都非常重视通过开设德育课程开展思想理论教育，提升人们的思想政治素质。随着社会经济、科技、教育的不断发展，我们也越来越重视通过课程思政、文化熏陶等隐性途径开展思想政治教育，把显性教育与隐性教育统一起来。相对来说，国外特别是欧美很多国家，只强调隐性教育途径方法，一味地反对显性教育，这也成为历史上多次出现政治认同、道德认同失范和主流价值观混乱的主要原因。当然，之所以要进行比较，不是要照搬照抄国外的教育途径和方法，而是要借鉴他者有益的经验。他山之石可以攻玉，这有利于不断改善我国思想政治教育方法，提高思想政治教育的效果。

▶ 思考题

1. 中外思想政治教育的主要途径和方法有哪些？
2. 中外思想政治教育的途径和方法各有哪些特点？
3. 如何学习借鉴国外思想政治教育的途径和方法？

第五章 思想政治教育队伍的比较

思想政治教育队伍是思想政治教育活动的实施者和参与者，主要由思想政治教育的教师队伍和管理队伍构成。前者主要由学校思想政治理论课教师组成，后者是日常思想政治教育活动和管理活动的主体。比较中外思想政治教育队伍，旨在通过总结中外思想政治教育队伍的角色、基本特点和建设方式的异同，深化对规律的认识，在宏观与微观、具体与抽象的比较之中为新时代我国思想政治教育队伍建设提供借鉴。

第一节 思想政治教育教师队伍的比较

思想政治教育教师队伍是学校思想政治教育活动的示范者和实施者。对中外思想政治教育教师队伍的主体、特点和建设进行比较分析，可以把握思想政治教育教师队伍发展的规律和方法。

一、我国的思想政治教育教师队伍

我国的思想政治教育教师队伍是学校思想政治教育实践活动的主体。一般而言，我国思想政治教育教师队伍主要指学校初等、中等、高等教育体系中的思想政治教育专职教师。

（一）思想政治教育教师队伍的主体

思想政治教育教师队伍主要指各级各类学校中实际承担思想政治理论课教学与研究的教育工作者，以学校思政课教学和研究的专兼职教师为主体，承担马克思主义理论教育和铸魂育人的职责。从专业素质和能力而言，思想政治教育教师应具备系统的马克思主义理论知识，具有坚定的共产主义信仰，并获得本科及以上的学历。同时，思想政治教育教师需要具备教育学、心理学、法学、社会学、伦理学等相关学科的基础知识，能够独立开展思想政治理论课教学工作并从事与教学相关的科学研究。从队伍的数量和质量而言，思想政治教育教师既要按照一定的师生比进行数量配置，又应从学历、学科上进行专业化要求，以保证学校思政课质量。以高校思想政治理论课教师队伍为例，《新时代高等学校思想政治理论课教师队伍建设规定》要求："高等学校应当根据全日制在校生总数，严格按照师生比不低于1∶350的比例核定专职思政课教师岗位"。这即是从量上保证思想政治教育教师队伍与思想政治教育实践相匹配。

1. 马克思主义理论的教育者

马克思主义理论作为先进的社会意识形态，需要通过特定的教育活动向学生传递，而这一活动的实施者是思想政治教育教师。

一方面，思想政治教育教师依托专门的课程和教育活动将马克思主义理论从理论话语、学术话语向学生能够理解的话语转化。马克思主义理论呈现的是人类社会发展的一般规律，是科学的世界观和方法论，具有凝练性、精简性特点，而将其传递给学生，需要对这些理论进行"理论的彻底化"，教师需要用学生喜闻乐见的话语阐释是什么和怎么办等理论问题。这就要求思想政治教育教师队伍面向不同对象、不同层面掌握不同的话语体系。在这一过程中，思想政治教育教师由传统的知识复制者或复述者转化为真与美的传播者，"经由教师对理论知识的理解、加工，用通俗的、大学生喜闻乐见的方式来解读中国特色社会主义理论体系的内容"[①]。这不仅要追求马克思主义理论之真，用理论回应教育对象的困惑，而且要能用生动形象的语言、起承转合的教育艺术、大众化的教学载体引发教育对象的审美体验。

另一方面，思想政治教育教师承担把关人角色。在个体活动方式、交往方式多元化的社会思想领域中，错误思潮可能呈现为多元化的价值观和反马克思主义、非马克思主义的意识形态，有些以还原历史、反思历史的名义对历史虚无主义、民粹主义、资产阶级价值观进行包装，在看似价值中立的信息中蕴含资本主义意识形态，从而对马克思主义意识形态产生冲击。这就需要思想政治教育教师对不同性质和表现形式的意识形态进行选择和判读，引导思想政治教育对象澄清看似中立的多元信息背后的价值取向和立场，如此，才能让马克思主义理论真正实现理论彻底和说服人。

2. 学校思想政治教育的引领者

学校思想政治教育作为一项综合性教育活动，其目标的设立、方法的选择、教学过程和效果的评价都需要思想政治教育教师队伍的参与。正如习近平在学校思想政治理论课教师座谈会上的讲话中强调："办好思想政治理论课关键在教师，关键在发挥教师的积极性、主动性、创造性"[②]。

一方面，思想政治教育教师队伍是学校思想政治教育的制定者。他们根据立德树人的要求制定学校思想政治教育的具体目标、内容、方法、课程、教学环节等，把马克思主义理论、理想信念等转化在具体的教育活动中。另一方面，思想政治教育教师队伍是学校思想政治教育活动的执行者。学校思想政治教育活动能否有效提高教育对象的思想政治素质，需要思想政治教育教师队伍遵循政治性和学理性、价值性和知识性、建设性和批判性、理论性和实践性、统一性和多样性、主导性和主体性、灌输性和启发性、显性教育和隐性教育相统一的原则，将思想政治教育活动转化为具体的教学活动，并对活

---

① 　周琪：《高校思想政治理论课创新的三个着力点》，《思想理论教育导刊》2016年第3期。
② 　《习近平谈治国理政》第3卷，外文出版社2020年版，第330页。

动进行客观评估，及时发现问题、进行纠偏，以优化思想政治教育活动的实施效果。

（二）思想政治教育教师队伍的特点

基于思想政治教育实践活动的特殊性，我国思想政治教育教师队伍体现出鲜明的专业性和层次性特点。

1. 专业性

专业性是指具备专门的技能、系统的知识，符合严格的职业道德标准。思想政治教育教师队伍是通过专业训练而具备专业知识与能力，并且按照思想政治教育规律开展思想政治教育活动的。

这种专业性一方面集中体现在思想政治教育教师队伍应具有扎实的马克思主义理论功底并掌握相关哲学社会科学知识，具有较强的理论阐述能力。这在于，思想政治教育内容的理论性、抽象性比较强，需要教师通过深入浅出的理论阐释和逻辑论证，科学准确地表达中国特色社会主义理论体系的内涵和思想要义，回应学生思想认识上的难点、疑点，有效引导学生从"不知"到"知"、从"知"到"信"、再从"信"到"行"的转化。习近平在分析思政课教学的特殊性时强调："思政课教学涉及马克思主义哲学、政治经济学、科学社会主义，涉及经济、政治、文化、社会、生态文明和党的建设，涉及改革发展稳定、内政外交国防、治党治国治军，涉及党史、新中国史、改革开放史、社会主义发展史，涉及世界史、国际共运史，涉及世情、国情、党情、民情，等等。"[①]这种特殊性要求思想政治教育教师队伍具备专业的知识视野。

另一方面，新时代思想政治教育教师队伍的专业性，还体现在承担马克思主义理论学科建设任务，探索把握思想政治教育规律和马克思主义中国化、时代化、大众化规律。尤其是要直面各种错误观点和社会思潮，对各种非马克思主义和反马克思主义的社会思潮进行剖析和批判，在与各种错误思潮和价值观交锋中引导青年学生树立正确的世界观、人生观和价值观。

2. 层次性

思想政治教育教师队伍的层次性是由教育者自身及教育对象的层次性决定的。从教育者自身看，由于思想政治教育者在年龄、学历、能力等方面有不同的情况，从事的思想政治教育活动的类型也不尽相同，如小学思想品德教育、中学思想政治教育、高校思想政治教育活动等，不同的思想政治教育活动需要相应学历层次的教师队伍。例如，小学思想品德教育一般需要具备大专及以上学历层次的教师队伍；中学思想政治教育一般需要具备本科及以上学历层次的教师队伍；高校思想政治教育一般需要具备研究生及以上学历层次的教师队伍，这体现出思想政治教育教师队伍的横向层次性。

从教育对象角度而言，思想政治教育教师队伍也具有层次性。由于思想政治教育对

---

① 习近平：《思政课是落实立德树人根本任务的关键课程》，《求是》2020年第17期。

象的年龄、性别、所在地域、文化程度、思想道德素质等方面存在差异，思想政治教育教师队伍也必然要体现出层次性。我国思想政治教育体系主要包括初等、中等、高等思想政治教育，从教师类型看，我国思想政治教育教师队伍主要包括初等、中等、高等三个层次，具有明显的纵向层次性。

（三）思想政治教育教师队伍的基本素质

思想政治教育教师队伍应具备政治素质、思想道德素质和专业能力素质，这些素质集中体现为政治要强、情怀要深、思维要广、自律要严、人格要正。

1. 政治素质

政治素质是思想政治教育教师从事思想政治教育活动所必需的政治要求和政治品质。唯有如此，才能讲得有底气，讲深讲透，才能有效引导思想政治教育对象真学、真懂、真信、真用。

政治素质主要包括：一是共产主义信念和理想，要把实现共产主义、中国特色社会主义的共同理想作为最崇高的目标，并把这一理想信念和建设中国特色社会主义实践相结合。二是正确的政治立场，要运用无产阶级和人民群众的立场观察和处理问题，与党的基本理论、路线、方针和政策保持高度一致。三是较高的政治水平，要运用马克思主义理论对社会现实问题、重大历史问题进行辨别，引导教育对象正确认识各种社会问题。

2. 思想道德素质

思想政治教育教师肩负着培养担当民族复兴大任的时代新人的职责和使命，不仅是学生学习掌握马克思主义理论的引导者，更是马克思主义理论、共产主义理想信念的示范者。

思想道德素质主要包括：一是"以生为本、敬业奉献"的职业道德情怀。教育引导学生树立正确的思想观念、道德意识和行为规范是思想政治教育教师义不容辞的责任，关注关心学生的思想变化、学业修为和成长发展更是思想政治教育教师职业价值的应有体现。为此，思想政治教育教师应发挥自身的专业优势，将关心学生的学业发展与解决学生成长过程中的思想困惑和价值迷茫结合起来，以扎实的专业技能和高尚的职业道德成为学生成长路上的领航者。二是"严于律己、学高身正"的个人修为。思想政治教育教师不仅是引导学生坚定"四个自信"的传播者，而且是践行社会主义核心价值观和新时代公民道德建设基本要求的示范者。在新时代中国特色社会主义理论与实践的建设进程中，这种个人修为不仅体现为运用马克思主义理论指导新时代中国特色社会主义实践的能力，而且体现为用高尚的道德品质和人格魅力引导学生"把社会核心价值观转化为个体认同的价值观，并引领和整合多元个体价值观念"[①]。三是"敬畏学术、坚守底线"

---

① 　周琪：《比较思想政治教育学》，高等教育出版社2018年版，第185页。

的治学品质。思想政治教育教师要创新性地解决思想政治教育中的理论与实践问题，需要不断进行学术探索，将学术研究成果转化为教学和育人的理念和方法。为此，思想政治教育教师不仅需要拥有求真务实、攻坚克难的治学精神，也需要用学术诚信、学术规范、学术道德引导学生把握治学之道和为学之要。

3. 专业能力素质

思想政治教育教师队伍的专业能力素质表现为具备马克思主义理论及其相关知识、思想政治教育学科专业知识及交叉学科知识，在丰富的知识和经验基础上形成专业积淀和专业功底。

专业能力素质集中体现为"两个转向"的能力。一是从信息"汇总者"转向"把关人"的能力。思想政治教育教师应能对各种不同性质和形态的信息进行价值判断，解读信息形态背后的价值取向和立场。有的的信息能与思想政治教育的主题和内容形成合力共振，把教学内容转化在生动形象的信息之中。有的信息则会抵消或弱化思想政治教育的目标、内容，造成个体对社会主流价值观的怀疑和淡化。这需要思想政治教育教师具备选择信息的"慧眼"，对各种信息进行甄别和判断，发挥价值观"把关人"作用。二是从知识的"复述者"转向真与美的"创造者"的能力。思想政治教育教师要在话语内容上追求"真"，回答如何用这些理论解决思想政治教育对象在日常生活中面临的具体困惑，引导其树立政治信仰、道德信仰、生活信仰。在话语表达上追求"美"，用生动形象的语言、"起承转合"的教学艺术、大众化的教学载体引导思想政治教育对象进行审美体验，使思想政治教育与美育有机融合。

（四）思想政治教育教师队伍的建设

思想政治教育教师队伍的建设主要包括思想建设、专业能力建设和组织管理建设，以建设一支理想信念坚定、师德高尚、理论功底扎实、教学效果良好的高水平思想政治教育教师队伍。

1. 思想建设

思想建设是指要建设一支政治强、业务精、纪律严、作风正的专业队伍。2018年，中共中央、国务院发布《关于全面深化新时代教师队伍建设改革的意见》。《意见》指出，要加强理想信念教育，深入学习领会习近平新时代中国特色社会主义思想，引导教师树立正确的历史观、民族观、国家观、文化观，引导教师准确理解和把握社会主义核心价值观的深刻内涵，引导广大教师充分认识中国教育辉煌成就，扎根中国大地，办好中国教育。

思想政治教育教师队伍的思想建设主要包括以下两个方面。一是坚持以马克思主义理论为指导。思想政治教育教师应运用辩证唯物主义和历史唯物主义的世界观和方法论分析问题、解决问题，掌握思想发展变化的客观规律，把握教育对象接受的特点，从而有针对性地开展思想政治教育活动。二是强化优良思想作风。思想作风是思想政治教育教师队伍建设的基础。为此，教育部制定出台《关于建立健全高校师德建设长效机制的意见》，用制度方式对违反师德的行为进行约束，指出高校教师不得有损害国家利益、损害学生和学校合法权益的行为；不得在教育教学活动中有违背党的路线方针政策的言行；不得在科研工作中弄虚作假、抄袭剽窃、篡改侵吞他人学术成果、违规使用科研经费以及滥用学术资源和学术影响；不得有影响正常教育教学工作的兼职兼薪行为；不得在招生、考试、学生推优、保研等工作中徇私舞弊；不得索要或收受学生及家长的礼品、礼金、有价证券、支付凭证等财物；不得对学生实施性骚扰或与学生发生不正当关系；等等。

2. 专业能力建设

专业能力是指胜任一种职业或专业而必须要具备的能力，思想政治教育的专业能力是指胜任思想政治工作而必须要具备的各种能力。

思想政治教育教师队伍的专业能力建设主要包括以下内容。一是立德树人和铸魂育人的能力。思想政治教育教师要用马克思主义，特别是习近平新时代中国特色社会主义思想讲好中国故事的"本来"与"新貌"，以正确的政治立场引导人，以深厚的育人情怀感召人，以敏锐的创新思维激励人，以广阔的专业视野启发人，以严格的自律行动带动人，以端正的人格魅力影响人，激发教育对象自觉成为担当民族复兴大任的时代新人的主动性，寓思想引导于"授业、解惑"的具体教育活动之中。二是以问题探究为主导的教学能力。思想政治教育教师要结合新时代中国特色社会主义实践中的新理念、新成就、新问题，观照学生的思想观念和价值选择，将思想政治领域的重大理论和现实问题转化为学生能够理解和接受的具体问题。例如，在对学生进行理想信念教育时，需要围绕"为什么说理想信念是精神之钙""我们为什么要信仰马克思主义""中国特色社会主义共同理想与共产主义远大理想之间是什么关系"等问题引导学生科学认识理想信念对自身成长成才的价值。三是创新能力。思想政治教育教师要根据社会建设主题、教育对象思想特点和思想政治教育发展，运用创新思维创造性地解决问题。例如，在信息化、融媒体、互联网的时代，信息传播方式的变革带来了信息、知识传递的去中心化，这一变化要求思想政治教育教师队伍创新教育形态，从单向知识输出转向交流互动式的知识传递，二者之间的差异不是某一具体的教学方法的变化，而是包含教学理念、教学场域、教学参与者等要素在内的教学模式改革。而这些专业能力的培养需要依托专业的本硕博一体化人才培养体系，为思想政治教育教师队伍培养专业化、专家化的后备人才。

3. 组织管理建设

组织管理建设是指通过建立组织结构、明确责权关系以有效实现组织目标的建设过程。

思想政治教育教师队伍的组织管理建设主要包括以下几个方面。一是任职准入。

思想政治教育活动需要由具备扎实的专业知识和较强的业务能力的教师承担，而非不分专业出身、不论条件资格都可以担任。除了新入职教师必须取得教师资格的一般要求外，思想政治教育教师队伍的层次性决定了其任职资格的高准入性，需要在思想水平和专业能力上进行特别规定。中宣部、教育部《关于进一步加强高等学校思想政治理论课教师队伍建设意见》要求，新任教师原则上应是中国共产党党员，具备相关专业硕士以上学位。二是培训体系的常态化和规范化。新中国成立以来，教育部先后颁布一系列学校思想政治教育教师队伍建设的纲领性文件和相关培训政策，形成中央、地方和学校的三级培训体系。《新时代高等学校思想政治理论课教师队伍建设规定》明确指出：国务院教育行政部门建立高等学校思政课教师研修基地，开展国家级示范培训，建立思政课教师教学研究交流平台。主管教育部门和高等学校应当建立健全思政课教师专业发展体系，定期组织开展教学研讨，保证思政课专职教师每3年至少接受一次专业培训，新入职教师应参加岗前专项培训。例如，高校思政课骨干教师理论研修和实践研修、中小学教师国家级培训计划等专门的示范培训，面向高校思政课教师设立的"周末理论大讲堂"等共享型高端理论学习平台。三是科学化管理。要建立健全岗位职责、职称评审、培训交流、职位晋升、评价考核、惩罚奖励等一整套制度机制，激发思想政治教育教师队伍的积极性、主动性和创造性。如探索建立思想政治理论课荣誉教师制度，高等学校思政课教师高级专业技术职务（职称）岗位比例不低于学校平均水平，将为本专科生上思政课作为思政课教师参加高级专业技术职务（职称）评聘的必要条件，完善思政课教师教学和科研成果认定制度，推行科研成果代表作制度等。这些制度的建立和完善，为提高思想政治教育教师队伍管理的科学化水平提供了重要遵循和基本保障。

二、国外的思想政治教育教师队伍

国外特别是西方发达国家，尽管看似没有一支专门冠以思想政治教育之名的教师队伍，但实际上它们也有一支具有专业素质的思想政治教育方面的教师队伍，是学校开展思想政治教育活动的主体。

（一）思想政治教育教师队伍的主体

国外思想政治教育教师队伍是指在各级各类学校中对学生进行思想引导和价值观教育的专职或兼职教师群体。具体包括在学校承担人文社会科学课程的教师，通识教育、公民教育或道德教育的任课教师，社会团体中的兼职指导者和教育者等。

1. 任课教师队伍

由于学校的类型和层次不同，国外思想政治教育教师队伍的角色职责也不相同，有的是通识课程、公民科课程的教师，有的是与思想政治教育、价值观教育相近的人文社会科学课程的教师。

　　美国思想政治教育的教师队伍主要是通识课程和公民课程的教师队伍。美国国家社会科学研究委员会明确规定，从事社会科学教学的教师，必须具备5种核心素养，即具备社会科学领域的核心知识，运用社会科学学科知识和技能设计教学环节的能力，开展社会科学课程教学和对学生的学习情况进行评估和改进的能力，依托自身的社会科学知识和技能推动社会公正、人权保障的能力，帮助学生积极参与社会生活。[①]可见，美国社会科学教师队伍肩负着培养学生正确的社会价值观，激发学生关注并参与社会公共问题的探究和解决，进而增强学生社会责任感的职业使命。

　　英国学校思想政治教育教师队伍的主要角色是学校道德教育的主要实施者。在实际教学中，道德教育课程的教师坚持道德理论与道德实践相结合，向学生传播社会所需要的道德价值观。20世纪90年代初，英国教育部颁布了《道德教育大纲》，规定学校必须向学生传授道德价值观。英国高校大都开设了专门的伦理道德课，如牛津大学哲学学院开设有伦理道德的专业课及全校通识课程，以直接宣讲的方式向学生传授被社会普遍认可的道德价值观。同时在不同学科领域开设应用伦理学课程，对学生进行职业道德教育。课堂上教师不会脱离实际进行单纯的理论说教和强制性知识灌输，而是联系现实生活，运用内容生动、形式多样、符合青少年认知发展规律的材料和教师自行编写的讲义，针对当前普遍存在的社会问题和各专业领域的道德难题，组织课堂讨论、演讲辩论等多种形式的专门研究。教师一般不提供权威答案，而是引导学生自己思考，培养学生独立观察、分析、解决道德问题的能力及开放性思维，并使之学会尊重、体谅他人的道德选择，自觉树立自身合理的价值取向。

　　俄罗斯是高等教育十分发达的国家，高等院校为了提高在校大学生的综合素质和自身修养，加强了人文学科的教学力度，形成了相对稳定的思想政治教育课程队伍。俄罗斯的高等院校一方面构建新的课程体系，使共同课程与特殊课程，综合课程与分科课程，传统课程与新设学科，普及教育课程与筛选教育学科课程，课程内容的标准化与个别化、多样化、整体化、细分化并存。通过这一途径，更多的教师投入到帮助学生形成自觉意识，培养学生公民觉悟和热爱祖国的情感，培养学生尊重法律和个人自由的思想的教学工作中。另一方面，通过扩大人文学科课程，加强人文学科课程队伍的建设，把思想政治教育、公民教育的内容渗透到社会科学及理工科的教学活动中。

　　日本高校思想政治教育课程一般由教养学院的教师主讲和授课，没有设教养学院的学校由各个学院开出全校共通的教养科目，承担思想政治教育的教学。这要求教师必须要对教养教育具有改革的意识，并对承担思想政治教育的教师提出了更高的要求。教师要保持把教育作为职业的自觉性，不断努力改善课程内容和教育方法。不仅使入门听取课程的学生对专业知识学习产生浓厚兴趣，展现自己追求学问的形象和方式，而且要提

① National Council for the Social Studies. National Standards for the Preparation of Social Studies Teachers[R]. Jan.1, 2018, p. 10.

高学生学习的欲望和目的的意识。[①]"大学授课本来就是教师和学生相互交流切磋的场合，是学生知识、人性的成长的场合。因此，各大学在推进有魅力的课程的同时，力图改善教学方法，实现让学习变得愉快和有意义，让学生感动的授课目标是必要的。"[②]文部省在《关于新时代教养教育的方针》中指出："各大学教养教育的课程体系在让学生充分了解的基础上，要标明授课科目的学习顺序，不同领域的学习要件，并辅助以副专攻等形式的辅修体系也是必要的。"《方针》要求教师在具体科目的授课中不断改进教学内容和方法，对学生进行更加细致的指导和辅导。在授课方法上，《方针》建议主题讲授课目可以由多个教师承担，可以加入实验和实习等，在唤起学生学习的好奇心上下功夫。放映优秀的影像资料和开展相关书籍的阅读活动等对真正的学习也是有效的。

韩国已形成了一个庞大的思想政治教育网络，主要体现在纵横两个方面。在纵的方面，国民精神教育始终贯穿从幼儿园到大学的学校教育全过程，并根据学生的年龄和身心发展特点做到循序渐进、层层深入。为此，韩国在幼儿园、小学、初中开设道德课和社会课，在高中和大学开设国民伦理相关课，并编写出从幼儿园、小学、初中、高中直到大学的一整套国民精神教育新教材。在横的方面，学校的每门课程都以各种方式反映出国民精神教育的要求。第一位是伦理道德方面的课程，直接对学生进行传统道德与现代伦理教育；第二位是国语、文学等方面的课程与教材，间接反映国民精神教育内容，这在每个韩国高校都有开设。例如，首尔大学、淑明女子大学就开设国语课作为学问基础课；第三位是理科和体育、音乐、美术、实科等方面的课程与教材，这些学科也用潜在的方法，渗透国民精神教育的内容，使国民精神教育系统化、"生活化"。这些课程的教师队伍就是韩国的思想政治教育工作者。

2. 生活指导者

由于社会的急剧变化，正规的课堂教学很难满足学生的发展需求，很难适应千变万化的社会，产生了许多问题。国外学校开始倡导生活指导运动，由一般的生存生活指导扩展到与精神心理指导和道德问题指导的结合。生活指导和心理指导的导师和教育者也属于思想政治教育的教师队伍。

美国的生活指导主要着眼于学生个性、个别差异和个体需要，是正规教学的补充手段，几乎涉及学生和社会需要的各个领域，如职业、学习、健康、人格、道德、心理、交际等。生活指导工作在联邦政府、地方政府和学校中都设有相应的机构和负责人，学校设生活指导委员会或小组，由心理咨询指导人、升学指导人、就业指导人、图书馆指导人、课外学习指导人、卫生保健指导人、俱乐部指导人、休假指导人等组成，设主任1名。生活指导对于帮助学生个人素质充分发展起着十分重要的作用。美国几乎所有大学都设有心理卫生、心理咨询类机构。这类咨询机构有固定的编制、行政划拨的经费和

---

① ［日］文部科学省：《关于新时代教养教育的方针》，参见日本文部科学省网站，2002年2月。
② ［日］文部科学省：《关于新时代教养教育的方针》，参见日本文部科学省网站，2002年2月。

正规的工作制度与规划。这里集中了一批受过专门训练的心理咨询专家全面为学生提供发展咨询、适应咨询和障碍咨询。如美国哈佛大学设有学习咨询处，配备了充足的专职人员。此外，美国高校对心理咨询人员也有十分严格的职业道德要求。

法国的思想政治教育教师队伍承担的主要职责也是从事各专业、各年级的思想政治教育教学工作，在学习、升学等方面为学生提供指导，主持相关科学研究项目，参加学校各级理事会和委员会的管理工作。[①] 由于法国的思想政治教育由国家直接干预，其思想政治教育教师队伍的角色可理解为"公民教育的执行者"。

加拿大各高校为了让学生将所接受的思想观念和道德规范，顺利转化为自身的行为习惯，在校园里开展了各式各样的大学生志愿者活动，志愿者队伍实际上就是自我教育、自我管理的一支队伍。在加拿大的大学校园里，志愿者服务活动是校园各项活动的主体和支撑。以多伦多大学为例，该校的国际交流中心经常会接待来自世界各国的留学生和访问学者，而校园里的志愿者很好地承担了为他们提供语言帮助，引导他们熟悉校园环境和利用学校的各种教学资源等任务，甚至有的志愿者还成为一些留学人员的生活向导，帮助他们及时解决生活上的棘手问题。在安大略省，部分高校也积极创设条件，鼓励在校大学生踊跃参与各种校外志愿者服务活动，包括社区公益募捐，慰问孤残儿童，帮扶贫困民众，帮助酗酒者、吸毒者戒酒瘾和毒瘾等，并将学生在活动中的表现纳入年度综合素质考评。通过参与志愿者服务活动，许多大学生对老师在课堂上所讲授的思想政治理论知识有了更真切、更全面的认识和理解。同时，大学生在各种志愿服务过程中，通过与不同专业背景、不同知识结构和不同社会经历的个体或群体的交流与合作，增强了自身的团队意识与合作精神，为顺利实现个体的社会化奠定了基础。总之，加拿大高校丰富多彩的志愿者服务活动让大学生在实践中升华了理论知识，坚定了思想信念，提高了知行转化能力，较好地巩固了思想政治理论教育的效果。

（二）思想政治教育教师队伍的特点

国外思想政治教育教师队伍建设聚焦于学历、职称、知识结构和专兼职队伍，与中国思想政治教育队伍的建设有相似之处，也有其自身的特点。

1. 注重学历层次

为了保障思想政治教育教师队伍的质量，各国学校对教师的任职资格都有明确的规定，制定严格的教师聘用标准，尤其注重教师的学历、学位，并将其与教师职务及待遇挂钩。例如，美国、英国、德国从小学阶段就开始开展公民教育，正式的学校公民教育主要集中于初中和高中阶段，大学的公民教育依托人文社会科学课程和公民实践来开展。因此，为适应不同阶段的公民教育，国外对思想政治教育教师的学历有不同的要求。如国外大学普遍规定，高校的教学人员，应具有硕士及以上学历。相比其他国家，

---

① 参见教育部思想政治工作司：《大学生思想政治教育与管理比较研究》，高等教育出版社2010年版，第123页。

美国学校公民教育教师队伍更注重学历层次，其中哥伦比亚大学、宾夕法尼亚大学、西北大学的公民教育教师都具有博士学位，这种高学历要求凸显出国外思想政治教育教师队伍对学历层次的要求。

2. 注重知识结构多元化

国外思想政治教育的形式与我国有所不同，在课程设置上，思想政治教育内容融合于公民教育、道德教育和社会科学课程教学中。如英国开设宗教课和道德课，法国开设道德课，德国在中学开设历史课、社会知识课、政治知识课，美国将公民道德教育贯穿学校教育全过程，日本则设立"特设道德时间"等。由于国外思想政治教育与人文素养和社会科学常识教育结合较为紧密，这就要求教师队伍具备多元化的知识结构。一是系统的政治理论知识。如美国公民道德教育认为，"任何社会，为了能存在下去……必须紧密地围绕保持其制度完整这个中心，成功地把思想方式灌输进每个成员的脑子里"[1]，这就要求美国公民教育教师队伍具备相关的政治知识，培养学生参与政治的素质和能力。二是基本的社会规范知识。如美国公民教育旨在培养忠于美国制度的公民，社会规范教育是其公民教育中必不可少的内容。作为社会规范教育的主体，国外公民教育教师也注重丰富其关于权利与义务、优良品德、法制纪律等社会规范类的教育知识。

3. 注重专兼职队伍组合

国外思想政治教育教师队伍主要由两部分教师群体构成，一部分是专职教师群体，如在中小学讲授公民教育课程和在大学讲授通识教育、道德教育课程以及进行学生事务管理的专职教师。其中，从事通识教育课程教学的专职教师需要具备哲学或社会科学相关领域的博士学位；从事学生事务管理的专职教师根据具体分工的不同，需要熟练掌握招生咨询、学业指导、经费资助、生活服务、社团指导、健康医疗、心理咨询、就业指导等方面的政策法规及引导策略。另一部分是兼职教师群体，兼职教师队伍结构较为多元，既有从事通识教育和学生事务管理的兼职教师，也有学生社团的负责人，甚至宗教神职人员等。为了保证兼职教师群体的整体质量，学校不断完善兼职教师的准入制度。以美国高校通识教育兼职教师为例，其"对岗位的实际认识程度；有效的自我表达能力；理论和专业知识；容忍度、对多样性的态度；公众交流技巧"[2]越来越成为能否被聘用的重要参考指标。同时，为保证思想政治教育活动实效，国外高校会对思想政治教育兼职教师队伍的数量进行限定，如美国排名前30位的高校思想政治教育兼职教师队伍的平均比例为20%。

---

① ［美］安东尼·奥罗姆：《政治社会学——主体政治的社会剖析》，张华青、孙嘉明等译，上海人民出版社1989年版，第317页。

② 陈润瑶：《美国高校学生事务管理队伍专业化建设》，《中国成人教育》2017年第19期。

（三）思想政治教育教师队伍的建设

国外思想政治教育教师队伍建设主要聚焦于严格教师准入制度、创建教师培训平台和健全考核评价体系三个方面。

1. 严格教师准入制度

国外思想政治教育具有很强的政治性、学术性、融合性，有严格的教师准入制度，以保证在"入口"把握住质量关。

一是公开招聘制度，相关制度应确保在招聘名额、成立招聘小组、制定岗位说明、发布招聘信息、审核应聘者材料、面试、试教、听取推荐人意见、录用、签订劳动合同等环节有严格的程序。如美国思想政治教育教师会面向社会公开竞聘，竞聘流程主要包括成立聘任委员会、面试或做学术报告、确定候选人和报校董事会确定最终录用者等环节。二是择优选拔原则，设置综合性岗位招聘标准。"择优"不仅包括学术、名校等指标，而且注重申请者的综合素质，特别是其发展的潜质及工作的态度。英国剑桥大学在招聘通识教育教师时，除了有学历、学位、学术成就等基础条件外，还需考察申请者在专业领域的地位、经历、经验以及沟通能力等。三是试用期制度，国外对新进的思想政治教育教师一般会设置一定的准入期，通过试用期全面评价及考察其岗位胜任能力。例如，美国高校通常对思想政治教育教师设置4—7年的试用期，试用阶段合格者才会被聘用，不合格者将辞退，此举严格了教师"准入口"。英国要求新进教师有一定期限的见习期，根据见习期的表现，合格者可与学校签订长期任教合同，考核不合格者则被解聘。

2. 创建教师培训平台

严格的教师准入制度能够保证思想政治教育教师队伍的基本素质，但教师队伍的成长是一个长期的过程，需要创建教师培训平台，以真正实现教师队伍的可持续发展。

一是创建职前培训平台，提升专业素质、丰富工作经历。如美国高校推行"未来师资培训计划"（PFF），通过组建合作学校小组，指派教学导师，在校与校之间搭建一个合作培训平台，为有志于在高校从事与思想政治教育相关的教学科研工作的青年群体提供必要的支持。二是创建任职培训平台，建立教学服务中心或者教学培训中心。美国思想政治教育教师队伍的培训内容包括大学教学、认知心理、高等教育等方面的课程，中心安排导师组织专业问题研讨。英国要求老教师对新教师进行一对一指导，组织新教师进行教学参观、对新录用的教师进行教育理论和技能培训。三是创建在职进修平台，通过参与国际交流合作、现代教育技术手段培训等形成职前、任职期和在职期三个阶段的连续培养培训体系。

3. 健全考核评价体系

考核评价是对思想政治教育教师队伍工作质量的价值判断。一是基于目标责任制的层级评价。通过制定思想政治教育工作目标，将总体目标转化为个体目标，目标要求包括教学、服务和专业发展三个方面，其中的条目要可量化，根据个人目标完成情况评价其绩效。例如，美国哥伦比亚大学对教师的年度考核主要包括教学、科研和服务等5项一级考核指标和若干二级考核指标，两类考核指标构成教师绩效考核评估表，评估表由主管人员及教师共同评议形成考核结果。二是激励引导与发展性相结合的评价方式。国外思想政治教育教师队伍发展趋于专业化和专家化，评价内容不限于已有的专业水平考核评价，还以发展的、全面的、动态的方式对其发展潜能等进行考核评价。

三、思想政治教育教师队伍建设比较的启示

对国内外思想政治教育教师队伍进行比较，目的是把握思想政治教育教师队伍建设规律，借鉴国外有益经验，以推动我国思想政治教育教师队伍建设。

1. 创新队伍选聘机制

虽然不同国家思想政治教育的形态和要素呈现出差异性，但在思想政治教育教师队伍的准入制、聘任制上具有一致性。这在于思想政治教育本身具有意识形态性和教育性的双重特质，要求从事该实践活动的人既要遵循教育活动的一般规律，又要在价值观、职业道德、思想素质上高于一般教师队伍。

一是严把思想政治教育教师队伍入口关。通过设置合理的职业准入期，严格执行教师准入制，按照政治认同和价值观、思想品德、教学水平和科研能力等方面的要求配备思想政治教育教师队伍。二是注重对思想政治教育教师队伍的思想素质考察，并要求思想政治教育教师具备良好的思想素养和道德人格，他们应成为学生的道德楷模。美国品格教育要求教师首先要成为学生的道德榜样，要求教师能够对自己的教育使命有较为清晰的认知，对本职工作有坚定的信念，并且能够始终保持学习的习惯和态度。[①]三是健全"能进能出"的竞争机制，并将教学、科研成果、育人成效与待遇挂钩。在这一点上，中国与国外有共通之处，如中国发布的《国家中长期教育改革和发展规划纲要（2010—2020年）》指出，要不断改善教师的学习、生活和工作条件，并依法保证教师平均工资不低于或者高于国家公务员的平均工资水平，并逐步提高，以激发思想政治教育教师队伍的积极性和创造力。

2. 优化教师队伍结构

不同国家的思想政治教育都强调配备一支学历层次高、年龄职称结构合理、专兼组合的教师队伍。

一是注重提升教师的学历层次及专业能力，改变思想政治教育教师队伍中存在的专

[①] Lickona, T. "The Return of Character Education", *Educational Leadership*, Vol. 51, No. 3, 1993, pp. 6–11.

业差异较大、跨专业授课、年龄断层等现象。通过分层指导、综合培养优化专兼比例等措施，可以提高思想政治教育教师队伍的学历层次及专业能力。二是加强教师的岗位分类管理，明确各级岗位的责任分配和工作计划，将教授、副教授、讲师、助教等不同的职称岗位与相应的考核评价制度挂钩，以保障相应岗位教师队伍的教研相长。例如，把学校思想政治教育教师队伍分为教研型、研究型和教学型几种岗位类别，如研究型岗位的教师可以不承担全职教学工作，主管项目工作，工资略高于教学岗位的教师。教学岗位教师的主要职责是承担全职教学任务，几类岗位相互配合推动思想政治教育发展。截至2021年11月底，我国登记在库的高校思想政治理论课教师总人数已超12.7万人，其中专职教师超9.1万人。高校思想政治理论课教师队伍中，具有研究生及以上学历的占72.9%，具有高级职称的占35%。[①] 我国高校思想政治教育教师队伍在数量、专业结构、学历结构上不断提升，正在形成一支理想信念坚定、师德高尚、专业能力突出的思想政治教育教师队伍。

3. 健全教师培训机制

思想政治教育教师专业素质的提升离不开系统规范的培训。《普通高等学校思想政治理论课教师队伍培养规划（2019—2023年）》指出，努力培养造就数十名国内有广泛影响的思政课名师大家、数百名思政课教学领军人才、数万名思政课教学骨干，推动全国高校思政课教师队伍更平衡更充分发展。这一目标的达成需要在对高校思想政治教育教师队伍的规范化培训中注重系统性与差异性的统一。思想政治教育教师队伍培训应围绕提高理论素养、强化科研能力和提高教学水平等目标制订详尽周密的培训计划，尽可能实现教师培训层次和类型的全覆盖，打造一批特色鲜明的思想政治教育教师培训基地，实现思想政治教育教师队伍培训常态化。同时，要根据教师教学科研水平的不同选择差异化的培训方式，以实现思想政治教育教师队伍人才结构优化，着力打造一批在教学科研和师德师风上具有示范效应的骨干人才。

第二节　思想政治教育管理队伍的比较

思想政治教育管理队伍主要由从事思想政治教育管理活动的人员构成。对中外思想政治教育管理队伍的角色、特点、建设方式进行比较，有助于发现其中的规律和经验，从而有助于加强和改进队伍建设质量，提高思想政治教育管理队伍的素质和能力。

[①] 　闫伊乔：《高校思政课专兼职教师超12.7万人》，《人民日报》2021年12月13日。

一、我国的思想政治教育管理队伍

我国思想政治教育管理队伍主要从事思想政治教育管理活动。可以从主体、特点和素质、建设四个方面对队伍的状况进行把握。

（一）思想政治教育管理队伍的主体

思想政治教育管理队伍是遵循思想政治教育管理活动规律，对管理活动中的各要素、各环节进行统筹协调，以实现思想政治教育管理目标的群体。

1. 思想政治教育管理活动的组织者和实施者

思想政治教育管理队伍是思想政治教育管理活动的组织者和实施者，其角色和职责表现为以下三个方面。

一是思想政治教育管理队伍对思想政治教育要素进行管理，包括内容、目标、方法、环境、载体等，促进各个要素之间的配合和协调，以推动思想政治教育有效运行。二是思想政治教育管理队伍对思想政治教育过程进行管理，既包括思想政治教育运行阶段，又包括思想政治教育各个环节，以推动思想政治教育系统内部及其与其他社会系统之间的协调运行。三是思想政治教育管理队伍对人的管理。根据思想政治教育管理以人为中心的原则，即管理的终极指向在于激发人的主体性，实现人与其他要素的有效配置和协调，思想政治教育管理队伍主要开展对主体之间的关系管理、素质管理、评价管理和思想政治教育对象的分类管理。基于思想政治教育管理活动的领域和行业的差异性，思想政治教育管理队伍构成呈现出差异性，并进一步决定思想政治教育管理者的具体职责和功能。

2. 从事基层管理的思想政治教育管理队伍

早期的思想政治教育活动，由于受思想政治教育领域的限制，通常采取以具体单位为主进行思想政治教育管理的方式，由此形成思想政治教育基层管理队伍。例如，中国共产党把党支部建立在连上的优秀传统，就是思想政治教育基层管理模式的典型，体现出把业务工作与思想政治教育相结合的特点。

高校辅导员队伍属于高校基层思想政治教育管理者，其核心角色是大学生日常思想政治教育的组织者，基础角色是学生事务管理的实施者，关键角色是大学生成长和发展的指导者。这决定其工作职责主要是引领大学生政治思想，指导大学生学习，科学、系统引导大学生职业规划，开展日常事务性管理，如学风建设、班级管理、评奖评优、勤工俭学、发展党员等。

3. 从事集成管理的思想政治教育管理队伍

当教育对象数量不断扩大时，专门的思想政治教育管理机构应运而生，如党委宣传部、高校学生处等。这些专门的管理机构按照统一要求开展思想政治教育管理，主要负责思想政治教育对象的政治理论学习、党团组织建设和日常思想政治教育。正如毛泽东在《关于正确处理人民内部矛盾的问题》中强调的："思想政治工作，各个部门都要负责任。共产党应该管，青年团应该管，政府主管部门应该管，学校的校长教师更应该管。"[①]这种各个部门都要管的模式就是思想政治教育的集成管理，由此生成思想政治教育集成管理队伍。

以高校思想政治教育管理队伍为例，按管理主体的层次划分，可分为校级思想政治教育管理者、中层思想政治教育管理者和基层思想政治教育管理者。按管理主体的岗位划分，可分为党委系统的专职人员和群团系统的专职人员。

（二）思想政治教育管理队伍的特点

思想政治教育管理队伍是做好思想政治教育工作及其管理工作的组织保证，中国思想政治教育管理队伍具有如下特征。

1. 专业性

思想政治教育管理队伍的专业性是思想政治教育管理队伍较其他思想政治教育参与者的特殊性所在，包括思想政治教育管理队伍的专业理论素养、专业工作技能和专业岗位保障。

首先，思想政治教育管理队伍具备专业的理论素养。这在于思想政治教育管理实践的有序推进离不开专业理论的指导，作为思想政治教育管理工作的主要承担者，其理论知识结构与理论转化能力直接影响管理效能的达成。思想政治教育管理队伍不仅需要掌握马克思主义理论、思想政治教育专业理论和管理学的基本理论，还需要具备哲学、教育学、心理学等相关学科的基础性理论。

其次，思想政治教育管理队伍具备专业工作技能。思想政治教育管理包括主体管理、活动管理和过程管理。一方面，管理主体类型和层次的差异性，管理活动载体和流程的多样性和流变性，管理过程各阶段和各要素的承接性和耦合性都不同程度地增加了思想政治教育管理的不确定性。另一方面，思想政治教育管理的运行过程并非单一的依靠既有规则或制度进行管控和治理的过程，而是需要根据思想政治教育对象的思想动态及其发展规律进行分层化、针对性的引导和应对，这就需要思想政治教育管理队伍运用思想形成发展规律引领思想政治教育对象的思想，将思想政治教育管理的目标要求与管理对象的思想提升需求有机结合，提升思想政治教育管理的思想内涵。为此，思想政治教育管理队伍需要掌握专业的工作技能，遵循思想政治教育的基本规律和管理规律，将思想引领与管理育人相结合，将系统管理与单向管理相协调，将制度规约与自觉自律相统一。

最后，思想政治教育管理队伍需要以专业岗位为保障。为了确保思想政治教育管理工作的有序开展和目标实现，需要有一支人员结构合理、职责分工明确的专职管理队伍。思想政治教育管理队伍的岗位专职化能够促进思想政治教育管理队伍的相对稳定

---

① 《毛泽东文集》第7卷，人民出版社1999年版，第226页。

性，保证管理队伍成员投入充足的时间和精力推动各项管理实践的运行，有助于管理队伍本身向职业化、专家化的方向发展。

2. 创新性

在新时代中国特色社会主义建设进程中，经济体制深刻变革、社会结构深刻变动、利益格局深刻调整、思想观念深刻变化对思想政治教育管理的创新发展提出了新要求，这就需要思想政治教育管理队伍具备敏锐的创新意识和强劲的创新能力。

一方面，思想政治教育管理队伍需要创新管理理念。逐步实现从重"物"的管理向重"人"的管理转变，从单一管理向综合管理转变，从重复性管理向创新性管理转变。具体而言，就是要在管理过程中将教育人、鼓舞人与尊重人、关心人相结合，激发管理对象的内在动力，力图实现自觉自主管理；就是要准确把握思想政治教育管理过程中各要素之间不断生成和变化的信息和能量交互，促进各要素的协同配合，共同实现管理目标；就是要从单一重复的传统思想政治教育管理模式向多样多层的现代思想政治教育管理模式转变。

另一方面，思想政治教育管理队伍需要主动掌握信息技术创新管理方式。互联网技术、信息技术、人工智能和大数据技术的迅猛发展要求思想政治教育管理队伍积极探索基于数字技术平台的管理方式变革，由传统的垂直管理向扁平化管理转变，由程式化管理向交互式管理转变。

（三）思想政治教育管理队伍的素质要求

思想政治教育管理队伍的素质主要包括与思想政治教育管理活动相匹配的思想政治素质和专业素质。

1. 思想政治素质

思想政治教育管理队伍的思想政治素质关乎思想政治教育管理的目标导向和效能实现，是思想政治教育管理队伍最重要的素质之一。

其主要内容包括：一是具有鲜明的无产阶级政治立场、坚定的共产主义政治信念、较高的政治站位和政策水平。思想政治教育管理队伍必须坚持无产阶级的立场，坚定不移地坚持党的基本路线，坚定共产主义信念；坚持马克思主义的基本立场、观点和方法，善于从实际出发，正确认识和处理各种政治问题，提高政治觉悟，正确贯彻落实党的政策，妥善解决各种矛盾，调动一切积极因素，保证思想政治教育管理的方向性。二是具有正确的世界观和人生观、科学的思想方法和优良的作风。思想政治教育管理队伍自身首先要确立正确的世界观和人生观，才能对教育对象进行马克思主义的世界观和人生观教育和管理，否则将导致思想政治教育管理活动进入误区。

2. 专业素质

思想政治教育管理队伍的专业素质是促进思想政治教育管理有效开展的硬核支撑，具体而言，包括专业知识素质和专业能力素质。

一方面，思想政治教育管理队伍需要具备扎实的马克思主义理论知识、系统的思想政治教育专业知识和广博的相关学科知识。首先，马克思主义是思想政治教育管理队伍理解和执行党的路线方针政策的指针。思想政治教育管理队伍需要认真学习和研究马克思主义，加强思想淬炼，用马克思主义的立场、观点和方法指导思想政治教育管理实践。其次，思想政治教育管理队伍的实践活动虽具有间接性和渗透性的特点，但思想政治教育管理队伍也需要掌握系统的思想政治教育专业知识，要通过把握思想政治教育的指导理论、主要方法，明晰思想政治教育的目标、任务与内容，以此指导自身的实践活动，提高自身业务能力和专业水平。最后，思想政治教育管理队伍应学习和掌握相关学科的知识，同时也应学习与具体工作对象有关的专业知识，增强自身对管理工作的理解和把握。

另一方面，思想政治教育管理队伍需要具备过硬的专业能力素质。思想政治教育管理对象的类型多样，层次多维，思想政治教育管理的策略和方法也需要根据管理对象的差异和变化而进行优化，这就要求思想政治教育管理队伍既要遵循思想政治教育的一般规律，又要掌握管理活动的科学方法；既要坚守思想政治教育管理的马克思主义立场，又要根据管理对象和管理形势的新发展、新变化不断创新管理机制与方式；既要彰显思想政治教育管理的目标要求与专业特色，又要体现管理队伍建设和发展的职业化取向。

（四）思想政治教育管理队伍的建设

思想政治教育管理队伍建设的内容主要包括组织、机制和制度三个方面。

1. 思想政治教育管理队伍建设的组织

思想政治教育管理队伍建设的组织注重专职、兼职、后备多维力量统筹兼顾。以高校为例，各级党委、团委、学生工作管理部门是高校思想政治教育管理的专门机构，其工作人员是思想政治教育管理的专职队伍，它们按照统一的要求和部署组织高校思想政治教育各项事务和活动的开展，是高校思想政治教育管理的骨干力量。各专业任课教师、后勤保障部门等是高校思想政治教育管理的兼职队伍，它们通过兼职承担班主任工作或学生生活服务管理工作协助高校思想政治教育专职队伍开展相关教育工作。高校"青年马克思主义者培养工程""高校思想政治工作骨干在职攻读博士学位专项计划"等培育模式和研修计划为不断提升高校思想政治教育管理队伍、增强队伍活力提供人才支持和保障。

2. 思想政治教育管理队伍建设的机制

思想政治教育管理队伍建设是一个连续的不断提升的过程，因此思想政治教育管理队伍建设的机制也具有连续性和系统性，主要包括组织协调机制、竞争机制和激励机制等。

一是要充分发挥各级党委在思想政治教育管理队伍建设中的领导核心作用，建成党委统一领导、党政工团齐抓共管、党委宣传部门牵头协调、有关部门共同参与的组织协调机制。二是从思想政治教育管理部门的实际出发，形成管理者"能进能出，能高能低"的竞争机制。同时在强化思想政治教育管理岗位聘任规范化的前提下，建立"按需设岗，公开招聘，竞争上岗，聘约管理，从严考核"的岗位聘用机制。三是合理运用激励机制激发思想政治教育管理队伍的积极性。首先，通过对思想政治教育管理队伍的生活境遇、发展前途给予关怀和支持，为其创设有利于发挥能动性和实现自身价值的平台。其次，通过目标激励，把对思想政治教育管理队伍的"单向式"要求，转化为他们为实现管理目标的自觉行动，将思想政治教育管理队伍培养成目标的制定者和执行者。最后，通过选取思想政治教育管理队伍建设中具有典型性和示范性的个人和团体，发挥其作为榜样的感化作用，激励思想政治教育管理队伍在对榜样的学习中践行社会责任，实现人生价值。如教育部"全国高校辅导员年度人物""最美高校辅导员"等评选活动即是优化榜样激励机制的重要体现。

3. 思想政治教育管理队伍建设的制度

思想政治教育管理队伍建设的制度主要体现在制定、优化和完善选拔制度、培养制度、任用制度、考核制度和保障制度等，推动思想政治教育管理队伍的制度创新，确保计划、酬劳、晋升、赏罚、保障跟进。

以高校辅导员队伍建设为例，《普通高等学校辅导员队伍建设规定》指出，"高等学校应当按总体上师生比不低于1∶200的比例设置专职辅导员岗位"；在专职辅导员职称评聘方面，强调"考察工作业绩和育人实效，单列计划、单设标准、单独评审。将优秀网络文化成果纳入专职辅导员的科研成果统计、职务（职称）评聘范围"；在辅导员队伍发展方面，要求"确保每名专职辅导员每年参加不少于16个学时的校级培训，每5年参加1次国家级或省级培训"；在辅导员管理和考核方面，"实行学校和院（系）双重管理。学生工作部门牵头负责辅导员的培养、培训和考核等工作，同时要与院（系）党委（党总支）共同做好辅导员日常管理工作"。此外，教育部先后通过一系列关于高校辅导员队伍建设的文件，如《教育部高校辅导员培训和研修基地建设与管理基本标准（试行）》《普通高等学校辅导员培训规划（2013—2017）》《高等学校辅导员职业能力标准（暂行）》等，以完善制度、建设和谐环境、提高思想政治教育管理者的素质，推动其与思想政治教育教师队伍加强联系、紧密结合，形成教书育人、管理育人、服务育人的教育合力。

二、国外的思想政治教育管理队伍

国外思想政治教育管理队伍主要集中于学校领域中的学生事务、学生工作、社会化思想政治教育活动等。

（一）思想政治教育管理队伍的主体

国外思想政治教育管理队伍的构成呈现多元化和交叉性的特点，其主体是各类学校的学生事务管理队伍。国外思想政治教育管理队伍主要通过服务和管理学生事务，搭建科学研究、志愿服务和宗教文化交流等平台，宣传和推广社会核心价值，引导大众提升公民意识，参与公共政治，提升公民素养。国外思想政治教育管理队伍注重思想政治教育实践，并将管理活动与日常业务相关联。

1. 学生事务管理者

学生事务管理涉及学生入学、新生适应、注册报到、咨询服务、住宿生活、经济资助、课外活动、职业发展、学生健康、纪律处理、残疾服务、毕业典礼、国际学生服务等所有非学术性学生事务的管理，虽然没有一个统一的部门和队伍进行管理，但只要涉及学生工作的部门和单位，都有专门的职员和人员负责学生事务的管理，他们构成了学生事务管理的队伍主体。

美国学校有许多学生文体活动协会、俱乐部以及各类兴趣小组，这些协会、俱乐部和小组都有一定数量的指导教师和相应的管理部门。经由教师指导和帮助来开展丰富多彩的活动，培养学生的社会交往能力和合作精神，培养学生自立、自信、开朗的人格品质和热爱生活、乐观向上的生活态度。此外，全校性的活动，如校庆、国庆等节日庆典和大学毕业典礼等活动，也有专门的校友会、毕业典礼办公室人员来负责，以培养学生爱校爱国的精神。在美国，学校思想政治教育管理队伍还通过职业咨询、心理咨询等方式对学生进行价值引导。美国学校的学业和职业咨询师为学生提供学习和就业辅导，公立学校设有"班主任"制度，班主任承担教学任务和管理学生心理状况的任务。美国高校还设立学生辅导中心、学生服务中心，建设服务设施，由训导员、辅导员或指导员主管学生工作，指导员为学生学业和生活提供帮助，给出职业建议，帮助学生解决人际交往冲突，化解情绪和心理问题。如哈佛大学设有专门的新生教务长办公室，内设一名新生教务长和三名副教务长，专门负责一年级新生的学习、生活、个人问题，事无巨细，另外还设有新生向导、新生住宿教育计划等。

英国高校设有就业指导服务中心，其中有专门负责信息和资料的管理员、负责与用人单位接洽的对外联络员、负责研究就业政策和进行咨询的就业指导师等，为学生学习、生活、职业规划提供专业的指导和服务。

日本思想政治教育管理人员也称辅佐员，类似于我国高校的辅导员。他们的主要职责是承担学生道德教育和生活指导的任务，主要包括：一是组织道德教育活动。日本思想政治教育教师队伍经常与家长协会联手组织一系列教育活动，加强家庭与学校之间的联系，培养学生良好的思想道德品质，促进学生身心健康的发展。二是纠正违规违法活动。日本思想政治教育教师队伍常与防范协会共同开展学生辅导活动，防止青年学生不良行为的发生，及时排除暴力行为，防止违法行为。三是道德责任感的示范者。日本文部省发布的《中等学校、青年学生公民教师用书》特别强调，培训好公民的教师队伍是培养好公民的学生的前提，教师队伍要有现代民主观念，向学生示范好公民的正确思想观念及言行。

2. 兼职辅导员

国外学校还活跃着一支思想政治教育管理兼职队伍，其多由校外知名人士、专家、校友和校内高年级学生组成，定期或不定期地对学生或社团进行指导和管理。

美国高校宿舍的管理者就多是由高年级学生或研究生兼职担任，也叫宿监（RA）。宿监要承担很多责任，包括协助宿舍编制、做学生生活管理的辅导员、执行宿舍规章的监督员、学业方面的咨询员、心理问题的咨询员、学生矛盾的调解员等。学生在宿舍发生任何问题时，都可以第一时间求助于宿监。宿监的工作虽是兼职，但其职能与中国高校辅导员的职责基本一致。此外，学校的学生活动办公室也会聘用学生担任兼职，除了帮忙策划各种学生活动外，还要指导学生开展相关活动，其工作也具有思想政治教育管理者的性质。

在日本，无论中学还是大学，都有丰富多彩的社团活动。在日本的中学，一般每个学校都会有三四十个以上的社团，分为体育类和文化类两大类。从体育到艺术，从运动到后援，分类细致，活动内容丰富。其中为数最多的是体育类的社团，日本的学生几乎每人都会在初高中时参加一项体育类的社团活动，大学的体育社团便相当于高中生活的一种延续。俱乐部的活动除了有学校教师的专门指导之外，不少学校还聘请退役或非常勤的校外专门人士来指导和管理。这些兼职管理队伍不仅教授专业的技能，更从意志毅力、拼搏精神等方面指导学生，并以团队合作和协作的要求来管理社团，不仅提高了社团的专业水平，更培养了其向上的专业精神。如日本国家男子足球队的成员，有一部分就是从各大高校足球社团招募来的拔尖人才，国家队成员来自学校社团，除了有队员自身的不懈努力之外，也与学校的专业兼职老师对学生的专业化指导和管理是分不开的。

（二）思想政治教育管理队伍的特点

国外的思想政治教育管理队伍虽然呈现出分散性、多元性的特点，但其实质也是对教育对象的有效管理，而且日益具有专业化、职业化、可持续发展的特点。

1. 专业化

首先，国外思想政治教育管理队伍的专业化体现为专人专岗，按照职位与能力相匹配的原则聘用思想政治教育管理人员，并要求从事思想政治教育管理工作的人员具有相应的管理能力。美国高等教育标准促进委员会（CAS）明确指出，学生事务管理者的职业伦理原则中，首先是建立"自主、不伤害、善行、正义、忠诚、诚信和友好关系"，这是管理队伍最基础、最核心的价值标准。

其次，岗位设置体现思想政治教育管理的专业性。如德国在对高等职业技术教育机构的思想政治教育管理队伍的聘任上审查严格，执行任职资格制度；在学历和工作岗位经历方面有明确的规定；岗位设置决策层、管理层、事务层，安排合理、分工细致。

最后，思想政治教育管理队伍具备专业方面的教育背景和学历。美国学校思想政治教育管理者基本上都具有本科以上学历；初级岗位的人员通常需具备心理咨询、职业指导、学生事务实践、学生发展等方面的硕士学位；中级甚至高级管理人员，则需要拥有相关学科领域的博士学位。以美国高校学生事务管理队伍为例，美国多数州规定，指导员必须获得硕士学位，并掌握心理学知识、熟练运用指导方法和技巧、能够尊重体谅学生，此外，还要求他们以会员形式加入美国辅导员协会（ASCA），定期参加受到认证的各项专业培训、会议、小组，提升辅导员的专业化水平。

2. 职业化

国外思想政治教育管理队伍的职业化体现在其职业准入和发展具有明确的目标规划、职责划分和提升策略。

英国高校的学生事务管理工作队伍分工明确，工作人员能够各司其职，他们往往只负责学生某一方面的工作，例如学生就业指导、心理咨询、价值观教育引导等。从职业的选择与聘任来看，英国高校十分重视管理人员的相关职业素养，除基本计算机技能、沟通协作能力、学历背景等素质要求以外，还需要具备与各部门职业要求相契合的职业素质。[①]

美国高校对学生管理队伍的选拔、任用、职业发展和工作评估作了一系列规定和制度要求。美国高校学生事务从业者的职业定位是既要帮助学生提高学习能力，为以后的职业发展作出规划，又要满足其基本生活需求。职业准入采取公开招聘的方式，在校内网站、社会媒体和相关职业协会网站的招聘栏中发布具体要求。对于新招聘的人员，美国高校会组织入职培训，提升其工作能力，同时还通过营造职业环境、资助职业交流等方式促进学生管理人员的职业发展。新加坡南洋理工大学的思想政治教育管理队伍分为3个大层级和3—5个子层级，对各个层级的岗位职责、教育背景、履历经历、资格证书、核心能力等进行规定。此外，通过培训课程和项目来实现对行政管理人员的日常培训、提高其综合管理能力，通过绩效考核和工作完成度来评判是否可以获得职位晋升。

3. 可持续发展

由于国外对思想政治教育管理队伍有相对完备的聘任、考核、培训等方面的规定以及较为可观的待遇和职业发展前景，思想政治教育管理队伍一般不会频繁流动，能够保持思想政治教育队伍的相对稳定性。

以美国高校学生事务管理队伍为例，美国劳工部2019年发布的数据显示，2019年美国学业和职业指导师的年薪为57 040美元，高出咨询师、社会工作者和其他社会服务人员年薪1万美元，是全国各行业收入平均水平（39 810美元）的1.5倍左右。[②]较高的职业待遇能保证高校学生事务管理队伍的稳定性，据统计，2018年，美国学校辅导员和职业指导师行业的从业人数为324 500，预计2028年总人数将达到350 460。从2018年

---

① 参见徐艳国：《中英高校学生工作队伍建设比较研究》，《思想理论教育导刊》2008年第9期。
② 参见美国劳工部：《美国学校辅导员收入概况（2019.5）》，美国劳工部网站。

到2028年，美国高校辅导员人数增长8%，而美国各行业从业人数的增长率为5%，其增长率超过各行业平均增长水平。[①]美国小学、中学和高校录取率的提高直接导致学校辅导员和职业指导师的需求量和雇佣率上升，占全美学校辅导员和职业指导师的79%。[②]

英国学生事务管理队伍也拥有务实的培训体系、健全的专业组织和完备的评估体系，并通过专业的机构和协会为学生事务管理人员和队伍提供学习、积累经验、提升能力的平台。英国高校一方面为学生事务管理人员设计多种培训方案，供其自由选择；另一方面，积极为学生事务管理人员创造与同行交流的机会，开设学生事务管理人员培训课程，进行帮助学生生活、技能发展等所需的相关知识和技能的培训，并提供面向特殊学生群体的支持与服务技能培训等。

（三）思想政治教育管理队伍的建设

国外思想政治教育管理队伍的建设主要聚焦于管理制度和培训制度化，使其建设具有政策支持和规范性。

1. 合理规范的管理制度

国外思想政治教育管理人员的聘任、考核、培训等方面一般会有相应的规章制度和法律规范，具备教育管理职业资格证书是进入思想政治教育管理队伍的前提条件。

国外常见的思想政治教育管理队伍的管理制度主要包括以下三个方面。一是以聘任制为主的用人制度。如德国的高等专科学校组建"以兼为主，专兼结合"的思想政治教育管理队伍，专职思想政治教育管理人员通常只占40%多，兼职教师占50%多，后者多数来自社会和企业。二是通过对管理者的考核，帮助管理者认识自己的优势与劣势，及时调整专业理念、改善专业行为、提升专业水准。如英国高校对学生事务管理工作者的考核方式有三：第一是通过问卷调查了解管理工作者履行职责的情况；第二是建立较为完善的监控体系，分不同层面要求员工进行工作汇报和总结；第三是组织相关学生进行网络测评，学生实名登录能在很大程度上确保测评的有效和公正。[③]英国德蒙福特大学所有的学生事务管理专业人员每年都要接受严格的绩效考核（又称年度员工发展评价，Annual Staff Development Review），考核结果将关系到被考核者的晋升和续聘问题，也关系到管理者的职业发展前途问题。三是合理的薪酬激励。国外思想政治教育管理队伍的工资标准具有可比性，工资主要取决于管理者对岗位的胜任力，任职期内的工资水平会按一定的比例逐年增长。新加坡南洋理工大学的行政管理人员的薪酬体系设计与绩效评估制度、职务晋升机制紧密结合，每月基本工资和年度增幅与其个人学历、工作经历、能力水平、业绩表现直接相关，学校每两年对该制度进行调整，以便完善薪酬管理制度体系。

---

① 参见美国劳工部：《美国高校辅导员从业人数（2018—2028）》，美国劳工部网站。

② 参见美国劳工部：《美国高校辅导员聘用比例》，美国劳工部网站。

③ 参见徐艳国：《中英高校学生工作队伍建设比较研究》，《思想理论教育导刊》2008年第9期。

2. 管理队伍培训制度化

国外不少高校和相关组织会为思想政治教育管理队伍设计出一套系统的培训体系，并从政策、培训专项资金和培训方式上进行规范。

美国的思想政治教育管理队伍实行培训学分制和证书制，参加培训并获得职业资格证书才能够担任职位。同时，美国具备完备的职前和在职专业培训体系，每个州都至少有一所大学开办为高校学生事务管理培养专门人才的相关专业，一些高校专门针对学生事务管理的培养设置博士学位点，开设实践性和可操作性强的专业课程。韩国《青少年基本法》《青少年保护法》规定，大学的咨询员必须具备大学学历，并经过500个小时的培训，并实行咨询工作的"资格证制度"。英国高校依托相应的培训机构和培训协会对学生工作人员进行规范和系统的培训，英国高等教育行政管理协会（AUA）是主要的培训力量，要求制订专业培训计划，定期举办分类别、分主题的辅导和培训班，根据国家和高校对行政管理人员的具体要求为培训合格者颁发资格证书。

三、思想政治教育管理队伍建设借鉴

虽然中外思想政治教育管理队伍在主体构成、活动领域、角色定位上具有差异性，但在素质要求、建设方式的科学化、规范化上却又有共同之处。

1. 提升管理队伍的职业化水平

思想政治教育管理队伍的职业化水平关乎思想政治教育管理质量的提升，更关乎思想政治教育管理队伍发展的可持续性。提升思想政治教育管理队伍的职业化水平，既是思想政治教育管理常态化、制度化、科学化发展的必然要求，也是思想政治教育管理队伍确立自身职责标识，实现专业化、内涵式发展的重要依托。

就当前思想政治教育管理队伍发展的现状来看，要提升其职业化水平，需要从以下三方面着手：一是加快构建完备的思想政治教育管理队伍职业发展理论。思想政治教育管理队伍的职业化发展离不开科学理论的指导，只有从理论建构的角度系统把握思想政治教育管理队伍职业化的发展目标、建设内容、制度依托和实践保障，才能确保思想政治教育管理队伍职业化沿着合规律与合价值的轨道持续推进。二是加快完善思想政治教育管理队伍职业标准。当前，关于思想政治教育管理队伍专业化、职业化的政策已经陆续出台，并就各级各类思想政治教育管理队伍的职责范围和选聘方式进行了规定，但在思想政治教育管理队伍的知识结构、职业技能、准入机制、绩效测评、人才流动等方面还缺少规范化的指标。为此，应加快建立思想政治教育管理队伍职业标准，为思想政治教育管理队伍的职业化进程提供制度保障。三是推动思想政治教育管理队伍的专家化进程。思想政治教育管理队伍的专家化是思想政治教育管理队伍职业化发展的必然趋势。这在于，思想政治教育管理队伍要实现管理理念、管理机制和管理方法的创新，需要深入研究思想政治教育管理过程的各个要素、环节及其作用方式，这就要求思想政治教育管理队伍不仅要具备思想政治教育管理的基础知识、基本技能，还要具备从管理实践中发现和研究真问题、新问题的自觉意识和应对能力。

因此，当代思想政治教育管理队伍应当既是思想政治教育管理理论的探索者，又是思想政治教育管理创新的实践者，这也是推动思想政治教育管理队伍职业化的应有之义。

2. 推进管理队伍专业化发展

在思想政治教育管理队伍建设中注重加强管理队伍的专业化发展有利于提升思想政治教育管理效能，达成管理目标。加快思想政治教育管理队伍专业化发展，就是要进一步规范思想政治教育管理队伍的选聘、考核、培训等制度，强化其正确研判和应对思想政治教育管理问题的意识和能力。

首先，要注重完善思想政治教育管理队伍的学科结构和学历层次。优化管理队伍中具有马克思主义理论学科知识背景与具有其他相关学科背景人员的比例，注重不同学历层次管理人员的选拔和调配，结合管理对象的差异和管理队伍中不同成员的优势进行协同分工，以期实现思想政治教育管理人力资源配置的最优效应。其次，注重思想政治教育管理队伍专业发展一体化建设。这要求在思想政治教育管理队伍人员的培养、选拔、聘任、考核、培训等方面实现一体化发展。以高校思想政治教育管理队伍建设为例，应在高校学生和教师队伍中发现和选拔有志于从事思想政治教育管理工作的优秀人才，依托专门的培养平台和系统的培养模式，使其成长为思想政治教育管理领域的专业型人才和思想政治教育管理后备人才的开发者。最后，激励思想政治教育管理队伍积极进行教育科研，将管理实践的具体经验转化为抽象理论成果。应鼓励在高校思想政治教育管理、德育教育等领域进行广泛研究，特别是对思想政治教育管理实践有指导意义的应用型课题，为思想政治教育管理水平的持续提高提供科学的理论指导。

3. 优化管理队伍的组织结构

优化思想政治教育管理队伍的组织结构旨在促进思想政治教育管理专职队伍与兼职队伍的深度融合，以期为思想政治教育管理目标的有效达成形成合力。构建思想政治教育管理专职队伍与兼职队伍的合力机制有利于拓展思想政治教育管理范围，增强思想政治教育管理的针对性和亲和力。

国外有各类与思想政治教育管理相关的专业组织或协会，它们承担着思想政治教育管理的功能。如美国加利福尼亚学校管理者协会的主要宗旨是保护管理者的权益，为管理者提供培训机会，影响教育政策。加勒彼尔高校管理者协会的使命是促进高校管理者发展，提高管理者的工作水平等。日本则是通过强调思想政治教育管理的网络化和信息化，在宏观层面上建立各级政府领导下的一体多元道德教育管理体系，即全国一体化统一管理下的各行各业的道德教育网；在中观层面上建立完整的地方网络，使学校、社会、家庭、大众传媒在道德教育方面达成共识，强化道德教育意识；在微观层面则是发展完善的学校道德教育运作机制，使道德课、各科教学、学生课外活动、校园生活及校风建设、娱乐旅游等活动都相互作用，发挥相应的教育功能。除了全面立体的管理网络外，日本还设立多种旨在为思想政治教育服务的特色组织，如公民馆的市民讲座课、地区性监护组织、少年辅导中心等。新加坡政府运用人民协会下属的公民咨询委员会开展社会公益活动，在全国积极倡导"义务工作为每个人生活的一部分"的理念，鼓励社区内各非营利团体、中介组织、社区居民在社会各个领域开展志愿服务，形成了社会性的组织、参与和资助的管理流程。我们可以考虑推动专业组织乃至社会非营利组织的培育和发展，充分发挥它们在思想政治教育管理中的作用。

总之，通过中外思想政治教育队伍的比较，在看到我国思想政治教育队伍在专门化、专业化和规范化等方面优势的同时，也应学习和借鉴国外思想政治教育队伍在制度化、多元化、渗透性等方面所做的工作，以更好地推动思想政治教育队伍的创新与发展。

▶ 思考题

1. 阐述中外思想政治教育教师队伍建设的异同。
2. 阐述中外思想政治教育管理队伍建设的启示。
3. 新时代如何推进思想政治教育队伍的创新与发展？

第六章 思想政治教育管理的比较

思想政治教育管理是思想政治教育与管理的结合，是思想政治教育实践的一种形式，是以科学的管理方式提升思想政治教育有效性的重要环节。具体而言，思想政治教育管理是指思想政治教育管理者借助一定的管理学理论、方法和手段，对思想政治教育中的教育者、教育对象、介体、环体等基本要素进行统筹、协调和整合，以期实现思想政治教育目的效用最大化的实践活动。通过对我国和国外的思想政治教育管理的探究和比较，总结两者异同之处，可以发现我国的优势，并有针对性地借鉴国外思想政治教育管理的经验，从而改进和加强我国思想政治教育管理。

第一节 思想政治教育管理机制的比较

思想政治教育管理机制是具体实施思想政治教育管理的结构关系和运行方式。"思想政治教育的管理机制是指在思想政治教育过程中，寓教育于管理之中，按照一定的管理原则，运用各种管理手段，有计划地进行组织、协调、监督和实施，约束人们的行为，促进受教育者思想道德素质发展以达到教育目的的一类管理方法系统和原理"[①]，具体包含计划决策、组织实施、监督检查和总结评估等几个环节。可见，思想政治教育的管理机制具有程序性、内在性、系统性和可调性的特点。在不同的社会制度下往往会有不同的思想政治教育体制，也有各异的思想政治教育管理机制。

一、我国思想政治教育的管理机制

我国思想政治教育的管理机制主要是依据国家教育管理体制而发挥作用。思想政治教育管理机制是把思想价值引领贯穿于管理教育教学全过程和各环节的重要保障，主要包括领导机制、运行机制、评价激励机制三个子系统。

（一）思想政治教育的领导机制

思想政治教育的领导机制是指思想政治教育管理者进行决策、指挥、协调、监督等的组织结构及其关系所构成的子系统。学校思想政治教育的领导机制是指教育管理系统中涉及思想政治教育的相关领导机制。与思想政治教育领导机制相关联的组织机构主要包括教育部高等教育司、基础教育司、思想政治工作司、社会科学司，国家教材委员

---

① 陈秉公：《思想政治教育学原理》，辽宁人民出版社2001年版，第207页。

会，高校党组织、马克思主义学院、党委学生工作部、党委宣传部、团委，中小学党组织、德育处、学生处、政教处和团委，等等。面对思想政治教育过程不断出现的新情况、新问题，思想政治教育的领导机制也在不断地演化。但不管机制如何演化，思想政治教育领导机制的本质规定性始终是坚持党的集中统一领导。坚持党的集中统一领导能够保证思想政治教育领导机制的科学性和有效性，保证思想政治教育活动沿着正确的轨道前进。

1. 高校党委的主体责任制

坚持高校党委对思想政治教育工作的全面领导，是管理与开展思想政治教育的根本保证。高校党委只有牢牢掌握对思想政治教育的领导权，才能确保学校思想政治教育沿着正确方向开展。因此，明确高校党委的主体责任是提升思想政治教育管理效能的关键。改革开放以来，教育主管部门等出台了一系列文件，以规范高校党委与思想政治教育工作之间的关系。如《关于加强高等学校马列主义理论教育的意见》（1978年）、《关于加强高等学校学生思想政治工作的意见》（1980年）都明确要求学校党委要加强对思想政治教育的领导。《关于高校马克思主义理论课和思想品德课教学改革的若干意见》（1995年）进一步要求在党委统一领导和部署下，建立和完善以校长及行政系统为主实施的管理体制。《关于进一步加强和改进高等学校思想政治理论课的意见》（2005年）强调，高等学校党委要切实负起政治责任，加强对思想政治理论课的领导。学校要有一名副书记和一名副校长主管思想政治理论课教学。《关于加强和改进新形势下高校思想政治工作的意见》（2017年）强调，高校党委书记要主持党委全面工作，履行高校思想政治工作和党的建设第一责任人的职责。校长是学校的法人代表，在党委领导下组织实施党委有关决议，行使高等教育法等规定的各项职权。其他党委班子成员履行"一岗双责"，结合业务分工抓好思想政治工作和党的建设工作。《关于深化新时代学校思想政治理论课改革创新的若干意见》（2019年）强调推动建立高校党委书记、校长带头抓思政课机制，并指出"高校党委常委会每学期至少召开1次会议专题研究思政课建设，高校党委书记、校长每学期至少给学生讲授4个课时思政课，高校领导班子其他成员每学期至少给学生讲授2个课时思政课"。

2. 中小学校的党政一把手的主体责任制

中小学思想政治教育管理由原先的校长主体责任制发展为党组织书记、校长的主体责任制。随着对青少年学生思想政治教育的日益重视，党的领导在我国基础教育体制中不断得到加强，并通过颁布的一系列文件加以规范化和制度化。如《关于改革和加强中小学德育工作的通知》（1988年）强调，中小学校长对德育工作负有领导责任。校长不仅应当精通教学业务，而且应当具有正确的教育思想，重视学生的全面发展，保证党和国家教育方针的贯彻执行。德育工作状况应作为考核校长工作成绩的重要依据。《关于进一步加强和改进学校德育工作的若干意见》（1994年）指出，校长要对学生的德智体全面发展负责；在党委（总支、支部）的统一部署下，学校要建立和完善以校长及行政系统为主实施的德育管理体制。《关于加强新时代中小学思想政治理论课教师队伍建设的意见》（2019年）明确提出，中小学校党组织书记、校长要带头走进课堂，带头推动思政课建设，带头联系思政课教师。

（二）思想政治教育的运行机制

思想政治教育的运行机制是指思想政治教育领导机制的组织机构及其平行或下属机构之间相互协调、相互促进的机理关系。《关于进一步加强和改进未成年人思想道德建设的若干意见》（2004年）和《关于加强和改进新形势下高校思想政治工作的意见》（2017年）都体现了在思想政治教育管理活动中贯彻落实"党委统一领导、党政齐抓共管，有关部门组织协调"的原则。这为思想政治教育运行机制的改进和完善提供了重要依据。

1. 坚持党政齐抓共管

纵观党的思想政治教育史，思想政治教育管理工作在历史上始终受到高度重视。从纵向上看，思想政治教育管理范围从单一领域走向复杂领域。从革命战争年代《中央给苏区中央局及苏区闽赣两省委的指示信》提及的"政治工作在红军中具有决定的意义……必须充实现有军队中的政治工作，实现中央政治工作条例。政治工作不是附带的，而是红军的生命线"；到新中国成立之后毛泽东强调的"政治工作是一切经济工作的生命线"；再到改革开放初期邓小平明确指出的"物质文明和精神文明两手抓"；直至新时代习近平提出的"思想政治工作是学校各项工作的生命线，各级党委、各级教育主管部门、学校党组织都必须紧紧抓在手上"[①]。可以看出，重视思想政治教育历来是党和国家的优良传统和工作惯例。在思想政治教育的推进过程中，思想政治教育管理范围从军事延伸到政治、经济和教育等其他领域。但是各个领域的思想政治教育并非孤立地存在，而是互相联系、互相作用的，所以不同领域的思想政治教育的协调运行是思想政治教育的应有之义。从横向上看，思想政治教育本身是一项系统性工程。无论是站在社会管理的角度，还是站在学校管理的角度，思想政治教育管理组织机构关涉的管理者是多方面的。因此，要统筹、协调和整合各个组织机构的思想政治教育管理者，最大效应地发挥各个组织机构相互之间的协同效应，以实现思想政治教育目的效用的最大化。

2. 坚持分级管理和分工负责

"分级管理、分工负责"是我国教育体制机制建构的重要原则，同样也适用于思想政治教育管理过程。具体而言，基础教育阶段的思想政治教育（也称"德育"）与高等教育阶段的思想政治教育（包括思政课与大学生思想政治工作等）在中央层面分属教育部的不同司管辖，到省、自治区、直辖市地方层面又有相应的厅局专属部门进行管理，

---

① 《习近平在全国教育大会上强调：坚持中国特色社会主义教育发展道路　培养德智体美劳全面发展的社会主义建设者和接班人》，《人民日报》2018年9月11日。

最终落实在学校系统内，各个学校思想政治教育的管理实施也形成卓有成效的运行机制。以某高校为例，学校思想政治教育直接受学校党委的领导、管理和监督，学校党委书记直接联系马克思主义学院并且分管或指派另一副书记分管全校的思想政治理论课。同时，在学校党委层面设立一位副书记（往往兼副校长）分管负责全校大学生的思想政治教育工作。学校下设的党委宣传部、党委学生工作部、党委研究生工作部、学校团委、勤工俭学管理中心、心理咨询服务中心、学生就业指导中心等组织机构，共同承担思想政治教育管理职责，各个组织机构的负责人负责向副书记（兼副校长）报告思想政治教育管理的具体情况。虽然不同高校在这些组织机构的设置上可能各不相同，但是思想政治教育管理组织机构关涉的职能却相差无几。此外，在院系层面，学院一般会设立一名院（系）党委副书记负责本院（系）学生的思想政治教育工作，设置包括学工办公室、团委办公室、辅导员办公室等相关的学生工作组织机构，党委副书记负责向学校学工部门报告本院（系）学生的思想政治教育管理的具体情况，同时，这名院党委副书记还需要对学院党委负责。总体上，高校思想政治教育运行机制涵盖了校、院（系）两级，覆盖了高校不同的职能部门，它们之间分工明确，各司其职，共同承担高校的思想政治教育管理工作。

（三）思想政治教育的评价激励机制

"激励是思想政治教育的重要机制，它集中表现为激发人的积极性、主动性和创造性。"[1] 思想政治教育的评价激励机制是思想政治教育管理的组织机构及其人员为调动思想政治教育者的积极性、满足教育对象的身心发展需求而出台的一系列考核奖惩制度、教学与科研激励机制和职称晋升条例等。

1. 满足教育者的物质和精神需求

党和国家高度重视思想政治教育者的物质需求和精神需求，保护和调动思想政治教育者的积极性、主动性和创造性。改革开放以来，党和国家通过一系列文件完善了思想政治教育者的评价激励机制。《关于改革学校思想品德和政治理论课程教学的通知》（1985年）指出，必须切实提高各等学校思想理论课教师的地位。应当同其他各科教师一样，认真解决他们在工作条件、生活待遇和职务等方面所遇到的实际问题。《关于进一步加强和改进学校德育工作的若干意见》（1994年）强调，要建立表彰制度，增强德育队伍的事业心和使命感，并使他们的工作得到社会的高度尊重。要完善德育队伍的职务系列，为他们解决好专业职务、待遇等方面的问题。要制定政策，保证德育工作骨干能够不断地得到进修提高。

《关于适应新形势进一步加强和改进中小学德育工作的意见》（2000年）要求，建立和完善中小学教师职业道德考核奖惩制度。建立定期表彰制度，对职业道德高尚的教

---

① 邱柏生、董雅华：《思想政治教育学新论》，复旦大学出版社2012年版，第192页。

师和职业道德建设成绩卓著的单位要进行表彰奖励，并大力宣传他们的先进事迹。《关于进一步加强和改进未成年人思想道德建设的若干意见》（2004年）指出，要制定和完善有关规章制度，调动全体教师的工作积极性与责任感。《关于进一步加强和改进大学生思想政治教育的意见》（2004年）强调，要制定完善有关规定和政策，明确职责任务和考核办法。《关于加强和改进新形势下高校思想政治工作的意见》（2017年）明确指出，要完善教师评聘和考核机制，增加课堂教学权重，引导教师将更多精力投入到课堂教学上，完善教师职业道德规范，实施师德"一票否决"。

《关于深化新时代学校思想政治理论课改革创新的若干意见》（2019年）强调，要"切实改革思政课教师评价机制。严把政治关、师德关、业务关，明确与思政课教师教学科研特点相匹配的评价标准，进一步提高评价中教学和教学研究占比"。"加大思政课教师激励力度。增强教师的职业认同感、荣誉感、责任感，把思政课教师和辅导员中的优秀分子纳入各类高层次人才项目，在'万人计划'、'长江学者奖励计划'、'四个一批'等人才项目中加大倾斜支持力度。各地要因地制宜设立思政课教师和辅导员岗位津贴，纳入绩效工资管理，相应核增学校绩效工资总量。要把思政课教师作为学校干部队伍重要来源，学校党政管理干部原则上应有思政课教师、辅导员或班主任工作经历。党和国家设立的荣誉称号要注重表彰优秀思政课教师，教育部门要大力推选思政课教师年度影响力人物等先进典型。对立场坚定、学养深厚、联系实际、成果突出的思政课教师优秀代表加大宣传力度，发挥示范引领作用。"《关于加强新时代中小学思想政治理论课教师队伍建设的意见》（2019年）指出，要不断创新中小学思政课教师评价激励机制。改革中小学思政课教师评价机制，突出课堂教学质量和育人实效的导向，制定与中小学思政课教师岗位特点相匹配的评价标准；完善中小学思政课教师教学改革激励机制，引导广大思政课教师不断提高教育教学水平，推进国家级中小学思政课名师工作室建设；健全中小学思政课教师表彰奖励机制，选树优秀思政课教师先进典型，在有关表彰中向思政课教师倾斜。

由此可见，针对思想政治教育者的评价激励机制在思想政治教育实践过程中实现了从单一性到系统性的转变。20世纪80年代和90年代，思想政治教育者的评价激励机制主要着眼于提高思想政治教育者的社会地位和福利待遇等问题，以此提升思想政治教育者的自信心；进入21世纪，思想政治教育者的评价激励机制主要着眼于建设完备的奖惩考核体系，以此调动思想政治教育者的主动性和责任感；新时代以来，思想政治教育者的评价激励机制兼顾教学与科研两方面，但突出强调政治性、师德和教学等在评价激励过程中的重要性，并辅之以量化方式推进思想政治教育评价激励机制的具体化，以此提升思想政治教育者的获得感和使命感。

2. 满足教育对象的身心发展需求

党和国家坚持以生为本，遵循教育对象的身心发展规律，把维护和保障教育对象的身心健康作为评价激励机制的立足点。

随着教育理念的不断更新，针对教育对象的思想政治教育评价激励机制逐渐从以考试为主向以考试为辅、满足学生身心发展需求为主转变。如《关于改革学校思想品德和政治理论课程教学的通知》（1985年）提出，考试制度也要进行改革。考试的主要目的是检查学生对所学内容的理解程度、接受程度和运用能力。学生的学习成绩应当结合他们的考试结果和平时的学习运用情况来判定。《关于进一步加强和改进学校德育工作的若干意见》（1994年）要求，要改进考试方法，注重考查学生对所学内容的理解程度和实际接受情况。《关于适应新形势进一步加强和改进中小学德育工作的意见》（2000年）强调，要强化中小学德育工作的表彰奖励和督导评估机制。各省、自治区、直辖市可在高中阶段评选优秀学生，省级优秀学生可获得普通高等学校保送生资格。《关于进一步加强和改进大学生思想政治教育的意见》（2004年）要求，不断完善大学生思想政治教育的保障机制。要建立健全与法律法规相协调、与高等教育全面发展相衔接、与大学生成长成才需要相适应的思想政治教育和管理的制度体系。要加大大学生思想政治教育工作的经费投入，教育行政部门和学校要合理确定思想政治教育工作方面的经费投入科目，列入预算，确保各项工作顺利开展。学校要为开展大学生思想政治教育工作提供必要的场所与设备，不断改善条件，优化手段。要把大学生思想政治教育工作作为对高等学校办学质量和水平评估考核的重要指标，纳入高等学校党的建设和教育教学评估体系。《关于深化新时代学校思想政治理论课改革创新的若干意见》（2019年）指出，要遵循学生认知规律设计课程内容，体现不同学段特点，研究生阶段重在开展探究性学习，本专科阶段重在开展理论性学习，高中阶段重在开展常识性学习，初中阶段重在开展体验性学习，小学阶段重在开展启蒙性学习。

由此可见，针对教育对象的思想政治教育评价激励机制经历了从被动改进到主动创设的过程。20世纪80年代和90年代，教育对象的评价激励机制主要围绕传统的评价和激励方式进行改进；进入21世纪，教育对象的评价激励机制逐步发展为兼顾教育对象的物质和精神需求；新时代以来，有关部门进一步厘清教育对象的评价激励机制与教育对象认知发展规律之间的关系，推进评价激励机制的科学化发展。

二、国外思想政治教育的管理机制

国外思想政治教育有着不同的实践倾向，思想政治教育管理机制也有着自身的特殊性。与我国相似，国外思想政治教育的管理系统从属于所在国家的教育管理系统，是其教育管理系统的子系统。因此，国外思想政治教育管理机制实质上是在各国教育管理机制基础上派生而来的，是对各国教育系统的职责和权限在思想政治教育领域的补充和完善。

（一）国外思想政治教育管理机制的类型

国外思想政治教育管理机制同国外教育管理机制一样，包括以下三种类型：中央集权、地方分权、中央集权与地方分权并存。这里所说的中央集权和地方分权，都是对其思想政治教育管理机制的分类，而不是指其国家结构。

1. 中央集权的管理机制

思想政治教育管理的中央集权型机制主要是指中央政府统一领导全国范围内的思想政治教育，把办好各级各类学校思想政治教育定位为国家的关键任务，为了完成这项关键任务，建立相应的领导、控制和监督等机制，对中央到地方的思想政治教育实行统一的领导、控制和监督等。法国、俄罗斯的思想政治教育管理机制就属于这种类型。

在法国，根据法国的教育法案规定，全国范围内的学校思想政治教育由教育部统一领导、控制和监督。教育部设有负责学前教育、初等教育、中等教育和高等教育的司局机构，这些组织机构从自己所属权责出发管理思想政治教育。总体上，教育部在思想政治教育管理方面的权限很大，主要包括领导和监督所有公立教育机构的思想政治教育，领导和监督由教育部管辖的私立教育机构的思想政治教育，确立普通学校思想政治教育的方针、原则和政策，制定思想政治理论课教学大纲，研究和改进思想政治理论课的教学方法，选取和确立思想政治教育考试内容，分配思想政治教育经费，等等。此外，地方各级各类教育行政机构在教育部授权的领域也参与思想政治教育管理，这里的地方教育行政机构主要是就省、学区两个层面而言的，省在初等教育阶段的思想政治教育管理上，拥有更多的权限；学区在中等教育阶段的思想政治教育管理上，拥有更多的权限。

在俄罗斯，根据《俄罗斯联邦教育法》的规定，俄罗斯联邦教育行政机构分为联邦中央、地区和地方（市）三级。联邦中央一级教育行政机构领导、控制和监督全国范围内的思想政治教育，其具体职能主要包括：制定和实施思想政治教育政策，依法调节各级各类教育行政机构在思想政治教育过程中的问题，确立教育机构在思想政治教育过程中使用的教科书，颁布思想政治教育教师教育教学工作条例，确立思想政治教育内容、教学大纲，等等。此外，联邦中央一级教育行政机构分三级设置，最高一级是联邦教育与科学部，第二级是联邦教育署，第三级是联邦教育与科学督察署，它们三者在职能方面又各有侧重。联邦教育与科学部在联邦一级的教育行政机构中居于核心地位，在思想政治教育管理中起主导作用；联邦教育署作为联邦一级教育行政机构的执行机关，主要负责思想政治教育管理的具体执行；联邦教育与科学督察署作为教育与科学领域的检查和监督机关，主要负责思想政治教育管理中的监督工作。就地区、地方而言，地方各级各类教育行政机构的权限是由联邦一级的教育行政机构派生而来的，在思想政治教育政策制定上首先应与国家相应政策保持一致，然后可以根据本地区实际情况，制定适合本地区的思想政治教育政策。

2. 地方分权的管理机制

思想政治教育管理的地方分权型机制主要是指地方各级各类教育行政机构拥有领导、控制和监督本地区思想政治教育的权限，并建立相应的领导、控制和监督机制。美国的情况就属于这种类型。在美国，联邦教育部是与思想政治教育管理密切相关的中央行政机构，但权限十分有限，主要负责分配联邦补助的思想政治教育经费。1979年，联邦教育部进行改革，美国国会通过法案强调其主要的职能是：保障州政府、地方政府以及公私立教育机构在制定教育政策和行政管理上的权利，并增强和改进它们自身对教育工作及政策的控制。可见，美国思想政治教育管理的主要权限属于地方各级各类教育行政机构。就州而言，州教育行政机构是州教育委员会和州教育厅。州教育委员会负责制定初等教育阶段和中等教育阶段的思想政治教育政策，州教育厅是具体执行政策的机构。州教育行政机构的具体权限包括：规定思想政治教育课课程标准、选用思想政治教育教科书版本、出台思想政治教育教师标准等。这种"地方分权"特点也体现在各州对高等教育阶段的思想政治教育管理差异上，有的州有较为统一的高等教育管理体制，这在本州的思想政治教育管理上发挥着重要作用，如加利福尼亚州；有的州则没有较为统一的高等教育管理体制，各个高校的思想政治教育管理是相对独立且自由的，如纽约州。

3. 中央集权与地方分权并存的机制

思想政治教育管理的中央集权与地方分权并存型机制是指那些既不是严格意义上的中央集权的国家，又不是严格意义上地方分权的国家，而是介于两者之间的国家所采用的思想政治教育管理机制。英国、德国和日本就属于这种情况。

在英国，思想政治教育是由中央和地方的教育行政机构共同管理的，中央设有教育和科学部，地方设有教育委员会及其执行机构教育局。需要特别说明的是，英国是由英格兰、威尔士、苏格兰和北爱尔兰组成的，威尔士、苏格兰、北爱尔兰三个地区保留着自治的历史传统，所以，这三个地区在思想政治教育管理上具有明显的"地方分权"色彩，教育和科学部对这三个地区不直接行使领导权，它主要管理英格兰地区的思想政治教育。不过，由于《1988年教育改革法》的出台，教育和科学部在思想政治教育管理方面的权限获得进一步提高：有权参与国家思想政治教育政策的制定，并负责监督各级各类教育行政机构贯彻执行思想政治教育政策等。在英国，中央和地方的思想政治教育管理机制承继了英国中央和地方政治体制"伙伴关系"的特点，它不同于中央集权型国家中央和地方领导与被领导的关系，也不同于地方分权型国家中央与地方的关系。总体上，中央一级的教育行政机构可以对地方各级各类教育行政机构发出有关思想政治教育的指令，并对其进行监督。地方各级各类教育行政机构也可以对上述指令和监督指示提出异议，且保留自主决定的权力。

在德国，国家的教育行政机构分为联邦、州和市镇三级。其中，联邦议会对国家教育进行总决策和总监督，这主要体现在立法权和监督权上。立法权表现在为各级各类组织机构和学校确定总方针、总原则和总目标等。监督权表现在预算权、决议权和质询权等。联邦政府通过联邦政治教育中心和州政治教育中心对思想政治教育进行组织和管理，前者负责制定思想政治教育的宏观政策、总的大纲和总体考试要求等；后者负责选取思想政治教育教科书、考核思想政治教育教师和举办思想政治教育活动等。联邦政府虽然与州政府具有一定的平等性，但是联邦政府的教育行政机构依然拥有指导州政府的教育行政机构的权限。此外，联邦政府在承担自身思想政治教育管理职责外，还依托学校通过开设基础课程、开展课外活动等形式具体开展思想政治教育，积极鼓励和支持社会团体与机构参与思想政治教育工作。因此，总体上看，德国形成了"'国家主导与政府行政指导下社会组织普遍协同和广泛参与相结合'的政治教育管理体制和运行机制"[1]。

在日本，文部省是全国最高的教育行政机构，《文部省设置法》对其权限作了简要规定，即担负振兴和普及学校教育、社会教育、学术和文化的任务，负有全面完成上述事项及国家的宗教行政事务的责任。从这一意义出发，文部省在思想政治教育管理方面的职责具体包括：调查思想政治教育现状；拟定学校思想政治教育标准；审定思想政治教育教科书；设置课程和教学大纲；分拨政府发放的教育经费；向地方各级各类教育机构就思想政治教育提出指导和建议等。地方各级各类教育行政机构与中央文部省不存在纵向的隶属关系，文部省对地方的权限限于指导和建议，而不是领导、控制和监督。地方各级各类教育行政机构的职责具体包括：配备和更新思想政治教育教科书；任免和奖惩思想政治教育教师等。

（二）国外思想政治教育管理机制的启示

我国思想政治教育管理机制日渐趋于专业化和科学化。在我国思想政治教育管理机制建设呈现良好势头的情况下，依然需要保持清醒的头脑，要全面、准确地分析和把握时代的要求，特别是要充分认识到思想政治教育管理机制改革与发展的长期性和艰巨性，清醒地认识到思想政治教育管理机制的自我完善和发展不是一蹴而就的，而是循序渐进的。为此，要以海纳百川的胸怀、有针对性地借鉴国外思想政治教育管理机制的经验。

1. 准确把握管理机制与历史传统之间的关系

马克思曾强调："在不同的财产形式上，在社会生存条件上，耸立着由各种不同的，表现独特的情感、幻想、思想方式和人生观构成的整个上层建筑。整个阶级在其物质条件和相应的社会关系的基础上创造和构成这一切。通过传统和教育承受了这些情感和观点的个人，会以为这些情感和观点就是他的行为的真实动机和出发点。"[2]可见，历史文

---

[1] 傅安洲等：《德国政治教育研究》，人民出版社2010年版，第245页。
[2] 《马克思恩格斯文集》第2卷，人民出版社2009年版，第498页。

化传统影响着思想政治教育管理者的情感、观念、思想方式和世界观，影响着思想政治教育管理者对思想政治教育管理机制的看法以及可能采取的行动。在这个意义上，不同国家的历史文化传统深深地影响和制约着不同国家思想政治教育管理机制的形成和发展。从历史上看，俄罗斯统一的历史文化传统影响和制约着其中央集权型的思想政治教育管理机制；美国自由主义的历史文化传统影响和制约着其地方分权型的思想政治教育管理机制。因此，我们需要正确地对待自己的历史文化传统，取其精华，去其糟粕，着力推进思想政治教育管理机制不断地自我完善和发展。

2. 准确把握管理机制的历史性与合理性

历史经验告诉我们，基本国情会随着社会实践的发展而不断变化，所以，思想政治教育管理机制也应随着社会实践的发展而不断地调整变化。也就是说，即使一个国家的思想政治教育管理机制确定为中央集权型、地方分权型或中央集权和地方分权并存型，但这只是思想政治教育管理机制在某国的某一历史阶段、某一社会基础上的暂时性存在。随着社会实践的发展变化，思想政治教育管理机制也会相应发生变化，其中包括组织机构的变革或者类型的改变。以日本为例，"二战"之前，日本的思想政治教育管理机制是典型的中央集权型。"二战"之后，日本的思想政治教育管理机制就因为某些历史的因素，改换为中央集权和地方分权并存的思想政治教育管理机制。基于此，我们要以发展变化的眼光看待思想政治教育管理机制的历史演绎，立足现实实践、面向未来思考，准确认识和把握思想政治教育管理机制的现实之维、未来之维，特别是要清楚地预见思想政治教育管理机制在社会不同发展阶段的应有定位。

3. 准确把握不同类型管理机制的利与弊

无论是中央集权型的思想政治教育管理机制，还是地方分权型的思想政治教育管理机制，抑或是中央集权和地方分权并存型的思想政治教育管理机制，都有各自的利与弊。中央集权型的思想政治教育管理机制有利于集合人力、物力和财力等因素，加强对全国思想政治教育的领导、控制和监督，能够有效地贯彻落实从中央到地方的思想政治教育政策、方针和原则等；但其弊端也比较明显，如不利于发挥地方教育行政机构在思想政治教育上的积极性和创造性，还可能导致思想政治教育管理思维僵化和视野狭窄。地方分权型的思想政治教育管理机制有利于充分发挥地方教育行政机构在思想政治教育上的主动性和积极性，突出思想政治教育的地方性需求和个性化差异；然而，地方分权型的思想政治教育管理机制可能会导致地方教育行政机构各行其道，不利于国家层面统一的思想政治教育目标的实现。中央集权和地方分权并存型的思想政治教育管理机制虽然企图调和两者之间的利弊问题，但也容易导致中央和地方在思想政治教育管理具体问题上出现机构重叠、职责交叉、权责脱节问题，可能会出现互相扯皮现象。所以，在考虑政治体制这个前提性因素的基础上，我们要坚持"以我为主，为我所用"，准确把握不同类型的思想政治教育管理机制的利与弊，排除不同类型的弊端，吸收不同类型的优势。

第二节 中外高校学生事务管理的比较

学生事务管理作为一个外来引进词语，特指发生在高等教育领域的学生事务管理。在我国，学生事务管理是具体落实思想政治教育管理的依托路径，始终依存于思想政治教育体系，学生事务管理的推进有利于全面提升思想政治工作水平。一般认为，学生事务管理是指学生事务管理者在学生学业事务之外，以思想政治教育目标为指导，运用思想政治教育管理的原理和方法，协调、统筹和整合各种资源，以期不断地满足学生成长成才之需的活动。在高校，学生事务往往与学术事务相分离，发生在课外活动的时空领域，并主要发生在教室之外的校园环境中，因此可以简单地把学生事务管理归纳为是学校相关部门或专业管理者对"学生事务这一领域"的管理。

一、我国高校学生事务的管理

在我国，一般习惯于用"学生工作"或"学生管理"来指代"学生事务管理"。我国1990年颁布的《普通高等学校学生管理规定》将学生管理定义为"学生入学到毕业在校阶段的管理，是对高等学校学生学习、生活、行为的规范"。学生事务管理除了有学生日常思想政治教育工作外，还涉及奖励与处分、考勤与纪律、毕业生就业、学生宿舍分配等事务工作。进入21世纪后，随着高等教育迈入大众化阶段，我国学生事务管理的机构不断规范、完善，学生事务管理的专职人员队伍素质不断提高、队伍规模不断扩大，学生事务管理的对外交流开始增多，我国学生事务管理正在日益走向专业化和科学化的全面发展时期。

（一）学生事务管理的发展历程

学生事务管理在实践中不断寻求发展的新突破和新增长点，其面貌不断改善。从历史上看，我国学生事务管理大致可以划分为探索、停滞、重建和跨越四个阶段。

1. 探索阶段

这一阶段的大致时间跨度是从新中国成立到1966年。在这一阶段，我国坚持社会主义办学方向，探索形成了社会主义的学生事务管理道路。

1949年12月，第一次全国教育工作会议召开，强调"教育工作要为政治服务"，这一论断为我国加强和改进学生事务管理提供了根本遵循和行动指南。1952年10月，教育部《关于在高等学校有重点地试行政治工作制度的指示》指出，"全国高等学校有重点地试行政治工作制度，设立政治辅导处，应有准备地建立政治辅导员制度，负责学生的政治学习、思想改造工作"，这标志着学生事务管理有了基础性的制度支撑。总体上，这一阶段的学生事务管理具有以下特点：首先，学生事务管理者主要以辅导员队伍为主，还没有形成多方力量共同参与学生事务管理的格局，单一的学生事务管理力量导致学生事务管理的效率普遍较为低下。其次，由于培养无产阶级革命事业接班人是这一阶段的关键任务，因此，学生事务管理始终围绕宣传普及马列主义、毛泽东思想的思想政治教育而展开。最后，学生事务管理是从学术事务管理中分化出来的，但是这一分化在这一阶段还不是十分明显，学生事务管理主要是作为学术事务管理的辅助而存在的。

2. 停滞阶段

这一阶段的大致时间跨度是从1966年到1976年。在这一阶段，由于"文化大革命"的影响，学校几近全面停课，大部分师生都在接受革命改造，此阶段的学生事务主要是政治教育和与政治有关的活动与工作，正常的学生事务管理进入停滞阶段。

3. 重建阶段

这一阶段大致的时间跨度是从改革开放开始到2012年。在这一阶段，我国进入了改革开放和建设中国特色社会主义阶段，学校逐渐恢复了正常的教学与科研工作，学生事务管理也得以恢复。

1978年，教育部出台了《全国普通高等学校暂行工作条例》，提出恢复政治辅导员制度。1990年，国家教委在《普通高等学校学生管理规定》中界定了"学生管理"这一概念，其中包括学籍管理、课外活动、校园秩序、奖励与处分四大方面。2004年颁布的《关于进一步加强和改进大学生思想政治教育的意见》表示，要把思想政治教育融于学校管理之中，建立长效工作机制，使自律与他律、激励与约束有机地结合起来，有效地引导大学生的思想和行为。2006年颁布的《普通高等学校辅导员队伍建设规定》指出，要切实加强高等学校辅导员队伍建设。这一阶段的学生事务管理具有以下特点：首先，随着我国社会不断地从传统走向现代，学生成长成才过程中出现了许多前所未有的问题。为了适应这一变化，学生事务管理逐渐拓展至心理咨询、后勤保障、勤工助学等领域，发展出一个丰富且复杂的管理体系。其次，学生事务管理体系不断拓展和深化对学生事务管理者提出更多的要求。单一的辅导员队伍面对纷繁复杂的任务难以有效地应对，因此，学生事务管理者队伍逐渐走向多元化道路，吸纳了包括党委学生工作部、党委研究生工作部、团委、心理咨询、就业咨询等部门的工作人员。再次，随着学生的主体性越来越强，学生事务管理的目标导向从过去的"社会本位"逐渐转向"学生本位"，从强调管理职能转向注重服务职能。最后，学生事务管理出现越来越多的新问题和新挑战。为了克服这些问题和挑战，高校不断地推动学生事务管理队伍的职业化与专业化发展。此外，学生事务管理者为了避免理论知识匮乏造成的管理不当，积极借鉴思想政治教育学、教育学、心理学、管理学等相关学科的知识，不断丰富自身的理论知识以应对管理过程中出现的新问题和新挑战。

4. 跨越阶段

这一阶段大致的时间跨度是2012年至今。在这一阶段，我国进入了从富起来到强起来的关键时期。这一阶段的学生事务管理始终围绕着社会主义现代化和实现中华民族伟大复兴的目标，致力于培养有理想、有本领、有担当的时代新人。

2017年颁布的《关于加强和改进新形势下高校思想政治工作的意见》强调，坚持全员全过程全方位育人。要把思想价值引领贯穿教育教学全过程和各环节，形成教书育人、科研育人、实践育人、管理育人、服务育人、文化育人、组织育人长效机制。同年，新修订的《普通高等学校辅导员队伍建设规定》拓展和深化了辅导员工作的要求和职责。总体上，这一阶段的学生事务管理具有以下特点：一方面，多元化的学生事务管理者壮大了队伍的力量，但也导致了不同部门的管理职责之间容易发生交叉重叠，出现相互推诿的现象。为了克服这一问题，2017年印发的《关于加强和改进新形势下高校思想政治工作的意见》突出强调协同育人的必要性和重要性。另一方面，"以生为本"的价值导向极大地发挥了学生自我管理的主动性和积极性。考虑到学生仍处于成长成熟的时期，这一阶段再次突出强调教育、管理和服务三者的有机统一，既要充分发挥学生自我管理的主动性，也要保持学生事务管理者的权威性，从而真正发挥学生事务管理的教育引导作用。

（二）学生事务管理的模式

学生事务管理的模式是指在学生事务管理实践中形成的具有系统性、稳定性、可操作性和可借鉴性的运行方式。就目前而言，我国学生事务管理模式中比较有代表性的是"一站式"服务模式、"书院制"模式和"工作室"模式。

1. "一站式"服务模式

2019年颁布的《关于深化本科教育教学改革全面提高人才培养质量的意见》指出，"开展'一站式'学生社区综合管理模式建设试点工作"。"一站式"服务模式的运行，一般是由党委学生工作部、党委研究生工作部等职能部门负责，学校团委、后勤保障部、就业工作处、财务处等职能部门配合，设立"学生事务大厅""学生服务中心""阳光大厅"等服务平台，实现面向学生的服务功能。

"一站式"服务模式的工作人员构成各有不同。有的是由相关职能部门的工作人员组成，他们作为派出机构的代表，接受双重领导，既要负责"一站式"服务平台的服务工作，又要负责原部门的业务工作；有的是由经过统一培训后上岗的勤工助学学生组成，通过笔试、面试等环节，选聘一批家庭经济困难的学生担任这项服务工作；有的是由相关职能部门的工作人员和勤工助学的学生共同组成。

"一站式"服务模式秉持"以生为本，服务至上"的基本理念，通过规范化、集约化、系统化的管理，为学生成长成才提供服务。其职能涵盖了"教育、管理、服务"，具体包括学习上的日常事务、生活上的日常事务等。许多高校在学生事务大厅进驻了党委学生工作部、党委研究生工作部、就业处、教务处等多个职能部门，提供包括学籍手续办理、研究生招生宣传与咨询、《就业协议书》签约备案、选课及课程调整、学生维权、心理咨询等服务项目。

总体上，"一站式"服务平台不是简单地把不同职能部门的服务项目汇总在一起，而是充分利用大数据相关技术，协调、统筹和整合不同职能部门的服务项目。习近平指出："思想政治工作从根本上说是做人的工作，必须围绕学生、关照学生、服务学生。"[①]"一站式"服务平台根据不同的服务性质，设置固定式或阶段式窗口，有效地解决了不同职能部门各自为政、服务机构分散和学生办事四处奔波的弊端，为学生提供便捷高效的服务，以实际举措践行"围绕学生、关照学生、服务学生"的思想政治教育管理理念。

2. "书院制"模式

2019年颁布的《关于深化本科教育教学改革全面提高人才培养质量的意见》提出："积极推动高校建立书院制学生管理模式。""书院制"模式是指将不同专业背景的学生汇聚在一个小型社区进行集中管理，社区内除有学生宿舍外，还有供书院师生研讨、活动、生活的多用途场地，其目的在于实现通识教育和专才教育齐头并进，养成教育与专业教育相互交融，促进学生事务和学术事务的融合，最终达到均衡教育的目的。就目前而言，不少高校已经开始进行"书院制"模式的探索实践，且取得了不错的成绩。

一般而言，书院设院长1名、书记1名，副书记及副院长2名左右。书院下可能设有包括书院办公室、教务办公室、学业指导与发展办公室、学生事务办公室、就业推进办公室等在内的组织机构。此外，有的书院还推行导师制，其中，导师团队由学生导师、学业导师、人生导师与兼职导师等组成。书院承担了包括学生思想政治教育和价值引领、养成教育、党团和班级建设、心理健康教育与咨询工作、职业发展规划、就业创业指导和书院环境与文化建设等职责。

"书院制"模式通过打造一流的生活空间和文化氛围，为学生的成长成才提供必要的环境保障，除了学生宿舍和学生食堂，还设有多媒体教室、图书阅览室、学生活动室等活动空间。此外，"书院制"模式打破了专业壁垒，把不同专业的学生聚集在一起，这不仅可以实现专业互补，拓展学生的知识视野，还可以进行思维的碰撞，发散学生的思维。

3. "工作室"模式

2017年修订的《普通高等学校辅导员队伍建设规定》强调："辅导员应当努力成为学生成长成才的人生导师和健康生活的知心朋友。""工作室"模式是指一个或几个辅导员为了提升辅导员的专业化和职业化水平，努力成为学生成长成才的人生导师和健康生活的知心朋友而建立的组织。

"工作室"模式由"工作室领导小组"领导和管理。小组一般由党委学生工作部、

---

① 《习近平在全国高校思想政治工作会议上强调　把思想政治工作贯穿教育教学全过程　开创我国高等教育事业发展新局面》，《人民日报》2016年12月9日。

党委研究生工作部、团委等职能部门的工作人员构成。此外，辅导员工作室人员构成包括导师和学员两部分，导师一般从在职的优秀辅导员之中产生；学员主要是从事具体学生思想政治工作的人员。"工作室"模式中导师的职责具体有：全面主持工作室工作、制订学员培训计划、开展相关培训、提供相关学术研究成果等。学员则主要接受相关培训和交流工作经验。

"工作室"不是一个辅导员相聚的普通平台，其重点在于以榜样的力量引领每一位辅导员充分挖掘、提炼和培育自己的潜质。同时，"工作室"打破了不同专业、院系、学校之间辅导员的隔阂，打造了一个资源共建共享的平台，使得辅导员能够在这一平台共同学习、共同促进、共同发展。

（三）学生事务管理的主要经验

为了加强和改进思想政治工作，培养又红又专、德才兼备、全面发展的中国特色社会主义合格建设者和可靠接班人，学生事务管理者要不断更新学生事务管理理念，创新学生事务管理模式，在实践中积累和丰富自己的经验。

1. 充分发挥班集体组织作用

班集体既契合学生成长成才之需，又契合社会发展之需，是学生事务管理者实施管理、教育和服务的重要组织，也是学生自我教育、自我管理和自我服务的重要载体，班集体建设是培养集体主义意识和集体主义精神的必由之路。马克思、恩格斯认为："只有在共同体中，个人才能获得全面发展其才能的手段，也就是说，只有在共同体中才可能有个人自由。"①如前所述，无论哪一种学生事务管理模式历来都高度重视班集体建设，努力建设奋发向上、积极进取、团结友好的班集体，充分发挥班集体朋辈帮扶教育的积极效应。

2. 充分发挥党团组织作用

高校的学生党团组织在思想政治教育管理中具有天然的优势。党团组织广泛开展支部活动，将社会主流的思想观念贯彻于支部活动过程之中，使学生在支部活动中接受思想政治教育。其中，学生党组织在学生组织中发挥着统领作用，通过培养学生中的先进分子，使其发挥模范带头作用。学生党支部建设既是高校党建工作的重要环节，也是高校学生事务管理的重要内容。共青团是党领导下的先进青年的群团组织，是党的助手和后备军，是先进青年表达、吸纳、整合、协商的重要平台，所以，共青团是学生事务管理职能发挥的重要抓手。在上述代表性模式中，无论哪一种学生事务管理模式，都注重发挥党团组织在教育、团结和联系学生方面的优势。首先，党团组织要利用重大节庆纪念日等契机，组织开展贴近实际、贴近生活、贴近学生的主题教育活动，坚定广大青年共同的理想信念；其次，党团组织要开展多种形式的学习、交流、培训、考察等活动，

---

① 《马克思恩格斯选集》第1卷，人民出版社2012年版，第199页。

加强和改进自身组织建设，提升学生自我教育、自我管理和自我服务的能力；最后，要以党建带团建，发挥共青团组织在学生事务管理中的优势作用。共青团不断地借鉴党的建设的好经验、好做法，使得团组织紧跟党的工作步伐，并为党组织不断地注入新鲜血液。

3. 充分利用新技术手段

2017年发布的《关于加强和改进新形势下高校思想政治工作的意见》强调，要推进理念思路、内容形式、方法手段创新，增强工作时代感和实效性。新技术与学生事务管理相融合是学生事务管理创新发展的需要，也是新技术手段产生实际效用的关键之举。新技术手段与学生事务管理相结合，有利于拓宽学生事务管理的方式方法，有利于改变传统学生事务管理中管理者与管理对象的关系，提升学生事务管理者的管理、服务和教育水平。实践证明，无论哪一种学生事务管理模式，都应注重利用新媒体、大数据、云共享等新技术手段，实施"新媒体＋学生事务管理""大数据＋学生事务管理""云共享＋学生事务管理"等方式，加强和改进学生事务管理工作。

二、国外高校学生事务的管理

国外的学生事务管理，一般是指在学校的办学实践中通过规范、指导、服务学生，以促进其身心全面发展的非学术性组织活动及其管理。其工作内容一般涉及学生社团组织及其活动协调、校园公共秩序维持、心理咨询、课业学习辅导、就业及创业辅导、奖助学金管理和发放、住宿管理等方面。国外学生事务管理模式的形成和发展与它们的政治和经济环境、历史文化传统等因素密切相关。

（一）学生事务管理的模式

由于不同的地域历史等外界因素和有关管理的观念等主观因素的多重影响，国外学生事务管理大致可以分为内部事务型、外部事务型、内外事务综合型三种模式。

1. 内部事务型

学生事务管理的内部事务型模式是指学校把学生事务管理看作学校各项工作中不可或缺的一部分，由学校承担全部或大部分学生事务管理。美国和英国的情况就属于这种模式。

在美国，学生事务管理范围广泛，组织机构高度专业化和精细化。一般而言，校一级的领导中设有学生事务管理负责人，其中，公立大学设有分管学生事务的副校长，私立大学设有学生院长、学生服务主任或者学生事务主任负责学生事务管理。公立大学或私立大学的学生事务管理负责人分管若干学生事务管理部门，分别承担具体的学生管理事务，主要包括学生活动管理、教学辅助服务管理、生活辅助服务管理、学生事务管理组织自身建设等领域。在学生活动管理领域，学生事务管理部门承担了组织与协调学生活动的职能；在教学辅助管理领域，学生事务管理部门承担了招生与经济资助、注册与学籍纪律管理、就业咨询与职业指导等职能；在生活辅助领域，学生事务管理部门承担了医疗与健康服务、餐饮与住宿服务等职能。

在英国，学校的学生事务管理组织机构较为健全。一般情况下，学校校务委员会和学术评议会设有专门管理学生事务的委员会。委员会成员包括校长、副校长、学校有关部门负责人、教师代表、学生代表，负责就学生管理事务提出建议、制定政策、实施监督等。值得注意的是，"住宿学院制"是英国学生事务管理的优良传统，"住宿学院制"除了承担学生活动管理、教学辅助服务管理、生活辅助服务管理、学生事务管理组织自身建设之外，还为每一位学生配有专职的导师，导师注重学生的学业指导和人格养成。

2. 外部事务型

学生事务管理的外部事务型模式是指学校以实现学生事务的最低限度管理为目标，把原本属于学生事务管理的领域让位于社会组织，学校主要保留招生和学籍管理两个部分职能。德国和法国的情况就属于这种模式。

在德国，学生事务管理呈现出政府主导、社会承担、学校参与的实践体系。从事学生事务管理的组织是作为全国性志愿组织协会的德国大学生生活服务中心及地方各级各类社会组织。其经费来源渠道包括自行筹集、政府资助和社会集资。由于它们并不是由德国联邦政府统一设立的，所以独立性、分散性是它们在运行过程的主要特点。德国大学生生活服务中心和地方各级各类社会组织之间也没有直接的隶属关系，主要负责后勤和社会福利两个领域，后勤主要包括餐饮和住宿，社会福利主要包括奖学金发放、提供学业和心理方面的咨询、收集和公布短期打工信息等。

在法国，学生事务管理则由教育部门统一领导的全国大学生事务服务中心来负责，其主席由教育部长任命其行政委员会的成员担任，属于有法人资格和经费自主权的公立机构，总部设在巴黎。此外，为了提供更全面和便捷的服务，这一组织在各个地区和城市均设有分支机构。全国大学生事务服务中心及地方各级各类派生机构承担的学生事务管理职责与德国相关机构承担的职责相差无几。

3. 内外事务综合型

学生事务管理的内外事务综合型模式综合了内部事务型和外部事务型模式的一些特点，在该模式下，学生事务管理由学校和社会组织机构共同承担，其中学校负责与学生教育相关的学生事务管理，后勤管理由社会组织机构承担。日本的情况就属于这种模式。

在日本，学生事务管理呈现出学校主导、社会参与的实践体系。日本的学生事务管理机构主要由各高校根据自身的实际情况进行设立，但它们承担的职能却大同小异，具体包括身心健康、课外活动、就业咨询和指导等领域的管理。值得注意的是，生活后勤工作主要依赖于社会组织机构，即日本消费生活协同组合。日本消费生活协同组合是根据日本政府颁布的《生协法》而组建的，设有由学校、教职工和学生共同组成的管理委员会，监督生活后勤的保健管理和营养卫生，总体上，日本大部分学校的食堂都是由日本消费生活协同组合经营管理的。

总的来说，尽管国外学生事务管理的模式不尽相同，但其实质都是为了促进学生的发展和成长，并满足社会发展的需要。

（二）国外高校学生事务管理的启示

要站在中西学生事务管理比较的视域下发现其中的规律和经验，有针对性地吸收国外学生事务管理的优点、扬弃其缺点，不断地加强和改进我国的学生事务管理工作。

1. 准确把握不同类型学生事务管理模式的优缺点

内部事务型的学生事务管理模式有利于为学生事务管理所需的资源提供保障，也有利于在学校的统一领导、控制和监督下开展学生事务管理，保证了学生事务管理的质量和可靠性。但这种类型的学生事务管理模式在一定程度上，使得学校有限的资源不得不分散一部分到学术事务以外的工作中，加重了学术事务管理的负担。外部事务型的学生事务管理模式有利于充分调动其他社会组织协同参与学生事务管理，减轻了学校的工作负担，从而使得学校能更加专心致志地聚焦于学术事务。但这些社会组织毕竟与学校有所区别，它们在承担学生事务管理职能的过程中，教育功能发挥得不够明显。

内外事务综合型的学生事务管理模式，有利于进一步调和内部事务型和外部事务型模式的弊端，但在学校和社会组织机构关系处理上处于较为模糊的状态。因此，一旦遇到问题，可能产生互相推诿的现象。

当前，我国的学生事务管理正处于转型的关键时期，如何探索出具有中国特色的学生事务管理模式，需要我们全面地权衡三种类型的利与弊，借鉴国外学生事务管理模式中的有益成果。

2. 准确把握学生事务管理形成与发展的关键因素

毛泽东特别强调："任何过程如果有多数矛盾存在的话，其中必定有一种是主要的，起着领导的、决定的作用，其他则处于次要和服从的地位。"[①]学生事务管理作为思想政治教育管理的重要组成部分，深深地受到教育环境、教育者、教育对象等多重因素的影响和制约，其中有的因素起着主要作用，有的因素起着次要作用。以法国为例，即使法国将大部分学生事务的管理职能让位于社会组织，但中央集权型的思想政治教育管理机制使得法国中央教育行政机构和地方各级各类教育行政机构在学生事务管理上依然保留大量的权限。从这个意义上看，社会组织承担的学生事务管理工作还是能处于政府或学校的领导、控制和监督下的。所以，我们需要站在全局的高度全面认识影响学生事务管理形成与发展的各个因素，需要站在"生命线"的高度审视思想政治教育与学生事务管

---

① 《毛泽东选集》第1卷，人民出版社1991年版，第322页。

理的关系，牢牢抓住问题的主要矛盾，加强和改进学生事务管理，促进思想政治教育目的效用最大化。

▶ **思考题**

1. 简述我国思想政治教育的领导机制。
2. 简述我国思想政治教育的运行机制。
3. 简述国外思想政治教育管理机制的利与弊。
4. 简述中外学生事务管理的模式与异同。

第七章 思想政治教育评估的比较

"思想政治教育评估是依据一定的评价标准，采用特定的评价方法，对思想政治教育过程中的各个运行要素、活动效果及其影响进行价值判断的过程。"[1]思想政治教育评估是思想政治教育的重要环节，是对思想政治教育的决策、目标、实施、管理等进行的诊断反馈，对于监控、提升思想政治教育质量，促进思想政治教育科学化具有重要意义。思想政治教育评估活动并非我国独有的现象，其他国家在思想政治教育评估方面也进行了各具特色的实践探索和理论思考。学习、研究各国思想政治教育的评估理论和实践举措，有利于深化对思想政治教育评估问题的理论认识，借鉴其他国家思想政治教育评估的有益经验。

第一节 思想政治教育评估主体的比较

思想政治教育评估主体是指有目的、有计划、有意识地从事思想政治教育评估活动的机构和人员。评估主体在思想政治教育评估活动中居于主导地位。评估主体自身的能力与素质，关乎思想政治教育评估活动的科学性和有效性。我国思想政治教育评估主体主要包括党政部门、学校、社会相关机构或组成部分，而国外思想政治教育评估主体主要包括国际组织、政府、学校以及第三方评估机构。

一、我国思想政治教育的评估主体

我国思想政治教育评估的主体可分为三类，分别为党政部门、学校、社会相关机构或组成部分。党政部门是思想政治教育评估的领导者，学校是思想政治教育评估的重要主体，社会相关机构或组成部分的评估是思想政治教育评估的必要补充。

（一）党政部门

在我国，中国共产党以及各级政府部门既是思想政治教育活动的重要决策者、组织者、实施者，也是开展思想政治教育评估的重要主体。

1. 党的领导

中国共产党是我国思想政治教育工作的领导者、决策者、组织者，党的领导在思想政治教育评估中居于领导和主导地位，其主要通过两种方式来体现：一是统一制定思想

---

[1] 《思想政治教育学原理》编写组编：《思想政治教育学原理》第2版，高等教育出版社2018年版，第316—317页。

政治教育的评估政策与制度；二是统一组织思想政治教育的评估工作。党的十八大以来，中国共产党加强了对各级党组织落实意识形态工作责任制的政治巡察，加强了对各种党内主题教育活动的专项督查与检查，表明了中国共产党不断加强和改进对思想政治教育评估工作的统一领导。此外，还成立了国务院教育督导委员会、教育部高等教育教学评估中心以及高等学校思想政治理论课教学指导委员会等，进一步加强教育指导与管理的体制机制建设，开展相关督查与评估工作。

2. 政府部门的管理

政府部门评估是思想政治教育评估的主要途径之一，其中教育行政部门是最重要的思想政治教育评估主体。政府部门定期对机构内部以及高校、科研院所等开展思想政治教育评估，落实相关决策部署与政策举措。如《2020年对省级人民政府履行教育职责的评价方案》明确要求，省级人民政府切实履行教育工作相关职责。中央教育行政部门即教育部，是国家一级主管教育的工作部门，承担着对学校思想政治教育工作进行管理评估的行政职责。近年来，教育部制定出台了一系列指导思想政治教育评估工作的重要文件，如《高校思想政治工作质量提升工程实施纲要》《普通高等学校马克思主义学院建设标准（2019年本）》《高等学校思想政治理论课建设标准（2021年本）》等。地方教育行政部门如省教育厅，是地方学校思想政治教育活动的直接管理机构，通过教育督导部门、德育评估工作组等机构以及常规性的教育评估活动，行使对思想政治教育评估的管理权。如教育部等八部门印发的《关于加快构建高校思想政治工作体系的意见》要求，把高校党建和思想政治工作纳入政治巡视、地方和高校领导班子考核、领导干部述职评议的重要内容。

（二）学校

学校是我国思想政治教育工作开展的重要阵地，也是我国思想政治教育评估的重要主体。学校评估主要可分为学校党政部门评估、教师评估和学生评估。学校党政部门评估、教师评估和学生评估相互促进，共同推进学校评估工作有效开展。

1. 学校党政部门评估

学校党政部门评估主要是指学校教育主管部门、各院（系）和相关党政部门及校方组织和授权的专家组等对学校开展的思想政治教育情况进行的综合性评估。学校党政部门评估主要包括对思想政治教育领导体制与工作机制、师资队伍建设、思想政治理论课、日常思想政治教育、条件保障及育人环境等方面的评估。

2. 教师评估

教师评估包括教师对自身的评估和教育对象的评估。教师对自身的评估，主要表现为教师对思想政治教育工作的开展和落实情况、自身的教育教学水平与素质进行评估，通常采取教育督查、教学检查、教师考核等方式进行。教师对教育对象的评估，主要表现为教师对学生在接受思想政治教育后思想政治状况的变化情况进行评估，通常采取课程考试、综合考核、调查了解等方式进行。

3. 学生评估

学生评估包括学生对教育工作者的评估和自我评估。学生对教育工作者的评估主要表现为对教育工作者的教育管理工作、教学质量、教学内容、教学效果以及教育者的素质等方面的评价。学生自我评估是学生在学校及教师的指导下，对自身的思想素质、政治素质、道德素质、心理素质等进行的评价。

（三）社会相关机构或组成部分

相较于党政部门、学校所开展的思想政治教育评估活动，社会相关机构或组成部分的评估是一种外部评估，它是内部评估的重要补充。思想政治教育的社会评估主体，主要包括家长、用人单位以及社会舆论机构。

1. 家长的评估

家庭是社会成员思想政治素质发展的重要场所，家长是学生思想政治素质发展的启蒙者，也是观察者、感应者。家长能够在日常的家庭生活、人际交往中，运用细心观察、交心谈心等方式，对学生的思想政治素质发展状况进行评估，从而为学校思想政治教育提供参考。当前，我国大中小学广泛开展"家校协同"活动，通过家访、家长对学生的操行评定、家校互动等方式，建立家庭评估学校思想政治教育的机制。

2. 用人单位的评估

学校所培养的人才最终都要流向用人单位，用人单位是对学校思想政治教育效果进行检验的重要场所。用人单位不仅会对应聘者的职业素养与能力进行评价，而且也会对其在思想政治素质方面的表现进行评价。比如，用人单位在招聘时会对应聘者进行思想政治审查，考察应聘者的政治立场、道德品质、工作态度、生活作风等；一些用人单位会向教育机构反馈用人评价，包括录用人员的思想品德、工作态度、工作能力以及整体认可度等；还有一些用人单位会在年度考核中对员工的思想政治素质、道德修养、工作态度能力等进行评价。

3. 社会舆论机构的评估

社会成员的思想政治素质状况，各种社会组织开展的思想政治教育活动，也可以成为社会舆论评价的对象。在大众传媒日益发达的现代社会，社会舆论机构的评估逐渐成为思想政治教育评估的重要组成部分。

总体看来，社会相关机构或组成部分的评估是广大人民群众对思想政治教育的最终效果进行的评估，有助于检验思想政治教育效果是否满足社会需要，能否推动社会发展和进步。当前，社会评估主体在思想政治教育评估体系中的作用有待进一步加强，评估信度和评估质量有待进一步提升。

二、国外思想政治教育的评估主体

由于各国历史文化、国情政体、教育制度、管理体制等方面存在的差异，国外的思想政治教育评估主体呈现出一定的差异性。大体来说，国外思想政治教育评估的主体可分为国际组织、政府、学校和第三方评估机构。

（一）国际组织

教育国际化是经济全球化的产物，跨国大学联盟、跨国大学和"国际大学"的兴起也预示着一个全球化教育体系的出现。国际社会也愈加重视教育方面的合作与交流，一些国际评估组织或项目也在对教育情况进行大规模的跨国评估。

1. 国际评估组织

在国际评估组织中，国际教育成就评价协会（IEA）是最典型的代表。国际教育成就评价协会是独立的国际合作组织，它组织全球性的跨国家、跨地区的教育研究合作，利用现代化的调查和科学研究技术，在国际范围内开展各类教育项目的评价研究和比较研究。国际教育成就评价协会除了衡量学生数学和科学素养（TIMSS）、阅读素养（PIRLS）、计算机和信息素养（ICILS）等方面的成绩外，还对国际公民意识和公民素养（ICCS）进行跨国调查研究。国际教育成就评价协会于1971年在9个国家进行了"六门学科调查"，首次对公民教育领域进行了研究，从而促成了1999年在28个国家进行的IEA公民教育研究（CIVED）。国际公民意识和公民素养研究项目（ICCS）是由国际教育成就评价协会进行的有史以来规模最大的国际公民教育研究，该研究于2009年首次实施，2016年为一个后续周期，2022年进行下一周期研究。在2009年的研究中，全球共有38个国家和地区参加，包括5300多所学校及其师生；在2016年研究中，有24个国家和地区参加，大约包括3800所学校及其师生。ICCS就学生对与公民和公民身份有关概念的认知与理解，学生在这一领域的信仰、态度和行为等进行了调查研究和评估。此外，ICCS收集了丰富的公民教育背景资料，包括课程中公民教育内容和组织、教师资格和经验、教学实践、学校环境和氛围、家庭和社区支持等，以此作为评估的重要参考。

2. 国际组织的项目评估

国际组织中对教育和思想情况的评估项目较多，具有代表性的主要有以下几个。一是联合国教科文组织（UNESCO）开展的全球公民教育（GCED）和可持续发展教育（ESD）研究。其中全球公民教育通过全球宣传，向学习者灌输负责任的全球公民的价值观、态度和行为，具体包括：通过教育预防暴力极端主义，大屠杀教育和种族灭绝教育，语言教育，通过全球公民教育推动法治文化等。二是经济合作与发展组织（OECD）开展的国际成人能力评估（PIAAC）及国际学生评估项目（PISA）。其中，国际学生评估项目是当前最主要的国际教育评估项目之一，其衡量的是15岁学生运用阅读、数学和科学的知识和技能应对现实生活挑战的能力。PISA在2000年首次举行，而后每三年举行一次，每次评估的侧重点都有所不同。如2018年的评估重点是数字环境下的阅读，项目组还收集了大量关于学生态度和幸福感的数据。三是欧盟委员会教育、视听及文化行政机构（EACEA）对欧洲公民教育进行的全面调查评估，并分别于2012年和2017年发布了"欧洲公民教育"调查报告和"2017年欧洲学校公民教育"调查报告。其中"2017年欧洲学校公民教育"调查报告比2012年"欧洲公民教育"调查报告范围更广，该报告提供了除阿尔巴尼亚以外属于欧洲教育信息中心网络的所有国家的信息，共有42个教育系统，并全面介绍了各国在学校公民教育领域的政策及整体开展情况。

（二）政府

外国政府在教育评估体系中扮演着重要角色，发挥着一定的宏观调控作用。国外政府评估主要可划分为官方的政府评估和半官方的政府评估两种形式，其中以半官方的政府评估居多。

1. 官方的政府评估

在官方的政府评估中，政府控制评估的主要环节。比如，法国是一个教育体制集权化的国家，法国教育部统管全国的公民教育事业，制订统一的教育计划，其中包括学校的公民道德教育计划。法国设有教育督导、研究与高等教育评估高级委员会（HCERES），对全国所有高校开展定期评估。教育督导被视为法国教育行政管理的支柱之一，其机构主要分中央、学区和省三级，对全国教育分工督导。法国研究与高等教育评估高级委员会是一个独立的行政机构，其目的是对高等教育机构和公共部门研究机构、研究单位以及工作人员进行评估。它的任务包括制定质量评估标准、发布评估程序并确保评估的透明度和问责制。

2. 半官方的政府评估

半官方的政府评估主要包括两种形式：一是政府与民间评估组织合作，二是政府建立中介性的质量评估机构。在这两种形式中，政府不直接参与评估活动，主要对相关评估机构进行许可，给予政策指导或一定的财政拨款，间接掌控评估机构的评估流程和评估制度等。比如，美国国家教育进步评估（NAEP）也被称为国家成绩报告单，是美国唯一长期的且具有国家代表性的教育评估体系，它由美国教育部教育科学研究所（IES）下属的美国国家教育统计中心（NCES）组织管理，具体的评估活动实施由NCES选中的专业教育考试机构或考试服务公司来完成。英国质量保证局（QAA）向政府和公众提供教育评估，其中包括公民教育。英国质量保证局的成员主要来自高校和社会专业人员，评估工作由非政府人员主持，政府不介入评估工作，只负责制定总体的科研政策和确定拨款数额。在荷兰，隶属于政府的高等教育督察团（IHE）作为权威的官方机构，并不直接参与质量评估工作，而是将权力分别授予两个重要的非官方机构——荷兰大学协会和高等职业教育学院联合会。而高等教育督察团则充当"元评估主体"的角色，负责对两个非官方机构所实施的评估和后续评估过程、结果的合法性进行监督、复查，并通报教育、文化和科学部。

（三）学校

在国外，学校是最主要、最直接、最普遍的评估主体。学校内部评估是学校为评价自身素质而发起和实施的，它主要由学校工作人员执行，在某些情况下，还与其他学校利益相关者（如学生、家长或当地社区成员）合作执行。国外学校内部评估包括两方面，其一是校长和教师的评估，其二是教育对象的自我评估和相互评估。

1. 校长和教师的评估

校长和教师评估主要是对学生的课程评估和日常学习评估。欧洲几乎所有国家都支持学校进行内部评估，且在许多教育系统中，学校内部评估是强制性的，大部分国家都会采取一项或多项支持措施，帮助学校进行内部评估，其中最常见的方式是提供指导方针和手册。在西班牙、斯洛文尼亚、斯洛伐克等国，公民教育课程大纲中都包含教师用于评估学生参与学校或社区活动的建议性标准。英国公民教育也明确要求教师对学生进行日常的学习评估，从而为公民课的教学提供支持。此外，教师也可以通过观察，利用同伴或自我评估以及在一段时间内对一些学生进行抽样，来评估学生的学习情况。

2. 教育对象的评估

教育对象的自我评估是学校评估的重要组成部分，同时，很多国家也是基于自我评估和相互评估来促进学生参与评估活动。如新加坡在官方文件《理想的教育目标》中明确指出其教育目标是培养自信的人、自主学习者、积极贡献者和热心的公民，在公民与道德教育的评估环节中明确了教育对象进行自我评估和与同伴进行相互评估的重要性和可行性。英国的评估活动以学校自评为主，并注重学生对评估活动的参与。教师在对学生进行评估之前，会先安排学生进行自评和互评，然后参照自评和互评情况，结合学生平时在公民课中的表现给出最终评估结果。教育对象之间进行互相评估是对自我评估的一种补充。同为教育对象的同伴通过互相提问、互相观察、协作学习、建立讨论圈等方式，学会彼此给予反馈，学会考虑他人的感受，并以建设性的方式与同伴沟通。比如，欧洲学生联合会（ESU）、欧洲首都大学联盟（UNICA）和知识创新中心（KIC）于2013年10月共同发起了"以学生为中心的学习（SCL）"同伴评估（PASCL）计划，该计划确定了同伴评估的目标，突出最佳实践策略和方法。自我评估与同伴评估主要以学生为中心，每项评估活动都附有明确的评估标准，可以在教师的指导下明晰各项评估活动的具体要求，与教师评估共同构成学校评估的主体。

（四）第三方评估机构

第三方评估机构是国外最具特色的公民与道德教育评估主体，其主要是由独立于政府与学校之外的中介机构组成，一般都需经过政府或社会上的认证机构认可才能开展评估活动，并享有充分的管理和评估自由权。

1. 美国国家社会研究理事会

社会科是美国学校重要的公民与道德教育课程。为加强对这门课程的管理与评价，美国成立了国家社会科学研究委员会（NCSS）。该理事会是由国家认证委员会认可的专门从事"社会研究"教育的独立机构，致力于为历史学、公民学、地理学、经济学、政治学、社会学、心理学、人类学和法学等相关学科的教育教学与评估提供专业性的支持。

2. 英国教育标准局

英国教育标准局（Ofsted）是不隶属于任何学校或教育机构的监管机构，它通过全面检查和发布报告来执行国家资格和课程局（QCA）发布的课程要求。教育标准局还对学生公民课的学习情况进行单独评估，为公民教育提供相关决策信息。

在欧洲，尽管大部分国家都有政府主导的课程评估和自成体系的学校评估，但是第三方评估机构仍然作为校外评估主体，发挥了重要的参考作用。例如，在保加利亚、塞浦路斯和卢森堡，教师们认为学生思想政治素养的评估难度非常大，公民教育应作为一门单独的课程由校外机构进行评估，学生必须在高中毕业前参加由校外机构组织的公民教育课期末考试，考察教育学习的效果，其成绩被作为学生获得初中、高中毕业证书的重要依据。

三、思想政治教育评估主体比较

通过对中外思想政治教育评估主体的比较可以看出，政府和学校评估主体是中外思想政治教育评估的主要主体，与国外相比，我国的社会评估主体作用发挥较为有限，特别是第三方评估还有待进一步完善。因此，我国的思想政治教育评估需要进一步加强评估主体多元化与评估队伍专业化建设，并注意发挥多种评估主体的自主性，增强评估合力。

（一）加强第三方评估机构建设

第三方评估是政府评估和学校评估的重要补充，加强第三方教育评估机构建设本身也是评估多元性和专业性的重要体现。

1. 借鉴国外第三方教育评估机构的做法

国外在进行道德教育、公民教育等活动时，学校或政府部门往往会委托专业的第三方机构参与到评估活动中来。国外第三方教育评估机构主要是由政府主导或授权建立的独立部门、行业协会或非官方组织建立的机构，并设立了严格的认可和准入机制，享有较充分的管理和评估权。第三方评估机构一般拥有专业的评估工具和系统化的评估流程，同时又独立于教育系统之外，与各类思想政治教育活动的参与者没有直接利益相关性，一般能够提供更科学客观的评估结果。

2. 加强我国思想政治教育的第三方评估

目前在我国思想政治教育评估中，第三方评估较少，且在实际运行时难以完全独立，评估结果只对少部分人负责，缺乏一定的独立性、专业性和权威性。建立具有公信力的社会评估机构还需完善相关评估认证机制，引入元评估，保障评估质量。元评估主要是对评估机构本身的评估，包括评估其评估队伍、评估方案、评估程序、评估指标体系、评估内容、评估方法和评估结论等，以确保评估的科学性。从国外的经验来看，美国的高等教育质量认证委员会（CHEA）、荷兰的高等教育视导团（IHO）等机构都有效地发挥了元评估机构的功能。

（二）打造高素质专业化的评估队伍

评估人员的构成及其素质是影响评估质量、保证评估权威性和科学性的重要因素，建设高素质的评估队伍是提高评估的权威性与科学性的重要手段。

1. 重视评估人员的构成及其选拔机制

评估队伍中既要有思想政治教育方面的专家，也需要有专业评估人员以及相关社会代表。思想政治教育方面的专家理论水平较高、实践经验丰富，在制定评估测量体系、评估监督过程等方面可以发挥其特有的作用。专业评估人员熟知科学的评估程序，在制定评估标准、开展评估活动和确定评估结论时，都能给予有效指导。第三方评估人员能够以独立客观的视角为评估提供依据和参考。

2. 加强评估人员的专业培训

评估人员需定期进行专业培训，形成稳定培训机制，从而不断提高评估人员的专业素质，确保评估人员的专业性。评估人员需熟知评估内容、评估标准、评估程序、评估理论和评估技术方法等，评估后应及时总结反馈意见，等等。比如美国的认证机构制定了严格的专家培训制度，每一位被聘用的专家只有接受严格的培训之后，才能成为评估专家组的成员。英国第三方教育评估机构特别强调对评估人员进行严格的选拔和培训，并有严格的工作要求。

（三）充分发挥学生与家长的评估作用

国外的公民教育和道德教育评估活动往往较重视学生和家长的作用。而在我国的思想政治教育评估中，学生与家长评估的作用体现得相对较弱。因此，应合理借鉴国外经验，充分发挥学生与家长在评估中的作用。

1. 发挥学生在评估中的作用

学生成为评价活动的积极参与者。国外不仅让学生积极进行自我评估，而且鼓励学生参与对同伴、教师和学校的评估，并让学生参加制定评估自身行为的准则与标准，培养学生的自我监督能力。比如，美国的学校评价办公室会采取奖励的办法来促进学生的参与，包括对参加学校的问卷调查活动的学生给予一些物质奖励等。

2. 发挥家长在评估中的作用

国外学校很注重采取措施促进家长参与到评估活动中并发挥作用。比如，国外很多高校会在学生入学时，通过各种途径让家长了解评估的重要作用及参与方式，并邀请家长参与对学校、教师和学生的评估。有效发挥家长在评估中的作用，需要学校、教师加强与家长的持续性联系和沟通，促进家长多参与学校活动。当前思想政治教育评估主体呈现多元化发展趋势，需要加强评估主体之间的合作协调，完善评价主体之间的合作模式，增强各评价主体间的评估合力。

（四）坚持自评与互评相结合

自我评估是评估的主要方式，同时还要发挥相互评估的作用，二者的结合才能真正起到科学评估的作用。

1. 发挥自我评估的作用

自我评估是发挥评估主体自主性的有效途径，自我评估包括评估客体的自我评估和评估机构的自我评估。思想政治教育对象既是评估客体，也是评估主体。教育对象对思想政治教育工作成效的认知、理解和体悟最为直接，因此在进行思想政治教育评估时，教育对象的自我评估必不可少。学校自评和学生自评都是评估客体自我评估的重要形式。评估机构的自我评估是对自身评估理念、评估过程、评估技术和评估结论进行的反思与评价，目的在于自我检查、发现问题和改进提高，提升评估工作的全面性与真实性，对保证评估体系的规范运转具有重要意义。

2. 发挥互评的作用

互评主要是指评估客体间的同伴评估和评估机构间的相互评估。自我评估由于缺乏监督，可能会有失公正。评估客体间的同伴评估和评估机构间的相互评估，能够起到一定的监督作用。教育对象所属的朋辈群体对思想政治教育评估的内容较为熟悉，与评估客体具有相似的教育环境，评估观察时间更长，因此能更加有效发挥评估的深入性及持续性优势。对评估机构而言，相互评估也能促进评估机构间的良性竞争与整体优化。

总体来看，评估活动应坚持自评与互评相结合，一方面促进评估客体的自我反思，加强自主性建设；另一方面促进评估主体间的相互监督，增强评估结果的真实性与客观性。

第二节　思想政治教育评估内容的比较

思想政治教育评估内容的确定是评估活动有效开展的关键，只有明确了思想政治教育评估内容，才能够更好把握思想政治教育评估的适用范围，从而提升思想政治教育评估的针对性。纵观国内外思想政治教育评估的内容，基本都包括对教育管理部门、教育者、教育对象、教育内容、教育环境的评估，但在具体评估内容方面又各有侧重并存在差异。

一、我国思想政治教育评估的内容

我国思想政治教育评估的内容既包括对思想政治教育要素的评估，也包括对思想政治教育过程和教育效果的评估。其中具体涉及"教育内容是否合适，教育者所运用的方法是否合适，教育者和受教育者的互动是否正常，受教育者的思想政治素质表现是否提高等。所有这些方面最终都集中地、综合地体现为教育效果，因而，思想政治教育评估的核心内容是对教育效果的评估"[①]。

（一）对思想政治教育要素的评估

我国对思想政治教育要素的评估主要包括对教育管理部门和教育者、教育对象、教育内容、教育环境四个方面的评估。

1. 对教育管理部门和教育者的评估

教育管理部门统管思想政治教育全局，对思想政治教育负有决策和指导的责任。对教育管理部门的评估，主要包括：第一，对思想政治教育的总体规划和制度，政策制定、执行、监督的情况进行评估；第二，对思想政治教育队伍建设的状况与水平进行评估；第三，对思想政治教育的研究状况与水平进行评估。如《普通高等学校马克思主义学院建设标准（2019年本）》中对领导责任、机构设置、工作机制、师资配备、科学研究等都提出了具体的二级指标要求。

教育者在整个思想政治教育过程中起着主导的作用，对教育者的评估主要是对教育者的综合素质进行评估，主要包括：第一，评估教育者是否具备良好的政治素质，包括坚定的共产主义信念，正确的政治立场，较高的政治素养等；第二，评估教育者是否具备扎实系统的马克思主义理论知识和思想政治教育专业知识，是否能够根据工作对象的需要和所处环境的需要掌握相关知识；第三，评估教育者的思想道德素质，即是否拥有高尚的道德品质和良好的职业道德素养；第四，评估教育者在实际工作中展现出的综合能力素质。如《关于加强新时代中小学思想政治理论课教师队伍建设的意见》明确指出："严把选聘政治关、师德关、业务关，让有理想的人讲理想，有信仰的人讲信仰，师德高尚的人讲思政课。"

2. 对教育对象的评估

教育对象是教育的接受者与受益者，所以思想政治教育的评估，不能离开对教育对象的考察。对教育对象的评估，既要考察其思想政治素质，又要考察其将思想付诸实践

---

① 张耀灿、郑永廷、吴潜涛、骆郁廷等：《现代思想政治教育学》，人民出版社2006年版，第346页。

的行动力。第一，评估教育对象的思想政治素质，是指通过观察教育对象的言行来考察他们的思想素质、政治素质、道德素质和心理素质。如《关于推进中小学教育质量综合评价改革的意见》指出，学生品德发展水平评估，主要考查学生品德认知和行为表现等方面的情况，可以通过行为习惯、公民素养、人格品质、理想信念等关键性指标进行评价。第二，考察教育对象是否能够自觉主动地接受教育以及在接受思想政治教育后是否树立了正确的思想道德观念，是否能够自觉抵制不良思潮的侵蚀，将所学到的知识转化为自己的自觉意识并付诸实践。如《新时代高校思想政治理论课教学工作基本要求》指出，要采取多种方式综合考核学生对所学内容的理解和实际运用，注重考查学生运用马克思主义立场观点方法分析、解决问题的能力，力求全面、客观反映学生的马克思主义理论素养和思想道德品质。

3. 对教育内容的评估

思想政治教育内容主要涉及思想教育、政治教育、道德教育、心理健康教育、法治教育等方面。评估思想政治教育内容，最主要的是考察其内容是否有利于思想政治教育目的的实现，是否具有真理性、先进性、针对性、吸引性、感染力等特点。如《中等职业学校思想政治课程标准（2020年版）》对思想政治课程的教学内容与教学要求做了明确规定，要求坚持正确育人导向，强化价值引领；准确理解学科核心素养，科学制定教学目标；围绕议题设计活动，注重探讨式和体验性学习；加强社会实践活动，打造培育学科核心素养的社会大课堂；运用现代信息技术，提高教学效率。尤其在高校中，对思想政治理论课教育内容的评估是思想政治教育评估的重要方面，高校思想政治理论课的内容包括依据教育目标所选定的课程、学科和教材等，"对高校思想政治理论课程教育内容的评价主要包括课程计划的评价、学科教学大纲的评价以及教材的评价"[①]。

4. 对教育环境的评估

思想政治教育的环境因素是指与思想政治教育活动开展有关的、会对其产生影响的外部因素。对思想政治教育环境的评估包括对社会环境、社会风气、学校环境及周边环境、校园文化建设、校风学风、思想政治教育活动设施和条件、网络虚拟环境等方面的评估。如《全国大学生思想政治教育工作测评体系（试行）》对社会环境、育人环境、课堂外思想政治教育及条件保障等都有较为明确的规定。其中，在社会环境方面对文化建设与舆论氛围、大学生思想政治教育基地、学校及周边治安综合治理提出了具体要求；在课堂外思想政治教育方面对校园文化建设、网络思想政治教育、实践育人等提出了详细要求；在条件保障方面对学生教育活动设施建设、经费投入、科学研究等提出了要求。

---

① 骆郁廷主编：《高校思想政治理论课程评价新探》，中国社会科学出版社2011年版，第134页。

（二）对思想政治教育过程的评估

对思想政治教育过程的评估主要包括对思想政治教育实施途径、主要环节和方法的评估。

1. 对思想政治教育实施途径的评估

思想政治教育在具体的开展过程中必然需要借助多种形式来完成，通过这些形式可以看到思想政治工作的真实开展状况。对思想政治教育实施途径的评估主要包括：思想政治理论课教学是否发挥主渠道作用；日常思想政治教育是否真正有效；党团组织能否发挥政治作用；社会实践活动是否有效开展；校园文化是否发挥了育人功能；等等。如《中小学德育工作指南》作为教育行政部门对中小学德育工作进行督导评价的重要依据，对中小学课程育人、文化育人、活动育人、实践育人、管理育人、协同育人等德育实施途径和要求都作出了指导性规定。

2. 对思想政治教育主要环节的评估

思想政治教育的主要环节包括准备环节、具体实施环节和结果反馈环节，评估内容包括思想政治教育活动的开展目的是否明确、是否体现出正确的教育导向；教学计划是否科学合理；教育内容是否做到理论联系实际；教育过程中教育者与教育对象的互动情况等。如《普通高等学校马克思主义学院建设标准（2019年本）》对思想政治理论课的教学组织、教学实施、教学改革及教学考评等二级指标都做了规定，要求具有完备的教学内容和教学质量监测管理制度。

3. 对思想政治教育方法的评估

对思想政治教育方法的评估主要考察教育过程中使用的方法是否具有科学性和有效性等，包括是否根据教育对象的需求和特点来使用合适的教育方法和手段；是否注意创设多样化的教育情境来调动教育对象的积极性与主动性；是否根据时代和技术发展的要求及时地运用现代化、信息化的教育载体；等等。如《新时代高校思想政治理论课教学工作基本要求》明确要求，要科学运用教学方法，课堂教学方法创新要坚持以学生为主体，以教师为主导，加强生师互动，注重调动学生的积极性主动性。

（三）对思想政治教育效果的评估

思想政治教育效果，一般是指思想政治教育实践活动所产生的作用与影响，主要包括思想政治教育实践活动对教育预期目标的实现程度、对教育对象需要的满足程度和对教育环境的影响程度。对思想政治教育效果的评估可分为对教育对象思想政治素质变化的评估、对教育环境变化的评估和对思想政治教育工作创新成果的评估。

1. 对教育对象思想政治素质变化的评估

教育对象思想政治素质变化最直接集中地体现在接受教育后其思想政治觉悟与综合素质等方面的变化，主要包括教育对象思想、观念、情感和行为的变化。教育对象思想政治觉悟的变化主要体现在其世界观、人生观、价值观以及对待重大政治问题所持的观点、态度和立场等方面；综合素质的变化主要体现在教育对象在德、智、体、美、劳等多方面整体发展的状况。如教育部社科司开展的高校思想政治理论课教学质量监测试点工作通过标准化测试试题对大学生思想政治理论课相关知识与能力进行测验，通过测量量表对大学生与思想政治理论课相关的情感、态度与价值观进行测量。

2. 对教育环境变化的评估

教育环境的变化包括校园风气改善情况、社会各方对思想政治教育工作的评价及其在社会主义精神文明建设中所发挥的作用，具体包括主流文化建设及环境氛围优化状况，马克思主义中国化最新理论成果宣传教育效果与反响，网络思想政治工作开展及主旋律弘扬状况等。如《全国大学生思想政治教育工作测评体系（试行）》将文化建设与舆论氛围作为具体评估指标，要求营造良好宣传舆论氛围，提供优秀文化产品和文化服务，培育文明理性的网络环境，形成优良学术风气等。

3. 对思想政治教育工作创新成果的评估

对创新成果的评估主要包括思想政治教育整体效果是否增强，教育水平与质量是否提升，思想政治教育活动的常态化、科学化发展情况，是否具有能够推动思想政治工作建设的其他有特色的项目等。如《高等学校思想政治理论课建设标准（2021年本）》中包含教学成果及教学改革特色项目等具体二级指标，其中在教学成果方面要求列入校级教学成果类奖系列评选之中，并积极组织推荐参评校级以上教学评选活动；在教学改革特色项目中要求开展思想政治理论课教学改革与创新，并取得显著成果，其经验在全国或全省得到一定推广。

二、国外思想政治教育评估的内容

在国外，思想政治教育主要以公民教育、道德教育、价值观教育等不同形式出现，不同国家评估的侧重点也有所不同。有的国家突出表现为对公民教育的评估，有的侧重对道德教育的评估，也有不少国家将道德教育、公民教育及价值观教育相结合，因此在评估中也并未作出明确区分。综合来看，国外的思想政治教育评估内容主要包括对课程内容的评估、对教育者的评估、对学生的评估、对学校的评估和对教育系统的评估监督。

（一）对课程内容的评估

国外对思想政治教育课程内容的评估可分为对道德教育课程内容的评估和对公民教育课程内容的评估。

1. 对道德教育课程内容的评估

国外对道德教育课程内容的评估总体可以划分为三个部分，即道德知识评估、道德情感评估和道德实践能力评估。

第一，对道德知识的评估。在道德知识的评估方面，主要是考察在道德教育的过程中，教育对象对基本道德知识的了解与掌握程度。比如，韩国的道德教育评价包含评价学生的认知领域；美国在品格教育评估方面，制定了《品格教育质量标准》，其中列出了有效品格教育的关键因素，并明确指出品格教育需要对核心价值观（如关怀、诚实、公平、责任、自尊等）有准确的认识。

第二，对道德情感的评估。在对学生道德情感的评估方面，主要考察在道德教育的过程中，合乎道德期望的事件、情感、想法、行为是否能激起学生喜悦和期待的感情及其程度。比如，美国的《品格教育质量标准》明确指出，品格教育应激励学生的内在动机。法国的新道德与公民教育课程评估中，也有对"情感表达与尊重他人"方面的明确要求。

第三，对道德实践能力的评估。其包括对道德实践热情、态度和行为的评估，即是否具有把一定的道德观念贯彻到实际行动中去的热情和意志，能否将一般的道德规范转化为具体的行动指令。比如，日本学校道德教育中对学生道德的实践意愿和态度的评估，是从道德角度来看是否有更高追求的意愿和行为。教师会根据学生上课时的发言、表情、行为等来记录并分析学生的道德实践力、道德价值的自觉水平；有意识地让学生参与各种活动或者主动和孩子谈话、观察孩子言行等来对其表现进行判断打分。[①]

2. 对公民教育课程内容的评估

公民教育在国外较为普遍，各国对其课程内容评估趋同，大致可分为公民知识评估和公民参与能力评估。

第一，对公民知识的评估。这主要考查学生是否具备了基本的政治素养和相关知识。比如，美国公民教育评估依据《公民学与政府的国家标准》，提出包括公民知识、公民技能与公民品性三方面内容的评估框架。美国各州以五大核心主题知识和三种公民技能为参考依据，可自主选择教材、教育内容、教学方法和评估方法。法国的公民教育具有鲜明的政治教育的性质，法国公民教育框架主要可概括为三点：民主国家的基本价值观和法律知识；各种国家的政治制度；法国在世界事务中的地位和作用。

第二，对公民参与能力的评估。这种评估主要包括对教育对象分析和阐述社会现象、问题或政治生活中的事件的能力进行综合考察，评估学生的决策能力、概念性思维能力和独立解决问题的能力和意愿。比如，美国公民教育评估较为重视公民技能与公民品性的评估。公民技能主要包括智力技能和参与技能，智力技能的核心是批判性思考能力，而参与技能是指与人合作去监督、影响政治生活的能力；公民品性则包括个人在社会中的权利与义务，对公民事务的参与以及政治理想提升等。

（二）对师生的评估

国外对师生的评估是其教育评估的重点，主要包括对教育者的评估和对学生的

---

① 参见李晓红：《日本中小学德育水平评价的实践探析》，《河南师范大学学报（哲学社会科学版）》2016年第3期。

评估。

1．对教育者的评估

对教育者的评估主要包括对学校领导和教师的评估，评估内容主要包括教育者对公民与道德知识的掌握与运用、教学能力、管理能力、职业责任感和认知行动等。评估手段包括专业考试评估、系列活动评估、学校校长评估、同伴评估和自我评估等。比如，智利有两种国家在职教师的评估，均由教育部负责，其中都包括社会科学教师。一种名为"卓越教学计划"，其目的是确定表现出专业水准的教师；另一种是教师评估系统，即国家教师评估系统，是市政学校聘用教师的重要依据。该计划自2004年开始实施，旨在确定在某些工作领域表现不佳的教师，以便他们能够接受必要的在职培训。韩国的道德教育评估对教师素质提出了较高要求，韩国的德育教师一般被要求具有专门进行道德教育学科教学的执照。

2．对学生的评估

对学生评估的内容包括公民课程学习成果和学生对学校及广泛社会生活的参与情况，具体包括学生获得的知识理论、分析能力和批判性思维、情感态度、价值观，以及学生在学校和社区生活中的参与等。

在英国，教育标准局检查员必须评估公民与道德教育课程对学生的精神、道德、社会性和文化发展的有效性影响。学生社会性发展的指标之一是"接受并认同英国基本的民主价值观、法律、个人自由以及对具有不同观念和信仰的人的尊重和包容；学生需要发展并展示出能够充分参与现代英国生活并能作出积极贡献的技能和态度"[①]。在大多数欧洲国家，鼓励学生在学校和社区中的积极参与已成为公民教育的重要目标。约有三分之一的欧洲国家在中学阶段发布了官方指南，以评估学生对学校生活和更广泛社会活动的参与情况。德国会在每学年结束前或毕业前专门评估学生校内外实践活动参与的情况，并将学生的课外活动情况（如项目、会议、竞赛等）记录于个人档案之中，作为衡量学生能否毕业以及顺利升学的依据之一。

此外，对学生评估的主要形式有"国家测试"和"课堂评估"。国家测试是按照统一的程序进行管理和评分，以确保每个学生的表现都具有可比性。国家测试是国外教育系统中的一种普遍做法，公民教育的国家测试包括专门针对该主题的考试，以及涉及公民教育各个方面的更广泛主题及领域的测试。课堂评估被作为教师课堂教学活动的一部分，其在大多数欧洲国家是在官方指南指导下开展的，用以指导教师对学生的评估。

（三）对学校及教育系统的评估

国外比较重视对学校及教育系统的评估，其评估主要包括对学校的内外部评估和对教育系统的评估监督。

[①]　European Commission/EACEA/Eurydice. *Education at School in Europe 2017 Citizenship Eurydice Report*, 2017：124.

1. 对学校的评估

对学校的评估分为内部评估和外部评估，内部评估也是学校的自我评估，主要是由学校成员进行的。外部评估是由非学校工作人员作为评估主体进行的评估，在某些情况下，这些评估人员来自独立的评估机构。在大多数欧洲国家中，所有提供初等和中等教育的教育机构都均需接受外部评估。

在对学校的外部或内部评估中，有关公民教育与道德教育的学校活动主要可以分为五个领域：校园文化、学校管理、学校活动参与、与广大社区的关系、教学。英国苏格兰地区的教育部门制定了非常详细的中小学教育外部评估指南，其中包含很多公民教育的评估指标。如参与和促进体育、文化和公民发展活动以及校外学习的比例；参与同伴支持活动和社区活动的比例等。在比利时德语区，评估人员会考察校园氛围、校长职责、部门决策、校际合作、教学方法等。捷克学校监察局于2016年对提供初等和初中教育的学校样本进行了在线问卷调查，以评估公民教育的条件、内容、质量，并评估学生在相关主题方面的知识。此外，学校活动的其他重要领域也可能包括在对学校评估中。例如，在英国苏格兰地区，评估指南还指出要对与国际教育、全球公民身份和可持续发展问题有关的内容进行评估。

2. 对教育系统的评估和监督

国外不少国家已经将公民教育纳入国家程序，以监督整个教育系统绩效，监督包括收集和分析相关信息，检查教育系统达成既定目标和标准的绩效，并及时进行改进。尽管欧洲国家在这一方面的做法有所不同，但监督过程直接或间接涉及公民教育的主要有四种：对公民教育规定的具体评估；与公民问题相关的广泛的教育研究项目；关于年轻人对学校、社会和政治的参与或态度的调查；使用外部学校评估或学生评估的结果。美国则建立了全国公民教育评估体系，调查公民学课程在全国各地区的实施状况，评估学生学业成绩，比较不同学校在该课程上的教学质量，并组织全国范围的交流和互动，以更好地推动公民学课程教学，促进公民教育体系的完善。

三、思想政治教育评估内容比较的启示

总的来看，国内外思想政治教育的评估内容都比较丰富，但各有侧重。相比之下，国外的评估体系更具层次性与系统性，内容涉及范围更广。我国思想政治教育评估内容更加侧重对教育对象政治、道德方面的知识和品质的评估，而国外的评估则更侧重对能力的评估，善于通过观察教育对象的行为特质和实践表现来判定思想政治教育的效果，这些值得我们借鉴。

1. 丰富扩展评估内容

思想政治教育涉及范围广，从教育内容来看，包括政治教育、道德教育、价值观教育、心理健康教育、法治教育等；从教育途径来看，包括课堂教育及日常思想政治教

育；从教育环境来看，除了学校这个主要场域外，还包括社会环境及家庭环境。与国外的公民及道德教育评估相比较，总体来看，我国的思想政治教育评估内容侧重于政治教育与道德教育评估、课堂教学评估以及学校评估，而对教育内容中的心理健康教育和法治教育评估、日常思想政治教育评估、社会和家庭教育环境方面的评估较为薄弱。国外在学校评估方面，不仅评估学生对学校活动的参与情况，也评估老师、家长对学校活动的参与情况，甚至还对学校与社区、家庭合作关系进行评估。这些都对进一步丰富我国学校思想政治教育评估的内容体系具有一定的启发意义。

2. 加强对实践活动及日常行为的评估

思想政治教育的实际效果既反映在教育对象的课堂表现及课程成绩上，还反映在教育对象的实践活动及日常行为中。教育对象在各种活动中的表现，反映出他们接受思想政治教育之后的思想变化情况，而经过教育后形成的价值观，也会通过实践活动体现出来。通过行为实践来评估思想政治教育效果，不仅更加直观，也更加真实。因此，加强对思想政治教育实践活动的评估考察是建立思想政治教育综合评价体系的重要组成部分。国外的道德教育与公民教育不是仅停留在向教育对象灌输、传播公民知识的层面上，更重要的是培养他们的态度、情感、价值观和公民参与能力。在评价重点方面，更加侧重对教育对象的实践活动与行为层面的评价。比如，国外很多国家的社区文化活动丰富，学生经常参与社区活动，因此，国外在公民教育的评估中包含了对学生参与社区活动情况的评估。我国在思想政治教育评估中，不能单纯考察教育对象基本知识的掌握情况，而要通过多种途径和方式考察其参与课堂、校园活动和校外实践活动的情况，并注意将态度、情感、价值观的变化情况纳入评估之中，充分考虑理论认知和行为践履之间的联系。

3. 注重对思想政治教育合力进行评估

思想政治教育的课堂教学直接影响学生对道德知识与政治知识的认知、理解和领悟，而校园文化、学校管理等在潜移默化中塑造着学生的情感、态度、价值观和行为。欧美各国在考察课堂教学活动的同时，还注重评估校园文化、管理以及学校同校外社区之间的合作关系。比如，在西班牙，评估机构与自治社区合作，定期进行基于样本的综合诊断评估，以评估学生在国家核心课程中所形成的关键能力（包括社会和公民能力），而且所有自治社区也会对特定年级的所有学生进行年度诊断评估。美国的公立学校采取各种措施吸引家长参与有关学生品质和价值观方面的讨论，比如创设有组织的、自由的论坛，吸引家长就一些学生品格问题进行讨论。学校同社区、家长之间密切合作并参与到思想政治教育评估中，能够使教师和其他教育工作者以及学校领导、国家教育行政部门等更加全面、准确地了解公民教育的实施情况，这种理念和举措值得我们学习与借鉴。

第三节　思想政治教育评估标准的比较

思想政治教育评估标准是对思想政治教育过程及其结果作出价值判断的基本依据，是衡量思想政治教育效果的客观尺度。在中外思想政治教育实践活动中，评估标准都是思想政治教育评估中不可或缺的部分。由于各国的教育目的、教育目标等方面存在差异，其评估标准也各有特色。

一、我国思想政治教育评估的标准

我国思想政治教育的评估标准可分为原则性指导标准和具体评估标准。思想政治教育的原则性指导标准主要是宏观方面的规定与要求，主要包括对社会主义精神文明建设、党的思想政治工作及建设、学校思想政治工作等方面的规定和指导意见。如《公民道德建设实施纲要》《新时代公民道德建设实施纲要》为加强公民道德建设提供了重要指导；《关于新形势下党内政治生活的若干准则》《中国共产党党内监督条例》《中国共产党发展党员工作细则》等一批党内法规对加强党的建设，全面从严治党做了明确要求；《普通高等学校教育评估暂行规定》《普通高等学校本科教学工作审核评估方案》《关于进一步加强和改进大学生思想政治教育的意见》《关于加强和改进新形势下高校思想政治工作的意见》《关于加快构建高校思想政治工作体系的意见》等，明确了高校思想政治教育评估的原则、目的以及加强和改进思想政治教育工作的指导思想、基本原则和主要任务等。

思想政治教育的具体评估标准是针对具体评估客体及评估过程的详细标准，如《普通高等学校马克思主义学院建设标准（2019年本）》《全国大学生思想政治教育工作测评体系（试行）》《全国未成年人思想道德建设工作测评体系（试行）》《高等学校思想政治理论课建设标准（2021年本）》等。此外，各省市教育部门还根据中央文件精神自主制定了具体评估标准，如《北京普通高等学校党建和思想政治工作基本标准》《福建省学校德育工作测评细则》《江苏省中等职业学校德育工作督导评价标准》等。我国思想政治教育具体评估标准是从思想政治教育目标中分解出来的详细指标，一般由若干评估指标及相应的权重与标准组成，包括：指标的分级，如一级指标、二级指标；具体测评标准，指出对评估客体的方向性要求；评估结果，采用等级标准法来表示评估的强度与标度，如优秀、良好、合格、不合格，并以标号A、B、C、D表示。

（一）基础条件的评估标准

我国思想政治教育基础条件的评估标准主要包括环境条件评估标准与组织队伍评估标准。

1. 环境条件评估标准

环境条件评估包括社会环境评估和条件保障评估。社会环境评估包括文化建设与舆论氛围、思想政治教育实践基地、校园安全稳定及周边治安综合治理三个方面的评估。文化建设与舆论氛围评估从文化服务、媒体监管、网络管理等方面形成测评标准。思想政治教育实践基地评估将建立实践、创业、教育基地的数量和质量作为测评标准。校园安全稳定及周边治安综合治理评估将安全治理、学校外部环境安全情况作为测评标准。条件保障评估包括制度保障和经费保障两个方面的评估。制度保障评估以制度制定的科学性与执行的有效性作为主要标准；经费保障评估把专项经费的数量与经费使用效果作为评价标准。2020年印发的《全国高校文明校园测评细则》提出"基本指标""特色指标""负面清单"三部分，设置6项一级测评指标、37项二级测评指标、190项测评标准。其中，一级指标具体包括：思想道德建设、领导班子建设、师德师风建设、校园文化建设、校园环境建设、阵地建设管理六个方面。

2. 组织队伍评估标准

组织队伍评估包括组织领导和队伍建设两个方面的评估。组织领导评估包括领导体制和工作机制评估，具体包括：明确评估主体（领导者）及其工作职责和要求，将思想政治教育列入重要工作日程并作工作部署和考核，规定每年进行思想政治教育工作报告、调研、督查，明确测评的人数、时间、频率等。队伍建设评估包括党政干部及共青团干部队伍、思想政治理论课与哲学社会科学课教师队伍、辅导员和班主任队伍三个方面的评估，包括教师培训管理、师德建设要求等。其中，于2020年1月印发的《新时代高等学校思想政治理论课教师队伍建设规定》对思政课教师的职责与要求、配备与选聘、培养与培训、考核与评价、保障与管理等进行了明确规定。

（二）课堂内外的评估标准

课堂内外的评估标准主要包括思想政治理论课的评估标准与课外活动的评估标准。

1. 思想政治理论课的评估标准

思想政治理论课课程评估将中央要求落实情况、思想政治理论课规定课程和学分及对应的课堂教学学时的落实情况、课程方案和标准执行情况、教材使用情况、实践教学开展情况等作为测评标准。其中，2005年印发的《关于进一步加强和改进高等学校思想政治理论课的意见》明确提出了加强和改进高等学校思想政治理论课的指导思想、总体要求、四年制本科的课程设置、教材编写等要求。2015年印发的《高等学校思想政治理论课建设标准》分列出一、二、三级指标，其中"教学管理指标"下，对管理制度、课程设置、教材使用、课堂教学、实践教学、教学方法改革、教学成果都列出了相应的指标要求。

2. 课外活动的评估标准

课外思想政治教育评估将校园文化建设的规划实施情况、社会实践纳入教学计划及实践育人基地建设状况、志愿服务和公益活动等各类活动开展频率、网络思想政治教育规划建设及管理监控工作的进程、心理健康普查及心理健康宣传教育活动的开展次数、党团活动类型及活动时间等作为测评标准。2017年印发的《高校思想政治工作质量提升工程实施纲要》指出，要充分发挥课程、科研、实践、文化、网络、心理、管理、服务、资助、组织等方面工作的育人功能，挖掘育人要素，完善育人机制，优化评价激励，强化实施保障，切实构建"十大"育人体系。其中，在实践育人方面，《纲要》指出，要坚持理论教育与实践养成相结合，整合各类实践资源，强化项目管理，丰富实践内容，创新实践形式，拓展实践平台，完善支持机制，教育引导师生在亲身参与中增强实践能力、树立家国情怀。

（三）人才评估标准

人才评估主要包括人才培养评估与用人评估两方面，人才培养评估标准以综合素质评价为主，用人评估标准以品德和能力为导向。

1. 人才培养评估标准

人才培养评估是对学生全面发展状况的观察、记录、分析，要求依据党的教育方针，反映学生全面发展的情况和个性特长，注重考查学生社会责任感、创新精神和实践能力。

人才培养评估标准具体包括思想品德、学业水平、身心健康、艺术素养、社会实践五个方面。评价程序包括写实记录、整理遴选、公示审核、形成档案、材料使用五个过程。2014年，教育部印发《关于全面深化课程改革落实立德树人根本任务的意见》，提出"教育部将组织研究提出各学段学生发展核心素养体系，明确学生应具备的适应终身发展和社会发展需要的必备品格和关键能力"。2016年9月，《中国学生发展核心素养》研究成果发布，公布了中国学生发展核心素养的总体框架及基本内涵，中国学生发展核心素养研究以科学性、时代性和民族性为基本原则，核心素养以培养"全面发展的人"为中心，分为文化基础、自主发展、社会参与三个方面，综合表现为人文底蕴、科学精神、学会学习、健康生活、责任担当、实践创新六大素养，具体细化为国家认同等十八个基本要点。

2. 用人评估标准

用人评估是对人才培养效果的有效反馈，同时也是人才培养的重要参考标准。用人评估标准主要是以品德和能力为导向、以岗位需求为目标。2020年，中共中央、国务院印发的《深化新时代教育评价改革总体方案》中明确要求："要改革用人评价，共同营造教育发展良好环境。树立正确用人导向。党政机关、事业单位、国有企业要带头扭转'唯名校'、'唯学历'的用人导向，建立以品德和能力为导向、以岗位需求为目标的人才使用机制，改变人才'高消费'状况，形成不拘一格降人才的良好局面。"此外，2020年，教育部等六部门发布的《关于加强新时代高校教师队伍建设改革的指导意见》也要求"科学合理使用人才。充分发挥好人才战略资源作用，坚持正确的人才使用导向，分类推进人才评价机制改革"。

二、国外思想政治教育评估的标准

国外思想政治教育的评估主要由国际评估组织，国家评估组织，州、地区评估组织以及第三方评估组织开展，因此评估标准也有国际评估标准、国家评估标准、各地方评估标准以及第三方评估标准等。国外思想政治教育的评估标准主要可以分为：课程内容评估标准、学生关键能力评估与学习成果评估标准、教育者评估标准、环境评估标准等。

（一）课程内容的评估标准

在国外思想政治教育中，不同国家及组织的具体评估标准不同，但在评估标准的内容方面，基本都对知识、技能和参与等进行了评估标准的设置。

1. 美国的评估标准

美国公民教育的评估标准主要包括政府颁布的官方标准和第三方民间组织制定的课程标准。政府颁布的官方标准《公民学与政府的国家标准》是美国进行公民教育评估的主要依据。该标准由美国教育进步评估组织（NAEP）发布，主要是从公民知识、公民技能和公民品行三个维度进行评估标准的设定。比如，公民技能的评估标准，包括对思维能力和参与能力的评估。在思维能力中，含有定义和描述能力、分析和解释能力、获取和评价能力三个次级标准；在参与能力中，含有注意能力、合作能力和影响能力三个次级标准。此外，美国民间组织制定的课程标准也受到广泛关注，其中美国公民教育中心（CCE）和美国国家社会研究理事会（NCSS）发布的课程标准影响最为广泛。公民教育中心发布的公民教育评估标准主要包括内容、技能、素质三维指标；美国国家社会研究理事会制定的评估标准《社会科课程标准：追求卓越》(1994年)和《社会科课程标准：教、学、评的框架》(2010年)都围绕着社会研究的十个主题构建框架，十个主题确定了社会研究项目的理想范围，对目的、知识、过程和结果的详细描述确定了社会研究项目应为学生提供的知识、技能和性格。

2. 澳大利亚的评估标准

国外代表性国家的课程内容评估标准的层次一般较为清晰明确，除了对评估内容作了层级划分，还突出了关键操作指标、操作指标的范围描述以及专业阐述等方面内容。比如澳大利亚绩效评价与汇报专门小组于2001年制定了评估公民教育的关键操作指标。2004年，教育、就业培训与青年事务部长理事会（MCEETYA）发行了《公民教育评价范围》，计划每三年对公民教育进行一次全国性评估，评估指标分为三个层次，由总体向具体层级递进。第一层为两个关键操作指标：关键指标1（KPM1）为公民学，考查学生对公民制度和过程的认识和理解；关键指标2（KPM2）为公民身份，考查学生参与的意识倾向和技能。第二层是对操作指标的范围描述。其中，关于公民学的指标描述有六点，包括认识澳大利亚民主的关键特征、确认澳大利亚民主中公民的权利与责任、理解法律制定和政府在澳大利亚民主传统中的作用等；关于公民身份的指标描述有四点，包括确认公民能有效地参与他们的社会与政府的方式等。第三层为专业阐述，包括考查公民分析决策的一系列论点和事实等。

（二）学生关键能力评估与学习成果的评估标准

学生关键能力评估与学习成果评估是国外对学生评估的重点。关键能力是适合特定环境的知识、技能和态度的组合。

1. 关键能力的评估标准

《欧洲终身学习关键能力框架》界定了八项关键能力：批判性思维、创造力、主动性、问题解决、风险评估、决策和情感建设性管理等。关键能力评估在具体的评估标准中被转化为有形的学习成果。比如，捷克在评估时强调在初级教育结束时要取得的学习成果以及教师和学生在过渡阶段要取得的学习成果，其中着重于公民能力，特别是在多个主题、领域的背景下评价公民能力。在国家层面，对于基础教育，框架教育方案（FEP）确定了一系列关键能力、学科、领域、教育内容以及能力应用的环境。每项能力都被细化为一组具体的目标，这些目标定义了学习者在义务教育结束时（9年级）应发展的能力水平。例如，公民能力的目标之一是学生能够"从不同的角度思考和判断现象、过程、事件和问题"。这一目标不仅包含着对知识和技能的要求，还意味着某些态度，如开放和宽容。当地每所学校则在框架教育方案规定的结构和内容内，根据当地情况和学习者的需要，制订学校教育计划（SEP）。此外，教育部门还为教师提供了一本课程手册，其中详细说明了关键能力并将其与两个阶段（九年级义务教育结束时和五年级过渡阶段）的内容领域联系起来。

2. 学习成果的评估标准

近年来，随着学生学习成果评估逐步受到评估机构的重视，美国众多教育机构和高校也对学生学习成果评估进行了探索，并逐步形成了维度明确、指标具体、评估工具多样的较完善的体系。比如，高等教育标准促进委员会（CAS）的学生学习成果评估标准强调人际能力与个人发展的区别，要求人道主义与公民参与相结合，并增加全球视角与技术能力的指标。其中，人道主义和公民参与的评估指标是：理解和欣赏文化及个人差别、具有全球视角和社会责任感。美国大学与学院联合会（AAC&U）的学生学习成果评估标准中"跨文化知识与行为"的评估指标包括：全球化学习意识、公民参与及社会责任感、民主意识、立场和实践、跨文化适应能力。其中"公民参与及社会责任感"的评估指标包括：服务意识、理论应用于服务、团体归属感和责任感以及批判性思考。

（三）教师和教育环境的评估标准

教师和教育环境的评估标准主要包括教师的评估标准与教育环境的评估标准两大方面。

1. 教师的评估标准

各国对教师的评估标准不尽相同，但评估标准中基本都包括对知识、教学技能和教学态度、责任感和专业精神的评估，而且国外的教师评估标准中大多比较注重对教师能力的评估。比如，美国国家社会研究理事会（NCSS）在2017年颁布了《社会研究教师培养的国家标准》，其中提出了对社会研究教师的六种主要评估，即州或专业考试、社会研究中的知识内容评估、社会研究教学计划能力、社会研究教学实习的评估、对学生学习的影响、专业责任和行动的评估；并明确了社会研究教师教育的五项核心能力标准，即知识内容标准、教学应用能力标准、教学评估设计与实现标准、社会研究学习者和学习标准、专业责任和行动标准。葡萄牙中小学教师评价体系在国家层面的指标包括：教师品德、教学活动、学校及教育团体活动的参与、终身学习。其中在"教师品德"下的具体指标包含："重视教师专业知识的构建，具有专业精神；重视学生的学习发展、个人发展及公民道德发展；忠于教师行业与所工作的学校。"[①]日本中央教育审议会推出了21世纪教师评价指标体系，着重提出为与新时代培养"地球公民"的学校教育相适应，非常重视对教师素质与能力的评价，仅针对教师"能力"的指标就有25个，如实施计划和指导的能力、把握状况的能力、判断力、适应力、理解力、策划力、分析问题的能力等。

2. 教育环境的评估标准

国外思想政治教育评估中，对环境的评估是必不可少的，其评估标准主要包括社区可用的公民学习资源数量和质量、社区成员关系、学生在社区中参与公民相关活动的实际机会、学校与社区之间的联系与互动情况、学校及教室的民主学习氛围、学校内部师生之间以及学生之间的关系、学校决策过程的开放程度以及家长与学生对学校决策的参与程度、师生对学校和教学的看法、家庭环境和同伴环境情况等。如在国际公民意识和公民素养研究项目（ICCS）2016年的调查评估中就包括公民教育的背景评估、教育系统的背景评估、学校环境及其与社区关系评估、学校的参与过程和社会互动情况评估、学校和教室的氛围评估、学校中不同形式的欺凌行为评估等。在对环境的评估中，学校环境评估是重点，欧洲大部分学校评估会特别注重指导和帮助学生的标准、学校与外界的关系、学校的总体氛围，从而清楚地表明对学校各个方面的重视。关于学校必须在多大程度上遵守评估标准，一些国家比较明确地作出了规定，而另一些国家则在这方面给予评估者一定的自主权。

---

① 覃丽君：《葡萄牙中小学教师评价体系改革研究》，《外国教育研究》2013年第7期。

三、思想政治教育评估标准比较的启示

总体来看，国内外思想政治教育评估都有针对不同评估客体的评估标准，在具体评估标准中也都包含评价范围、评价不同层级指标、评估组成及权重等内容。但比较之下，我国的思想政治教育具体评估标准的精细化和明确性还需进一步提升，思想政治教育评估标准的丰富性、针对性和灵活性还有待进一步加强。

1. 丰富针对不同评估主体的评估标准

当前我国思想政治教育评估标准主要是针对高校思想政治教育和党政部门思想政治教育工作制定的，使用标准的评估主体主要是高校管理者、教师和党政部门，供家长、社会机构使用或参考的评估标准还有待完善。国外不少评估标准都是可供家长、第三方机构、社会企业使用的，比如美国《社会研究课程标准》为教育者、家长和决策者提供了课程设计和开发的基本概念框架。澳大利亚昆士兰课程与评估局（QCAA）有为主管部门设计的评估框架和评估工具，也有为教师验证学生学习和评估工作的评估建议和准则。而且国外第三方评估机构较多，针对不同评估主体使用的评估标准也较多。针对不同主体、对象、机构所制定的评估标准，能够有效应对不同情境下教育评估的需求。因此，要根据思想政治教育主体、组织以及教育对象不同的特点与需求，根据不同的思想政治教育目标与情境，确定不同类型、不同层次的多样化思想政治教育评估标准。

2. 注意与其他学科教育评估标准的对接

学校思想政治教育是一项综合性较强的实践活动，往往与历史、地理、艺术、自然科学等学科课程教学紧密联系并相互渗透。因此，思想政治教育的评估标准也应该与这些不同学科实现对接。国外的一些公民与道德教育的评估标准，不仅包括对公民教育与道德教育的标准要求，也包括对心理教育、健康教育、历史教育等方面的标准要求，甚至有的还是囊括几个学科的综合评估标准。这虽与国外课程体系设置有关，但也可以为制定我国思想政治教育评估标准提供有益参考。比如，美国的社会研究是社会科学和人文学科的综合研究，以提高公民能力为目的。美国的《社会研究国家课程标准：教学、学习和评估框架》围绕社会研究的十个主题构建，这些主题涉及历史学、地理学、心理学、人类学和社会学等课程内容。我国高校思想政治教育评估标准的制定和施行也应考虑其他相关学科，处理好思想政治教育评估标准与其他学科标准的关系。

3. 进一步细化具体评估标准

评估标准的细化和具体化有助于增强评估的准确性与针对性。比如美国公民教育从公民知识、公民技能和公民品性三个维度进行评估标准的设定，其品格教育评估也有十一条基本原则和更多细则，并针对不同评估内容提出不同的评估标准，评估维度划分明确，逐层细化。日本德育评估标准包含了道德的相关构成要素，即认知、情感、意志信念、能力、行为等，对中小学，甚至是小学的低、中、高年级的德育内容都作了不同

层次的要求。韩国在第七次课程改革后，更为注重评价理论依据和评价标准的细化等问题，增强了评估的针对性。我国高校毕业生的思想素质考察表中问及"毕业生政治素养""综合品质""学习态度如何"等问题时，往往只会得到"表现良好""表现突出"等模糊的答案，这种评估可能会流于形式，对个体评估而言缺乏有效性与针对性。因此，可以学习国外公民教育和德育评估中的一些评估标准设计，增加问题的选项，提高选项的精确度。

4. 制定差异化的具体评估标准

西方国家注重根据学生种族、宗教、文化的多样性特点，制定较为具有针对性和可操作性的道德教育与公民教育评估标准。对于我国思想政治教育的评估而言，评估标准既要有统一的原则标准，又要提升评估标准的灵活性。我国思想政治教育的评价标准，要牢牢坚持马克思主义理论指导，坚持社会主义、集体主义基本原则，在指导原则与评价标准上体现统一性要求。与此同时，也要根据不同的教育对象、教育组织、教育情境，灵活地制定差异化的具体评价标准。思想政治教育评估的对象是具体的个人，其在认知、情感、意志等方面都表现出较强的个体差异性，因此，在设计思想政治教育评估标准时要注意共性与个性的统一。此外，思想政治教育的效果并非都是显性的，也有隐性的或者需要长时间才能显现的，因此在标准制定时可以考虑对不同评估客体进行追踪性评估，根据对不同评估客体的行为、技能的考察来判断其思想、道德、心理素质的发展状况，制定针对不同评估个体的差异化评估标准。

第四节　思想政治教育评估方法的比较

思想政治教育评估主体要正确判断思想政治教育效果，必须运用科学可行的方法手段，对教育对象接受教育后的思想政治素质状况作出科学判定。无论在国外还是中国，思想政治教育评估方法都不是单一的，但从总的分类来看，都包括形成性评估与总结性评估，定性评估法、定量评估法和定性与定量相结合的评估法。而这些评估方法具体到各国的实际评估工作中又在侧重点和具体操作上有所不同。

一、我国思想政治教育评估的方法

我国思想政治教育的评估方法按不同分类可以分为定性评估与定量评估，形成性评估与总结性评估，群体评估和个体评估，自我评估和他人评估等。但对某一具体评估方法而言，其可以分属于不同类别。下面主要介绍几种具体评估方法。

（一）考核与鉴定评估法

考核与鉴定评估法主要是总结性评估，是我国思想政治教育最常用的评估方法之一，其主要包括考试考核法与评语鉴定法。

1. 考试考核法

考试考核法主要被运用于思想政治教育课程中，一般在课程期中或期末时，由课程教师以试卷考试或者论文考核的方式对学生的学习成果进行打分，根据分数高低评定学生接受思想政治教育的效果。当前，在学校思想政治教育中，考试考核法的具体运用更加注重在试题形式上加强情境设计，在内容上注重联系社会生活实际，综合性、开放性、应用性与探究性不断加强。考试考核法一般还与日常实践表现及其他方面平时成绩相结合，共同构成最终成绩。考试考核法是我国思想政治教育课程评估中使用最为广泛的评估方法，它既属于定量评估法，也属于总结性评估。

2. 评语鉴定法

评语鉴定法是评估主体根据自身对评估客体的观察了解，用语言或文字描述的形式对评估客体某一时期内的品德表现行为作出个人鉴定或意见。评语鉴定法主要是对评估客体的思想政治教育学习效果及总体表现进行定性评估，具体包括考察教师的教学态度、教学技能、授课的逻辑性、理论讲解的深刻性，学生学习后的思想行为表现等。评语鉴定法在使用过程中，一般会结合观察法或者访谈法等其他方法。它主要运用分析和综合、比较与分类、归纳和演绎等逻辑分析方法，对获得的资料信息进行思维加工，数量化水平较低或无数量化操作。这种测评无须精确到数字，仅作出优、良、中、差或以很满意、满意、一般、不满意等等级性描述即可。

（二）操行计量与绩效评估法

操行计量与绩效评估法都属于定量评估法的范畴。

1. 操行计量法

操行是人的品德表现。操行计量法是指采用量化指标，通过打分计量的方式对人的思想道德状况作出评价的一种手段。操行评定是在一定时间内对学生品德表现的评定，或者可以说是通过计量方式对学生的操行进行定性和定量的描述。"该方法通过学生的言行表现测定思想品德优劣程度，只是一种比较粗略的模糊计量。"[①]该方法一般采用百分计量制，其内容包括评估项目、评估标准、记分标准和规则。该方法一般以学期为单位，在实施前向学生公布标准并提出要求，然后依据学生的行为表现对照评分标准给出相应分值，最后计算总分值。

2. 绩效评估法

绩效评估法，主要是对教育机构及教育工作者使用的评估方法，通常是用数学统计的方法对工作绩效进行量化分析，如学校思想政治教育的投入与效果、教育工作者在思想政治教育方面的工作成绩等。评估内容如学校思想政治教育活动的种类、数量及质量

---

① 陶西平：《教育评价辞典》，北京师范大学出版社1998年版，第172页。

等；教师在一个学期内的课时数、批改学生作业的次数、份数、比例等，通过对其进行统计分析评定出综合绩效。绩效评估中也会用到数学图表法、概率统计、加权平均、模糊数学和矩阵方法等。随着计算机的广泛运用和思想政治教育科学化程度的提高，量化方法在思想政治教育评估中越来越受到重视。

（三）比较与调查评估法

比较与调查评估法主要包括比较评估法与调查评估法，这两种评估方法是对社会研究方法的有益借鉴，都将个体放于群体之中进行评估，将群体评估和个体评估有效结合。

1. 比较评估法

比较评估法是对评估客体的思想政治素质表现与其他评估客体或评估标准进行比较，从而得出评估结论。比较评估法实质上是思想政治教育效果的比较，比如教育工作者的工作绩效比较，教育对象学习效果比较等。它可以细分为排序法和达标法：排序法是评估主体对多个评估客体展现出的思想政治素质表现进行对比，然后对其依次排序或者区分等级；达标法是评估主体将评估客体展现出的思想政治教育效果与所要求的评估标准做比较，从而判断是否达到标准要求。比较评估法在学校评估、教师评估以及学生评估的过程中都会使用到。

2. 调查评估法

调查评估法是通过各种途径，了解评估客体的一种研究方法，常用的调查评估法主要有问卷调查法和访谈法。问卷调查法就是评估主体运用调查问卷的形式，向评估客体收集资料信息，然后对资料进行整理分析以了解评估客体的思想政治教育状况并对其进行评估。当前，问卷调查法主要分为纸质问卷调查和网络问卷调查。访谈法主要是口头形式的研究性交谈，根据评估对象的答复搜集材料，分析评估客体的思想状况。访谈可以分为正式访谈和非正式访谈、个别访谈和团体访谈等。问卷调查法可以方便收集群体信息，访谈法可以对评估客体进行较为深入的了解，评估主体根据不同需求可以选择不同的调查评估方法，或者将二者相结合。

二、国外思想政治教育评估的方法

国外思想政治教育评估的方法较为灵活多样，但不同国家评估的侧重点各不相同，因此评估方法也各有差异。国外评估的方法分类较多，比如定性评估与定量评估、总结性评估和形成性评估、真实评估与替代评估、标准化测试与非标准化测试等。下面主要介绍国外几种代表性的评估方法。

（一）考试和调查评估方法

与我国一样，国外思想政治教育评估也多采取课程考试和调查评估等基本方法。

1. 课程考试法

课程考试法是目前大多数国家所采用的主要思想政治教育评估方法之一，如美国、英国、新加坡、韩国、日本等。课程考试法主要利用学校统一的课程考试进行评估，具体来说就是将学分与规定课程绑定，通过考试成绩来评估教育效果。国外的课程考试法有的侧重于定量，有的侧重于定性，也有的将二者相结合使用。

美国教育进步评估组织（NAEP）主要评价中的每一评价科目结果都以量尺分数和成就水平两种方式呈现。如美国历史科目的量尺分数范围是0—500，公民学科目则是0—300；成就水平采用国际通用的方法和程序划定，分为基础、熟练和高级三个等级。日本进行思想政治教育评估的主要方法为学校组织统一的课程考试。在初中阶段，学生开始接受公民科的课程教学，这一科目的成绩直接与高中入学考试关联。在高中阶段，学校规定学生必须修习4学分的公民教育课程，该类课程包括道德伦理科、政治与经济科、当代社会研究等，学校会针对课程内容组织知识性考试。日本公立大学的考试是由文部省统一组织的书面考试，其中日语、英语、数学和科学为必考科目，除此之外，学生还必须从公民科、地理和历史中选考一科。韩国学生的公民道德评估方法主要以笔试为主，采用多选题、主观表述题等多种形式。

2. 问卷调查法

问卷调查法也是国外不少国家在思想政治教育评估过程中常用到的一种定量评估方法。自2000年起，英国教育与技能部委派国家教育研究基金会（NFER）对学校、教师和学生进行了为期9年的公民教育评估，以观察公民教育的成效和潜在变化。该组织选取英国690所学校为调查对象，对学生、教师和学院领导进行了问卷调查，以发现学生的知识、能力、态度等与学校特点和教学水平间的联系；同时选取12个学校进行个案研究，采取纵向调查法，每两年对调查对象进行定期走访，并对其中一些学校公民教育的主要参与者和学生进行深度访谈。2009年和2016年，国际教育成就评价协会（IEA）分别针对几十个国家和地区开展了国际公民意识和公民素养研究项目（ICCS）调查，其中包括大部分的欧盟成员国，研究数据主要是通过问卷测试收集的。该组织根据调查对象的不同，设计了不同的问卷来进行评估，主要包括针对学生的国际认知测试的国际性学生问卷；针对亚洲、欧洲和拉美地区的学生的地区模块测试；对教师和校长则分别进行了教师问卷和学校问卷；对各国研究协调人员进行了国家背景调查等。在日本，中小学德育评估中也会用到问卷调查法，老师会事先做好问卷调查项目，然后通过学生的回答来了解学生的道德水平。

（二）档案袋和操行评估法

除了传统的考试考核评估方法之外，国外思想政治教育评估实践还注重运用档案袋评估法、操行评估法等方法，以更全面地了解和评价学生思想道德素质的发展状况和学校思想政治教育的成效。

1. 档案袋评估法

档案袋评估法是一种通过跟踪学生的日常表现和收集学生的作品以评估学生的学业

发展和道德发展的方法。档案袋评估法是典型的形成性评估，主要是诊断性质的，但它也可以是定性评估与定量评估的结合。档案袋中收集的材料主要有以下几种：其一，学生的日志、读书报告、作文、图画等纸质资料；其二，教师、同伴和自我的评价表；其三，访谈、会谈的笔记和记录；其四，口头汇报的音频和视频等材料。近些年，实体档案袋已经发展为电子档案袋。电子档案袋扩大了条目格式的范围，可以包括视听文件和互联网链接，用于共享内容并获得教师和同伴的反馈。

档案袋评估法在加拿大、美国、英国等国被普遍使用。在加拿大，档案袋评估法主要由教师施行，教师需要定期查阅学生的档案袋，依据统一的评估标准填写评估量表，并对学生的学业表现、道德发展状况、心理健康状况等作出描述性的评价。美国高校在对德育效果和德育工作进行评估时也会采用档案袋评估法。美国学生的德育档案中包括教师对学生道德发展和其他方面的评价、学生自评等内容，其中记录的主要为积极性内容，如学生在一定阶段内取得的成就和进步等。除了对学生的评估，档案袋中也会记录学生对教学情况的评价，如教师行为、教师对学生的影响、课堂氛围等内容，从而为德育工作的评估提供了依据。英国很多学校也运用了档案袋评估法，其中，开设公民教育课程的学校会为学生保留一份该课程学习的进展情况和成绩记录，其中包括在关键阶段末教师评估的结果、学生参与社区活动与实践活动的相关资料、学生合作完成的任务、学生的书面作业如研究报告和观察报告等。

2. 操行评估法

操行评估也称为表现性评价，美国国会技术评估办公室（OTA）为操行评估提供了一个简单定义：测试要求学生创建一个答案或一个产品来展示他或她的知识或技能。在这个宽泛的定义中包含了各种评估技术，但所有绩效评估的一个关键特征是，要求学生成为积极的参与者，而不是从提供的选项中选择。操行评估要求学生以积极的方式展示他们的知识和技能，因此，他们解决问题的过程就显得十分重要。操行评估的方法包括项目、个人调查、角色扮演、小组工作、访谈、反思性日记和档案袋等。其中基于项目的评估属于真实评估，比较适合于展示和评估与公民教育相关的各种技能，例如决策、解决问题、反思能力等。比如，韩国与社会研究和德育有关的评估除了有笔试外还有操行评估，包括撰写报告、角色扮演、讨论和辩论、模拟和实地考察等。通常，书面评估与操行评估的占比为7:3。书面评估旨在评估知识，而操行评估则用于评估技能、价值观和态度。奥地利和波兰也都引入了基于项目的工作任务，这些工作任务与某一特定主题无关，但根据项目类型，可能包含积极参与的内容。在奥地利，必须评估学生基于项目工作的成就，而在波兰，是否参与项目是评估学生参与积极性的主要依据。

为了保证评估的真实性和科学性，一些国家会同时使用多种评估方法对学生进行综合性评估。澳大利亚在对学生进行公民教育评估时会采用项目评估法、档案袋评估法、操行评估法等。英国学校和教师在进行评价时，会查看公民档案、公民日记、学生的在线记录、学生计划书等方法。法国道德与公民课程的学业成就评价主要借助"反思文件夹"和"评价表格"来对学生的道德和公民知识、能力和态度进行诊断。在班级和学校生活中，学生学业成就评价主要采用观察法；在具体的学习情境中，常以口头表达的方式（提出意见、论证观点、讨论道德和公民主题等）评价学生的能力；其他科目学习领域也支持对学生进行道德和公民方面的学业成就评价，重视跨学科教育和评价。韩国除了常用的笔试外，还会通过设置道德情境来观察学生解决问题能力的主观评价方法，通过面谈、讨论、发表等各种活动的观察评价法，通过面试、课堂问答考察以及学生自我评价等多种方法进行评估。新西兰在初中以下阶段，常通过各种方式对学生进行公民和公民教育相关学科的非正式评估，包括书面任务、论文、测试、参与项目、展示、自我评估和同伴评估等。

三、思想政治教育评估方法比较的启示

国内外思想政治教育评估方法都较为多样，但总的来看，我国的思想政治教育评估方法更侧重使用定性评估与总结性评估，国外的思想政治教育评估方法更多使用定量评估与形成性评估。随着思想政治教育评估专业化与科学化的发展，单一的评估方法难以满足评估多样化需求，因此，我国思想政治教育评估应合理借鉴国外经验，不断丰富完善我国思想政治教育评估方法体系，注意不同评估方法的综合使用，并及时更新运用科学有效的技术方法。

1. 注重定性分析与定量分析相结合

思想政治教育的评估方法要实现从单一强调定性分析或定量分析向定性与定量分析相结合的转变。运用量化评估方法可以对教育的过程和结果进行评定，并且有严密的逻辑性与可操作性，所以一般来说其结果是相对可靠的。这种方法在我国思想政治教育评估工作中，能够对一些可计量的环节进行定量分析和处理，减少和克服了评估的随意性。但是，过分依赖定量分析也会给思想政治教育评估带来问题。比如，当评估教育对象时，将其置于数字框架中，容易失去对教育对象整体的把握，片面地用数据指标衡量其发展情况。除了不能过分依赖定量评估外，还要根据思想政治教育评估的实际情况，正确认识定性、定量评估方法的适用范围，合理配置、组合评估方法体系，从而真正坚持定性与定量有机结合的原则。

2. 注重总结性评估与形成性评估相结合

我国思想政治教育评估的主要对象是学生群体。当前，对学生思想政治教育的评估方法主要以每学期的试卷测验为主，这种评估方法属于阶段性评估，也是总结性评估。其仅依靠考试这一单一手段来判定学生的思想政治教育效果，缺少对教育对象长期全面的评估。而且这些考试内容也并不能完全反映出教育对象复杂的心理图式，由于言行不

一现象的存在也较难真实地反映出教育对象的思想政治素质。因此，这就要求评估人员对教育对象的思想动态采用追踪性方法进行考察，从而进行形成性评估。形成性评估可以使教师关注每个学生的进步与成绩，也能够帮助教师了解学生的学习状况从而把握自己的教学进度。如可考虑采用在英美等国普遍使用的档案袋评估法，定期观察并记录教育对象的行为表现和思想观点，为教师、学校的评估提供准确的参考，以便对其思想困惑进行及时解答，对偏颇思想予以及时纠正。

3. 注重科学性与可操作性相结合

思想政治教育的评估方法要注重科学性与可操作性相结合。思想政治教育评估方法的科学性与可操作性是密切相关、相辅相成的关系。科学性是可操作性的前提和基础，可操作性是科学性的应有之义。要确保评估方法的科学性，需要以丰富真实的调查研究为前提，以心理学、教育学、社会学等多学科的理论与方法为支撑，使评估活动建立在评估客体思想政治素质变化发展的内在规律以及思想政治教育评价活动内在规律的基础上。比如，档案袋评估法明确了评估的主体和对象，采用日志、自我评价表、访谈会谈记录、口头汇报的音频视频等多种具体形式，对学生的学业表现、道德发展状况、心理健康状况等多方面情况作出描述性评价，体现出了综合性、全面性的特点。要增强思想政治教育评价的可操作性，必须细化对实施步骤、评估机制、策略方法等的研究，便于在实际评估活动中进行具体运用。比如，操行评估法采用量化指标和百分计量制，其内容包括评估项目、评估标准、记分标准和规则，有利于增强思想政治教育评估的可操作性。

4. 注重传统评估方法与现代评估技术的结合

在思想政治教育评估体系由传统向现代转变的过程中，评估方法与技术的现代化是重要指标，因此，我们要注重运用现代科学技术手段，采用科学的方法进行评估。

当前，我国思想政治教育评估方法多采用传统方式，质性评估较多，其中经验色彩较为浓厚，具有一定的模糊性。质性评估和经验性评估虽然也是思想政治教育评估的重要方式，但主要采取这种评估方式，可能会导致在一定程度上欠缺科学性。尤其是随着网络技术和信息技术的普及以及国际教育评估实践的发展，传统评估方法急需同现代评估技术实现有机的结合。国外很多国家已经将智能评价工具和网络信息技术运用到公民教育和道德教育评估中，不断扩展评估的规模和信息容量，提升对评估数据的处理能力和精准度，提高评估的效率和有效性。我国思想政治教育工作者还需要及时关注并合理吸收国外先进的评估方法，使评估工具和手段更能体现现代化、信息化的发展趋势和要求。

▶ **思考题**

1. 国外思想政治教育的评估主体有哪些?

2. 比较我国和国外思想政治教育评估内容的异同之处。

3. 我国的思想政治教育评估标准有哪些? 主要包括哪些方面的内容?

4. 国外思想政治教育中有哪些评估方法值得借鉴?

阅读文献

[1] 《马克思恩格斯选集》（第1—4卷），人民出版社2012年版。

[2] 《列宁选集》（第1—4卷），人民出版社2012年版。

[3] 《马克思恩格斯文集》（第1—10卷），人民出版社2009年版。

[4] 《列宁专题文集》，人民出版社2009年版。

[5] 《毛泽东选集》（第1—4卷），人民出版社1991年版。

[6] 《毛泽东文集》（第1—8卷），人民出版社1993—1999年版。

[7] 《邓小平文选》（第1—3卷），人民出版社1994、1993年版。

[8] 《胡耀邦文选》，人民出版社2015年版。

[9] 《江泽民文选》（第1—3卷），人民出版社2006年版。

[10] 《胡锦涛文选》（第1—3卷），人民出版社2016年版。

[11] 《习近平谈治国理政》第一卷至第四卷），外文出版社2018、2017、2020、2022年版。

[12] 陈立思主编：《比较思想政治教育》，中国人民大学出版社2011年版。

[13] 王端苏主编：《比较思想政治教育学》，高等教育出版社2001年版。

[14] 王玄武等著：《比较德育学》，武汉大学出版社2003年版。

[15] 苏崇德主编：《比较思想政治教育学》，高等教育出版社1995年版。

[16] 苏振芳：《当代国外思想政治教育比较》，社会科学文献出版社2009年版。

[17] 康秀云：《比较思想政治教育学前沿问题研究》，学习出版社2018年版。

[18] 袁银传主编：《中外大学思想道德教育比较研究》，中国社会科学出版社2005年版。

[19] 唐克军：《比较公民教育》，中国社会科学出版社2008年版。

[20] 唐克军：《比较思想政治教育学》，华中师范大学出版社2010年版。

[21] 周琪：《比较思想政治教育学》，高等教育出版社2018年版。

[22] 郭学军、陈勇、冯海伦：《中外思想政治教育比较研究》，吉林大学出版社2012年版。

[23] 赵康太、李英华主编：《中国传统思想政治教育理论史》，华东师范大学出版社2006年版。

[24] 王新山等编：《中国古代思想政治教育史论》，武汉大学出版社2016年版。

[25] 陈立思主编：《当代世界的思想政治教育》，中国人民大学出版社1999年版。

[26] 高峰：《西方思想政治教育史》，首都师范大学出版社2015年版。

[27] 张小敏：《古今思想政治教育比较》，吉林大学出版社2015年版。

[28] 唐克军、蔡迎旗：《美国学校公民教育》，中国社会科学出版社2012年版。

[29] 秦树理：《国外公民教育概览》，郑州大学出版社2005年版。

[30] 朱永康主编：《中外学校道德教育比较研究》，福建教育出版社1998年版。

[31] 倪愫襄主编：《高校思想政治理论课程的国际视野》，中国社会科学出版社2013年版。

[32] 檀传宝等主编：《培育好公民——中外公民教育比较研究》，浙江教育出版社2016年版。

[33] 傅安洲、阮一帆、彭涛：《德国政治教育研究》，人民出版社2010年版。

[34] 傅安洲、阮一帆等：《德美两国政治与公民教育研究》，人民出版社2020年版。

[35] 杨飞云：《美国学校价值观教育研究》，科学出版社2017年版。

[36] 周洲：《20世纪英国学校道德教育发展》，山东人民出版社2010年版。

[37] 龚群：《新加坡公民道德教育研究》，首都师范大学出版社2007年版。

[38] 饶从满：《日本现代化进程中的道德教育》，山东人民出版社2010年版。

[39] 曹能秀：《当代日本中小学道德教育研究》，商务印书馆2007年版。

[40] 朱永新等著：《当代日本道德教育》，山西教育出版社1999年版。

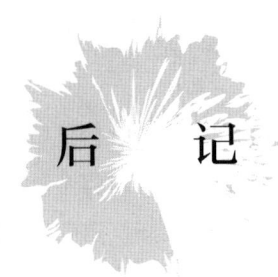

后　记

　　《比较思想政治教育学》是郑永廷教授主持编写的新时代思想政治教育专业系列教材之一，也是高等教育出版社策划的面向思想政治教育专业本科生的系列教材之一。同时，本教材也是武汉大学"十四五"教材规划建设项目《比较思想政治教育学》（项目编号202022）的最终成果。

　　比较思想政治教育学作为思想政治教育学科的重要研究方向和研究领域，是在马克思主义理论学科体系不断夯实的基础上形成和发展的。作为思想政治教育学科的分支领域，比较思想政治教育学经过多年的发展和探索，形成了丰富的理论和实践成果。这些成果为本教材的编写提供了宝贵的思想资源。从广义上看，思想政治教育就是教育者依照教育规律对被教育者进行思想教育、政治教育、道德教育的过程和活动。思想政治教育活动并不是中国独有的，国外也通过各种渠道方式对公民进行政治观、公民观、价值观和道德观的教育活动，这些政治教育、公民教育、价值教育、道德教育活动都属于思想政治教育活动的范畴。因此，我们进行比较思想政治教育研究就是要把思想政治教育放在广义上去理解。既对思想政治教育的理论体系建构进行比较，也对不同国家思想政治教育实践进行对比研究；既有对思想政治教育宏观领域的比较研究，也应该有对思想政治教育具体问题的比较研究。因此，本教材在思想政治教育的理论和实践的比较方面都有所涉猎。

　　目前，比较思想政治教育教材在国别研究方面的成果比较集中、突出。具有代表性的成果包括：1995年出版的由苏崇德主编的《比较思想政治教育学》，该书从横向对比的角度介绍了美国、西欧、日本、东南亚、苏联、东欧各国以及我国香港、台湾地区的思想政治教育的历史发展、基本内容、主要理论、方法途径等。还有1999年出版的陈立思的《当代世界的思想政治教育》一书，对美国等八个国家和中国香港、澳门、台湾地区的思想政治教育、道德教育、法律教育、宗教教育及青年文化问题的发生、发展本质及特征作了详尽的介绍。随后2011年出版的陈立思主编的《比较思想政治教育》一书，从各国公民教育、各国政党与思想政治教育、经济全球化条件下跨国的多层面思想政治教育等角度对各国思想政治教育进行了系统的比较。2018年周琪等著的《比较思想政治教育学》一书，从理论和实践两个维度比较了美国、韩国、新加坡、德国、英国等国家的思想政治教育。与此同时，比较思想政治教育教材在专题比较方面也不断地深化。2000年出版的武汉大学思想政治教育系组编、王玄武等编的《比较德育学》一书分专题对中国和国外的德育进行了跨时空的比较。2001年出版的教育部社会科学研究与思想政治工作司组编、王瑞荪著的《比较思想政治教育学》一书运用宏观比较、专题比较、综合比较等方法对我国和西欧、美国、日本、新加坡等国家的思想政治教育作了简介，对各个国家思想政治教育的地位作用、理论基础、培养目标、实施方法等做了专题比较。2009年出版的苏振芳主编的《当代国外思想政治教育比较》一书通过对当代不同类型的15个国家的经济政治社会发展、思想政治教育的历史沿革、内容特点进行比较研究，论述了各个国家思想政治教育存在的问题及对我国的启示。2010年出版的唐克军主编的《比较思想政治教育学》，从理论流派、教育目标和内容、校园文化以及日常思想政治教育工作等方面进行了专题的比较研究。另外，随着比较思想政治教育研究的深入，比较思想政治教育在具体领域比较方面也涌现出一批教材和成果。如2005年出版的袁银传主编的《中外大学思想道德教育比较研究》一书，专门对中外大学思想道德教育方面进行比较研究。2006年出版的戴胜利所著的《大学思想政治教育的比较研究》一书从德育的目标、内容和途径上对我国大学思想政治教育与国外大学德育进行了比较研究。2011年出版的苏振芳主编的《思想道德教育比较研究》一书对中外学校思想道德教育的主客体、目标、内容、教育方法、环境、路径、载体进行了比较。2010年出版的教育部思想政治工作司组编的《大学生思想政治教育与管理比较研究》对中外大学生思想政治教育概念、理论、内容、目标、主体、方式、体制以及管理理论与管理原则、教学与实践教育管理、社会与政治活动管理、社团与文体活动管理、组织与自律活动管理等做了翔实的比较研究。2010年出版的张晓京主编的《美国高校学生事务管理——基于八所大学的个案研究》一书，对美国有代表性的八所大学的办学理念、学科特色、学生事务管理等方面进行了阐述。2011年出版的教育部思想政治工作司组编的《走进美国高校学生事务管理》一书对美国高校学生事务管理工作做了系统全面的介绍。2012年出版的李云清主编的《当代中外军队思想教育比较研究》一书对当代中外军队思想教育的体制人员、教育内容、方式方法、核心价值观以及对当代中外军队院校思想教育做了比较研究。2013年出版的倪愫襄主编的《高校思想政治理论课程的国际视野》一书从美国、加拿大、英国、法国、俄罗斯、日本、新加坡、韩国等国高校思想政治理论课程的目标、设置、内容、实施等方面对国外高校思想政治理论课进行了国别考察。这些针对思想政治教育某一领域的研究成果在一定程度上也丰富了比较思想政治教育研究的内容，促进了比较思想政治教育学科的发展。

总体来看，已出版的比较思想政治教育领域的教材，主要还是集中在国别研究、专题研究和领域研究上，成果丰硕。这些研究成果为我们把握国外思想政治教育的发展，丰富我国思想政治教育的理论和实践提供了宝贵的资源，也为本教材的编写提供了基础资料。2004年，中共中央印发《关于进一步繁荣发展哲学社会科学的意见》，《意见》指出，繁荣发展哲学社会科学是建设中国特色社会主义的一项重大任务，要加强哲学社会科学传统学科、新兴学科和交叉学科的建设。比较思想政治教育学是思想政治教育学科的重要分支，也是一个新兴的交叉学科。加强学科建设，促进比较思想政治教育学的发展，是广大研究者的使命，也是我们义不容辞的责任。为进一步推进本学科研究深度，本教材编写组在马克思主义指导下，采取专题比较研究的思路，从思想政治教育的理念、目标、内容、方式、队伍、管理、评价等维度对中外思想政治教育的理论和实践进行了比较。在写作方法上坚持历史性与逻辑性相统一的原则，既做到关注纵向历史发展的比较，也注重从横向现实状况上进行比较。本教材是在广泛地借鉴吸收了现有比较思想政治教育学理论研究成果，考察其他国家思想政治教育实践的经验基础上完成的，希望能对构建比较思想政治教育学作出一些贡献。

由于研究水平和能力所限，本教材只对中国大陆的思想政治教育进行了比较，没有涉及港澳台思想政治教育的内容。在国外思想政治教育方面，也主要是对部分西方国家及一些东方国家进行比较，未能涉及更多的国家和地区，这也是本教材的一个遗憾，只能通过今后进一步的研究来补充。当然，我们也希望广大读者对本教材提出批评和建议，为今后教材的修改完善提供更多的智慧。

教材在编写过程中得到郑永廷教授的大力支持和提携，他多次亲自修改编写提纲、提供写作思路，在此对已故的郑永廷教授表达深深的谢意，也希望教材的出版能告慰他的在天之灵。在教材编写过程中，我们也得到武汉大学马克思主义学院的骆郁廷教授、项久雨教授，高等教育出版社的王溪桥老师的精心指导和殷切鼓励，他们的指教是支撑我们不断克服困难的最大动力，非常感谢他们一直以来的支持和帮助！教材在出版和修改过程中也得到高等教育出版社领导和编辑的大力帮助，在此一并表示感谢！

本教材由我担任主编，傅安洲、杨威教授任副主编。本教材的大纲由我拟定，各章节初步完成后由傅安洲、杨威教授修改校阅，感谢两位副主编的辛苦付出！在此基础上我又进一步统稿，并进行了相应的删减、增补和完善。由于本人能力有限，错误和遗漏之处在所难免，请各位专家和读者不吝赐教！

在教材编写的过程中，我们学习和参考了大量国内外的相关文献，由于篇幅所限无法在教材中一一列出。在此也感谢各位同行专家、学者和著作者的学术贡献，没有他们的前期成果，也不可能有本教材的呈现。

本教材是各位作者共同辛苦努力的结果，感谢他们的无私奉献。每章的具体编写者是：

绪　论	倪素香	武汉大学
第一章	傅安洲	中国地质大学（武汉）
第二章	倪素香	武汉大学
第三章	康秀云	东北师范大学
第四章	韦冬雪	广西师范大学
第五章	周　琪	西南大学
第六章	许瑞芳	华东师范大学

第七章　　　杨　威　　　武汉大学

另外，清华大学马克思主义学院的博士研究生张志恒、武汉大学马克思主义学院的博士研究生刘婀宁、复旦大学马克思主义学院的博士研究生崔艺、东北师范大学马克思主义学院的博士研究生刘铭、广西师范大学博士后胡咚等，也为本教材的部分章节做了资料收集、文献整理等工作，在此一并致谢！

最后，再次向支持和参与本教材编写的各位领导、专家、学者和同行表示衷心的感谢！也请各位专家、学者和读者，对本教材的不足和纰漏之处予以批评指正！

倪素香

2022年12月